中公新書 2570

村井良太著

佐藤栄作

戦後日本の政治指導者

中央公論新社刊

はしがき——佐藤栄作はお嫌いですか

第二次世界大戦後の世界のなかで、日本はいかに歩んできたのか。本書は、政党政治家佐《さ》藤栄作《とうえいさく》の生涯を通して、「戦後日本」の形成と定着を論じ、その現代的意義を考える。

佐藤栄作は、一九〇一（明治三四）年、山口県に生まれ、七五（昭和五〇）年に没した。その間、一九六四年一一月から七二年七月までの七年八ヵ月、二七九七日間にわたって政権を担った。連続して首相に在職した日数、すなわち連続在職日数では、一八八五（明治一八）年の内閣制度創設以来、戦前・戦中・戦後を通じての最長記録である。

佐藤が政権を担った一九六〇年代後半の日本は、大きな変化の時期にあたっていた。敗戦からはすでに二〇年が過ぎていた。経済は復興し、さらに岸信介、池田勇人両政権以来の高度経済成長に沸いていた。佐藤政権下でも短期の不況を越えると、その終局にはGNP（国民総生産）で西側第二位の経済大国にまで成長した。好景気は政治的安定を下支えする。しかしその一方で、あまりに急激な経済成長は、就業構造の大幅な変化、地方から都市部への人口の大移動、それらにともなう生活環境の悪化など、政治にとっての大きな試練でもある。

佐藤栄作（1901〜75）

目を外交に転じると、当座の最善であった吉田茂の選択、すなわち軽軍備、経済重視、対米防衛依存からなる国家像は、その後の「保守」「革新」双方からの批判にも耐え、戦後日本の基本路線となりつつあった。米ソ両陣営による冷戦は時に干満を見せながらも継続しており、日本は日米関係を重視し、そのなかで可能な限り外交地平の拡大を目指していた。

もとより不安要因がなかったわけではない。近隣諸国との関係改善はいまだ残された課題であった。そして何より、一九六〇年に改定された日米安全保障条約が一九七〇年に固定期限を迎えることになっており、国内では保革の対立が先鋭化していた。また、ベトナム戦争にともなう米国の国力の相対的低下に世界の多極化の進展が相まって、経済大国化した日本は、国際社会での新たな行動規範を求められることになる。

こうして佐藤政権は、日韓国交正常化や沖縄返還など「戦後」が残した課題とともに、日米安保条約の期限の問題や高度経済成長にともなう変化への対応など、「戦後」の歩みそれ自体が生み出した新たな課題群に直面していたのである。

＊

本書の特徴は、第一に、政治家佐藤栄作の内在的理解を追求することである。佐藤は政権獲得に際して高度経済成長の歪《ひず》みに対処する「社会開発」を掲げ、外交では日米関係を重視して日韓国交正常化と沖縄返還を果たした。さらに非核三原則の声明と核兵器不拡散条約（核拡散防止条約）への調印は戦後日本に新たな自画像を加え、佐藤はその短い晩年にノーベル平和賞を受賞する。

このように実績にあふれる佐藤だが、政治家としての評判は必ずしも良くない。寡黙《かもく》な官僚政治家で面白みに欠けるとはまだ良い方で、密約を好む核武装主義者、政治術に溺れる保守政治家など批判は手厳しく、全体としては嫌われているようにすら感じられる。

そのような佐藤像に対し本書は少し異なる印象を与えるだろう。佐藤本人の日記はもとより、秘書官を務めた楠田實の遺した資料の公開など、近年の史料状況の進展で少しずつ佐藤の内面がうかがえるようになっている。佐藤の政治的人格形成を含めてその肉声に迫りたい。

本書の第二の特徴は、時代の崖に注意することである。

佐藤を評価するときに留意しなければならないのは、佐藤長期政権によって評価の軸それ自体が動いていることである。七年八ヵ月という時間以上に、彼の施政期は政治、社会、経済、外交、いずれをとっても激変期であり、転換期となった。

私たちは、崖の下にいて崖の上を仰ぎ見る想像力を持たなければならない。現在の目から見れば「社会開発」政策は不十分で言葉倒れに映る。しかし、豊かさのなかで社会の混乱を環境の改善によって抑制しようとした点は評価できる。佐藤が解決できなかった課題も、佐藤が、それが課題であるという認識を社会に遺した意義は大きい。

社会の変化、時代の変化を民主政治下で最も反映するのは政党制の変化である。佐藤政権期は、自由民主党と日本社会党の保革対立を基調とする「五五年体制」が変容し始めた時期であった。そもそも佐藤は結党時、自民党に参加していない。当初自民党が吉田政治を否定する政治勢力であったからである。にもかかわらず、鳩山一郎政権、岸政権も吉田の遺した枠組みを踏襲し、ついには佐藤ら吉田の教えを受けた政治家たちの時代を迎える。

時代の変化は野党にも及ぶ。野党は多党化し、院外では、学生運動や革新自治体の叢生《そうせい》など、従来の政党制の枠組みを超える動きが広がっていた。戦後の政党政治を問うことは、戦後日本のデモクラシー（民主政治）を問うことでもある。

佐藤と吉田との師弟関係、岸との兄弟関係、池田とのライバル関係、時に三木武夫の影がちらつき、福田赳夫、田中角栄、大平正芳、中曽根康弘ら次代の指導者たちが佐藤政権下で自らの成功を期した。また、佐藤派に集う人々、野党人士、首相秘書官楠田實を通じた学者との協働にも目を向けたい。マス・メディアとの関係も古くて新しい課題である。そしてエドウィン・ライシャワーのように、日本政治外交史を形作るのは日本人のみではない。

第三の特徴として、本書は沖縄返還史ともなっている。

沖縄返還は佐藤政権最大の事績であり、外交史を中心に優れた研究が多い。政治家個人の評伝でどこまで書き込むか悩ましくもあったが、佐藤にとっての沖縄返還の意味を考察し、内政と外交の関わり、なかでも一九七〇年という年が戦後日本で持った政治的意味を重視する。

佐藤にとって平和と繁栄の道として日米関係は特別な関係であり、沖縄の分離状態は看過《かんか》できない問題であった。一九六〇年代は経済の時代と言われるが、岸政権の失敗に学び経済を最優先した池田政権、池田とも岸とも違う政権運営を目指した佐藤政権。危機が予想される一九七〇年が近づくなかで安全保障問題によって時代の両側から強く規定された、まことに政治的な一〇年であった。そしてこの一〇年間に、一方では憲法改正が棚上げされ、他方では日米安保条約が国民に受容されていったように、「戦後日本」が定着していく。

それは、敗戦後の戦争被害と貧しさに特徴づけられる特別な時間と空間としての「戦後」の終焉ですらあった。「社会開発」論の一翼を担った政治記者千田恒は、佐藤を「アプレ・ゲール」、すなわち「戦後派」の政治家と評している。本書は、佐藤が「戦後日本」の礎《いしずえ》を定め、次なる変容への前提条件を提供したと考えている。彼は「戦後日本」らしい政治指導者であった。

＊

一九八九年、戦前・戦中・戦後を跨《また》いだ昭和が終わり、期せずして冷戦も終わった。日本モデルが高唱された経済も、バブル崩壊後長い低迷期を迎えた。翌年の湾岸危機では日本の対応能力が鋭く問われ、一九九三（平成五）年には「五五年体制」も終焉した。昭和を継いだ平成も終わり、佐藤政権を越える長期政権が現実味を帯びてきた。

そのなかで何度となく「戦後」政治の終局が論じられてきた。しかし、終局を論じる前に「戦後日本」とは何だったのかを語らなければならない。戦後を記憶からではなく、歴史から理解すべき世代も増えた。明治生まれの「戦後派」政治家佐藤栄作の生涯を通じて「戦後日本」を問い直すことには、少なからぬ現代的意義があるだろう。

目次

佐藤栄作

戦後日本の政治指導者

凡例

・引用文中の旧漢字は新漢字に、旧かなは新かなに、カタカナはひらがなに、基本的に改めた。またルビを適宜振り、句読点を補ったところがある。
・引用文中の〔 〕は筆者による補足である。
・佐藤栄作の表記は栄作と榮作があるが、書名を含め栄作で統一した。
・年齢は数え年を基本とした。
・年表記は西暦を基本とし、和暦を適宜補った。
・敬称は略した。

第一章　政界を志すまで――三つの時代の官僚として

1　生い立ち――帝国日本の官僚

明治生まれの大正育ち

佐藤栄作は、二〇世紀最初の年である一九〇一（明治三四）年三月二七日、山口県熊毛《くまげ》郡田布施《たぶせ》村に生まれた。小さな造り酒屋を営む佐藤秀助とモヨがもうけた三男七女の七番目の子である。当時、村には神戸市と赤間関市とを結ぶ鉄道、山陽本線が走っていた。赤間関市は翌年、下関市に改称される。

佐藤家はもともとは長州毛利藩の家臣で、酒造の権利を持つ典型的な地方名望家であった。明治維新後、山口県出身者はその活躍から新政府に多く参画し、一八八五年に内閣制度が発足すると初代首相には隣村出身の伊藤博文が就いた。一八八九年にはその伊藤の尽力で大日本帝国憲法が制定され、翌一八九〇年の帝国議会開設と同時に施行された。

佐藤の曽祖父信寛（寛作）は幕末に吉田松陰とも親交を持ち、新政府発足後も知事にあたる浜田県令や島根県令を務めた。祖父信彦も県会議員を二期務めた。その長女モヨが佐藤の母で、彼女の才を愛した信彦が特に分家を立てて同村の岸秀助を婿に迎えたという。父秀助もまた一九〇七年から一一年まで郡会議員を一期務めた（『田布施町史』）。

佐藤には兄が二人いた。一二歳離れた一八八九年生まれの長兄市郎と、五歳違いで父方の岸家を嗣いだ九六年生まれの次兄信介である。佐藤家はモヨの弟松介を中心に教育熱心な家柄で、市郎は帝国海軍で頭角を現し、信介は官界から政界に転じて栄達する。

佐藤が生まれた一九〇一年三月は日清戦争と日露戦争との戦間期に当たる。それはのちの昭和天皇が四月二九日に生まれる約一ヵ月前であった。

一九〇二年にはイギリスとの間に日英同盟が結ばれ、〇四年には中国の門戸開放を唱える米英両国の好意的中立を背景にロシア帝国と開戦に至った。佐藤は一九〇五年の日露戦争戦勝祝賀会を記憶していると語っている。それは立憲国家としての日本の勝利であったが、講和条件への不満から日比谷焼打事件が起こった。また日清戦争後、台湾を領有することで他民族支配という実質的な帝国への道を歩み始め、一九一〇年には大清帝国との宗属関係解消に寄与した大韓帝国を自ら併合した。日本は同時期、不平等条約の改正を実現し、植民地帝国として大陸国家となっていった。

佐藤は一九〇七年四月、国木尋常小学校に入学した。その頃、実業之日本社が発行してい

佐藤栄作系図（主要な関係者のみ）

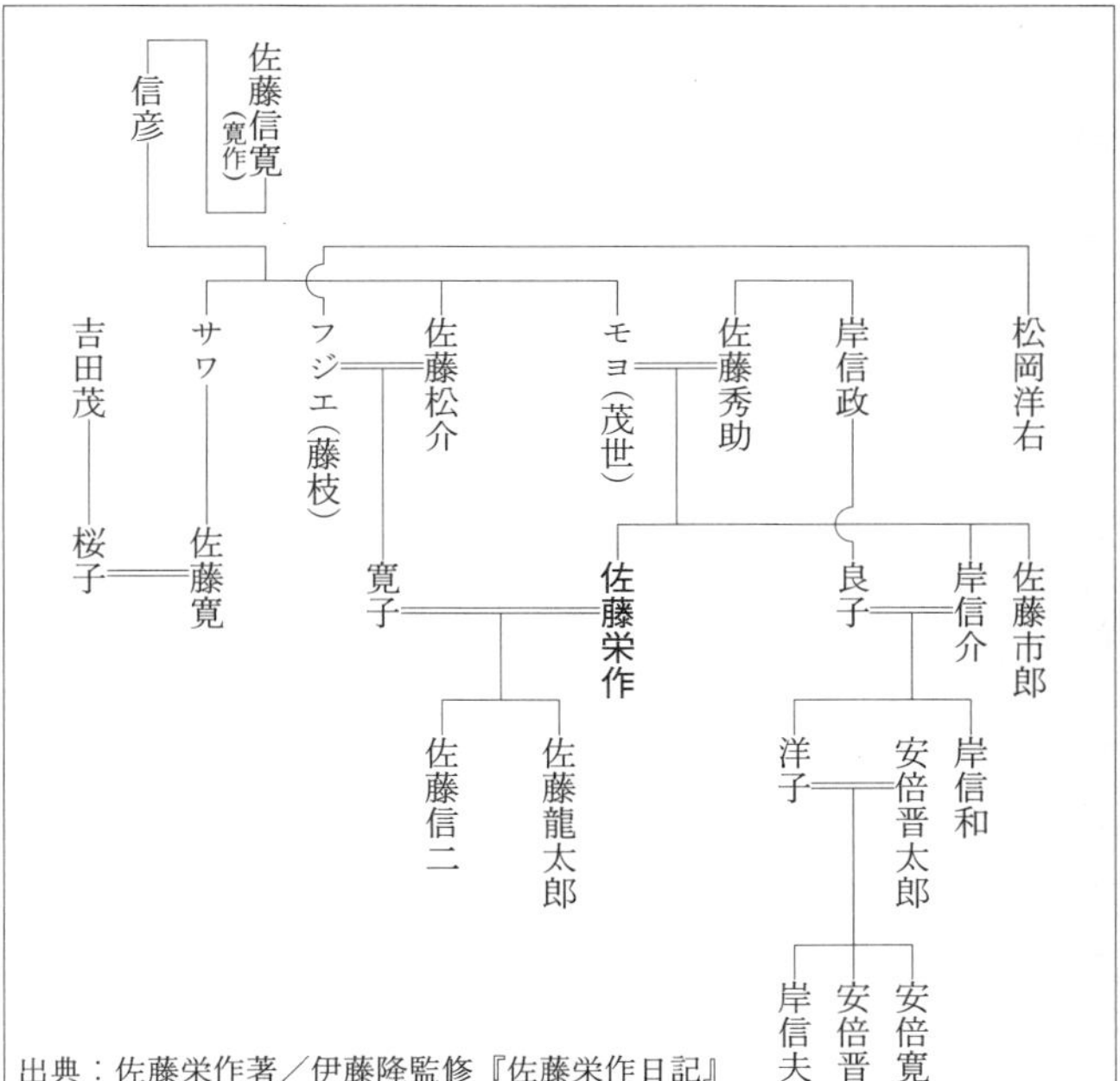

出典：佐藤栄作著／伊藤隆監修『佐藤栄作日記』第六巻（朝日新聞社，1999年）を基に筆者作成

た少年雑誌『日本少年』を毎月読み、近くの川には足繁く釣りに通った。兄信介の回想では、魚釣りには「いつも四、五人を家来のように従え」て「お前はこの籠《かご》をもって行けとか、お前は網をもって行けと」指示していたという（『岸信介証言録』）。

一九一二年には明治天皇が崩御し、大正に改元された。佐藤は一九一三（大正二）年四月、藩校明倫館の流れを汲む山口県立山口中学校に入学した。校長は教育勅語好きで、学校は陸軍に進む者が多く、佐藤も一時陸軍を希望したという。

中学五年生の頃、母の弟である叔父佐藤松介の長女、つまりはいとこにあたる寛子《ひろこ》を許嫁《いいなずけ》として、佐藤は本家を継ぐことになった。松介は親友松岡洋右の妹フジエと結婚し、娘が二人いたが、三三歳の若さで病死し、遺児は佐藤の家に引き取られていた。寛子によればこの頃の佐藤は、「カッコいい青年」であった兄信介とは対照的で、「一人で山の中へキノコ取りに行ったり、川へウナギ釣りに出かけたり」していたという（『佐藤寛子の宰相夫人秘録』）。米国に留学し、帰国後外務省に勤めていた寛子の伯父松岡は、佐藤にとって特別な存在となる。

熊本五高進学

一九一四（大正三）年にヨーロッパで第一次世界大戦が勃発すると、立憲同志会を与党とする第二次大隈重信内閣は日英同盟を足がかりにドイツに宣戦した。佐藤は大戦も大詰めを迎える一九一八年三月に山口中学校を卒業し、受験勉強のため、東京帝国大学に進んでいた兄岸信介の下宿を用いた。名古屋の第八高等学校で受験し、このとき、のちに首相となる池田勇人と同宿になった。鶴舞公園そばの下宿から毎日肩を並べて試験に通い、試験が終わった日には「カフェー」で青春を発散したという（『楠田資料』K）。

佐藤は第二志望の熊本にある第五高等学校に合格した。合格を知らせてくれたのは伯父松岡の電報であったという。九月に入学した佐藤は、三年間のうち最初の一年間、寮生活を送った。広島県出身の池田も五高生となったが、在学中は特につきあいはなかった。

一九一七年に入るとロシアで二月革命が起こり、帝政が終わる。中立を維持していた米国も第一次世界大戦に参戦した。大戦末期にはウッドロー・ウィルソン米国大統領によって一四ヵ条の原則が示され、個別の領土問題をめぐる方針とともに秘密外交の禁止、海洋の自由、経済障壁の撤廃、軍備の縮小、民族自決原則による植民地問題の公正な処理などの新たな外交原則と、平和を担保すべき国際連盟の創設が謳われた。

一九一九年八月、パリ講和会議の首席全権であった西園寺公望は、交譲妥協に努めた交渉の結果、日本の国際的地位が大きく向上したことを報告し、「内に在《あ》りては一意実力の涵養《かんよう》と文化の上進に努め外に対しては毎《つね》に公正の態度を持して信を国交に繋ぎ克《よ》く機宜《きぎ》を制して重きを列国の間に致」すことを求めた（「侯爵西園寺公望提出講和会議ニ関スル報告書ノ件」）。すなわち、文化と公正の大国を説いていた。

このとき、西園寺を補佐したのは元外交官で大久保利通の実子牧野伸顕であり、その女婿《じょせい》（娘の夫）がのちに佐藤の政治的師となる吉田茂である。吉田も随員としてパリを踏み、また松岡も現地で日本全権団の報道係主任を務めた。

ヴェルサイユ講和条約が発効し、国際連盟が発足した一九二〇年一月、大正天皇は「平和克復の大詔」を発し、「連盟平和の実」をあげ「時世の進運に伴」うよう国民に求めた。提唱者であった米国が条約を批准できず国際連盟に参加しなかったことは驚きであったが、日本は新たな世界平和への取り組みである国際連盟の原加盟国であり、四つの常任理事国の一角を占めた。こうして第一次世界大戦後の精神は日本で体制化された。

第一次世界大戦後の東京帝大生

それを国内で支えたのが政党政治である。山口県出身の陸軍大将で「非立憲内閣」と人気薄であった寺内正毅内閣に代わって政友会の原敬が一九一八（大正七）年九月から初の本格的政党内閣を組織した。もう一つの柱が、国際的視野を持った開明的な宮中であった。

のちの昭和天皇である皇太子裕仁親王は一九二一年三月から九月までヨーロッパを訪問し、イギリスでは立憲君主のありようをジョージ五世から親しく学び、大陸では戦跡を視察した。裕仁親王はロンドン市役所での歓迎会で「平和と正義の統治を永久に建設せんがために注げる数万同胞の血に酬《むく》ゆべきは、全然吾人《ごじん》生存者の義務」と演説した（『裕仁皇太子ヨーロッパ外遊記』）。

佐藤はこうした時代にあって一九二一年四月に東京帝国大学法学部法律学科に入学した。九月入学から四月入学に変更された最初の入学生である。佐藤は五高、帝大とドイツ法を専攻した。これは兄の岸がそうであったからで、大学にもすでに所帯を構えていた兄の家から通い、学費は松岡が面倒をみた。

佐藤の回顧では、学生当時からどちらかというと保守的であり、当時「デモクラシー」を高唱しオピニオン・リーダーとなっていた吉野作造が指導した新人会などには見向きもせず、保守的な上杉慎吉の憲法論などを喜んで聞いていたという。しかし、彼の言う「保守」を考える場合に、明治国家における保守と時代的要素とを考えなければならない。

明治国家は、憲法が言うところの「万世一系の天皇」を戴きつつ、諸外国に学び、近代化改革を推進する国柄であり、官吏養成機関である東京帝大はそのメッカであった。だから明治国家で保守であることはそもそも国際性と実用性の枠内にあった。

さらに時代は社会自体が自由主義的であった。第二次世界大戦後に「大正デモクラシー」の造語で呼ばれるようになるが、日露戦争後から次第に自由主義的な傾向が強まっていた。第一次世界大戦後にはイギリス政治を念頭に穏健な「デモクラシー」が肯定的に議論され、原内閣では選挙権も拡張された。

また、米国の呼びかけで開かれたワシントン会議では、突然提起された海軍軍縮に応じ、「デモクラシー」諸国である英米両国との協調路線を確固たるものとした。日本は日露戦争後、日英同盟と日露協商を外交の両輪として国益の維持伸張を図ってきたが、日露協商はロシア革命によってすでに失われていた。首席全権を務めた加藤友三郎海相は「国防は軍人の専有物に非《あら》ず戦争も亦《また》軍人のみにて為し得べきものに在《あ》らず」と国家総動員が予想されるなかで軍事的に対抗できても財政的に「日米戦争は不可能」と軍縮を肯定したのである（『太平洋戦争への道（新版）別巻資料編』）。

この会議で日英同盟が破棄されたが、英、米、仏との四ヵ国条約と、中国での門戸開放（機会均等と領土保全）を約束する九ヵ国条約が結ばれた。これらの取り組みには大戦中に膨張した帝国日本への協調による抑制という側面があったが、日本側が積極的に応じたことでワシントン精神と呼ばれる大国間協調の基盤となり、日本は戦後秩序の主要な担い手となっていった。

こうした世情のなか、ドイツ法を学んだ佐藤は、法の適用の温かさに感銘を受けたと刑法の牧野英一と民法・労働法の末弘厳太郎の名をあげる。また、個人を重視し大正期を代表する文学潮流であった白樺派の作家の作品を愛読したという。

佐藤は大学一年のときに満二〇歳で徴兵検査を受けたが、適性の低い第二乙種合格に終わった。一方、高等文官試験にはその二年後、一九二三年一二月に合格した。九月の関東大震災の折、佐藤は受験勉強のため長野県にいた。受験勉強では岸のノートが役に立った。岸は弟に官界を勧めたが、佐藤は松岡の推す日本郵船に就職するつもりでいた。ところが日本郵船は同年の採用を見送り、困った佐藤は採用試験の遅かった鉄道省を受験し合格。こうして佐藤は官界に進むことになる。

鉄道省入省

一九二四（大正一三）年五月一日、佐藤は鉄道省に入った。鉄道省は第一次世界大戦による輸送量増加によって鉄道院が廃止され、二〇年に設置された新興官庁である。一ヵ月間本省で講習を受け、六月三日に門司鉄道局勤務となった。

この年は年初より政治が揺れていた。正月に枢密院議長清浦奎吾が内閣を組織すると第二次憲政擁護運動が起こった。原首相暗殺後同党の高橋是清が政権を継いだことで日本でも政党政治の確立が感じられたが、その後も非政党内閣が続くなかで清浦内閣が成立すると、政党勢力は政党間で政権交代する政党内閣制の確立を求めて反対運動を展開した。

総選挙は五月一〇日に実施され、その結果を受けて清浦が退任、第一党を中心に「護憲三派内閣」と呼ばれた加藤高明連立内閣が成立する。それは佐藤が東京を去った直後の六月一一日であった。なお、のちに佐藤内閣で官房長官を務める橋本登美三郎は、早稲田大学雄弁会において「護憲三派」支持の遊説をしていたという。

一九二五年には衆議院議員選挙法の改正によって二五歳以上の男子が選挙権を得る男子普通選挙制が実現し、その後二七（昭和二）年に立憲民政党が誕生すると政友会との間で二大政党時代を迎え、三二年まで両党の間で政権が移動することになる。

このような政党間での政権交代は「憲政の常道」と呼ばれて社会で高い正統性を誇った。吉野作造は、一九二四年の講義で「英国の如く選挙の結果により政権の授受行わると云《いう》が憲政の常道なり。日本にても今次の内閣はややそれに近し」と日本の憲政がヨーロッパの憲政

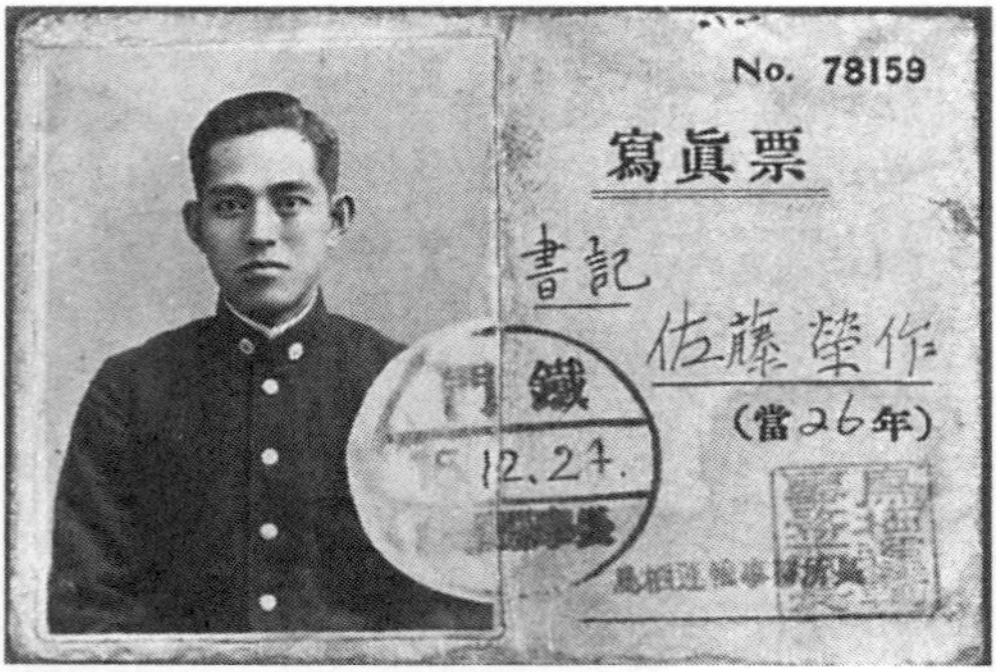

二日市駅長の頃，1926年

と同等に論じられることを示し、政治改革を積極的に発信していった（『吉野作造政治史講義』）。

他方、福岡県の門司駅で現場研修中の佐藤は、改札、切符売り、運転助役、車掌見習いなど一通りのことをした。機関区で投炭を行い、門司運輸事務所にも勤めた。この頃、樺太まで旅行もしたという。一九二六年二月二三日には許嫁の寛子と田布施の生家で結婚した。パリ講和会議の後、南満州鉄道株式会社の理事となっていた松岡は佐藤の成長に期待していた。新婚の佐藤は福岡県の二日市《ふつかいち》の駅長になり、佐賀県での陸軍特別大演習で鉄道運輸協力を行った。また、一駅一店主義の業者統合問題と踏切事故の根絶に努力した。

一九二六年一二月二五日に大正天皇が崩御すると、皇太子裕仁親王が践祚《せんそ》し、昭和に改元された。佐藤家には一九二八年四月一日に門司で長男龍太郎《りゅうたろう》が生まれた。同年一一月の昭和天皇の即位の大典では佐藤も記念章を授与され、一二月には、官吏のなかでも天皇から任免される高等官となった。つまり高級官僚の入り口に立ったのである。この頃、のちに佐藤の政治的師となる吉

佐藤栄作一家，1932年　左から妻寛子，次男信二，栄作，長男龍太郎，寛子の母フジエ

田は、産業立国を掲げる政友会の田中義一内閣で外務次官を務めていた。

一九二九年一〇月、米国ウォール街での株価暴落を機に世界大恐慌が始まった。以後一九三三年に至るまで、米国はもとより欧州や日本を深刻な不況が覆っていく。

外交官から満鉄副社長を務めた伯父の松岡は、民間有識者からなる国際調査団体太平洋問題調査会が主催する一九二九年の太平洋会議で、日本の対中政策を擁護して注目を集め、一九三〇年には政友会から総選挙に出馬、代議士になった。他方、長兄の市郎は浜口雄幸民政党内閣で一九三〇年のロンドン海軍軍縮会議に随員として参加した。このときは海軍士官として、互譲妥協を求める首席全権若槻礼次郎元首相と対立している。

佐藤栄作も、不況下で盛り上がった浜口内

閣の官吏減俸案反対運動に加わったという。一九六四年に佐藤は「いまは保守のかたまりのようにいわれる私も、当時はなかなか反骨精神も旺盛だったし、社会運動もひけを取らなかった」と回顧している（『今日は明日の前日』）。政府は結局、案を撤回した。

ロンドン海軍軍縮条約を成立させた浜口首相は狙撃され、民政党と政友会の政権をめぐる争いは議会の混乱となって国民の批判を集めた。ひとたび撤回された官吏減俸案は次の第二次若槻内閣で形を変えて実現するが、すでに鳥栖の事務所長であった佐藤は直接関係しなかった。

満州事変から国際連盟脱退へ

経済危機のなかで、一九三一（昭和六）年九月一八日、関東軍参謀石原莞爾らが政府や陸軍中央の意に反して満州事変を起こした。それは既得権擁護のためではなく「新満蒙」を掲げ、翌年三月一日には民族自決を根拠に満州国を建設。さらに国内でも三月事件や十月事件などの軍のクーデタ未遂事件が相次ぎ、政友会内閣成立後には上海事変を起こした。

松岡は政友会代議士として中国との休戦に向けて尽力し、ますます脚光を浴びた。また、早稲田大学から朝日新聞社に入社していた橋本登美三郎は特派員記者として満州事変を取材している。

この頃、一九三二年二月三日、佐藤の母モヨが五九歳で死去し、その五日後に次男信二《しんじ》が生まれた。他方で五月一五日、海軍青年将校らが政友会総裁の犬養毅首相を暗殺する五・一五事件が起こる。後継首相には海軍出身の斎藤実が選ばれ、政党内閣制は中断した。

なおも政党内閣復活、すなわち「憲政常道」の維持は当然視されていたが、次第にそれを困難にする既成事実が積み上げられていった。斎藤内閣は秋には満州国を承認し、さらに国際連盟を脱退する。それは第一次世界大戦で得た常任理事国の特権を放擲《ほうてき》し、国際的な孤立を選択する行為であった。

伯父の松岡は一九三三年二月、ジュネーブで国際連盟総会に全権として出席し、調整に努めたが果たせず、脱退演説をした。ところが満州事変が陸軍出先の陰謀によって始まったことを知らない国民は、正義と自主外交に努めたと松岡の帰国を華々しく迎え、一躍時の人となった。

松岡洋右（1880〜1946）

岸は伯父の松岡について、「一部では非常にもてはやされていた恰好《かっこう》だけど、実際はそうじゃなくて、悲痛な感じでね、これからの日本について心痛しておった」と回顧している（『岸信介の回想』）。松岡は同年一二月には政友会を脱して挙国一致体制確立のため政党解消運動を起こし、衆議院議員も辞めて全国を遊説する国民運動を展開した。

非常時の米国滞在

時代は内外で風雲急を告げていた。非合法下、日本共産党は政府の厳しい取締りのなかで党員が大量転向し、社会主義者は技術者として戦時体制に役割を果たしていく。

斎藤内閣は一九三四（昭和九）年七月に帝人事件で倒れ、再び海軍出身の岡田啓介が内閣を組織した。暫定内閣は長期化し、政党内閣への復帰はますます遠のいた。そのなかで佐藤は一九三四年六月に在外研究員を命じられ、三四歳から三六歳までの約一年八ヵ月を、米国を中心にイギリス、ドイツ、イタリア、フランスなどに滞在した。

佐藤の船は横浜を出発し、ハワイを経由してサンフランシスコに向かった。佐藤は船中で松岡の国際連盟脱退について同僚に詳しく話したという。佐藤は、フランクリン・ローズベルト大統領がニューディール政策を本格化させていた米国に最も長い一〇ヵ月ほど滞在した。ロサンゼルスには親戚がいたため立ち寄り、さらにカナダ経由でニューヨークに向かい、一二月には首都ワシントンを経て、これまた親戚のいるテキサス州サンアントニオに南下し、さらにメキシコも訪れている。

佐藤は日本の家族にこまめに絵はがきを送ったが、ホワイトハウスの写真には子どもたちに向けて「米国の一ばんえらい人―大統領のすんでいる家」と書き添えた（『鉄道人佐藤栄作』）。またデトロイトではフォードの自動車工場を見学し、エジソンの研究室を訪れて「初めて電灯を発明して呉《く》れた人で、それから後はどれだけ世界の人が仕合せになったか判りません」と書き送った。

佐藤は米国に着いてすぐにゴルフ・セットを買い、英語の勉強もし、「欧米における運輸について」という研究題目で自動車の将来について民間企業の扱いなどに関心を注いだ。また東部諸州を旅行するなか、バスの座席や学校にまで及ぶ制度化された人種差別を見たという。

門司鉄道局時代の欧米留学で，1934年　ニューヨークのエンパイア・ステート・ビルを背景に

この一〇ヵ月ほどの観察は、米国について少しは理解しているという自負につながっていく。さらに、滞在を終えるにあたって「非常時は米国も同様だった」と部下に手紙を書き、「要は非常時打開は各人の持分を充分につくす事だろう。軍部の行きすぎもさる事ながら、反対側に行きすぎをすすめる要素（乃《すなわ》ち自分達の持分を尽くさなかった事）があったと思う。今もその自覚をかいている様だ」と日本に思いを馳せた。それは軍部の行き過ぎへの批判と

同時に、政党政治家に軍部の行き過ぎを招く要素があったという理解であろう。佐藤は政党政治家のなかで伊藤博文を評価する一方、原敬や犬養毅は評価していない。同僚には「これから日本は相当えらいことになる」と訓示めいた話もしていたという。

この最初の米国体験は佐藤に強い印象を残した。首相になってからも、興が乗って話すのはいつもこのときのことであったという。

変貌する帝国日本

一九三五（昭和一〇）年八月、佐藤はイギリスに渡り、大陸ヨーロッパにも足を伸ばした。ヨーロッパも非常時であった。ロンドンには挙国一致内閣があり、ベルリンはヒトラーが総統になりオリンピックを翌年に控えていた。佐藤は「青年独乙《ドイツ》」に活気を感じ、「いまに昔の様な強い国になる事でしょう」と手紙を送っている。ジュネーブでは、松岡の泊まったホテル、国際連盟脱退演説を行った会場を訪れ、テーブルに触れた。さらにパリとヴェルサイユを訪ね、スコットランドではゴルフを楽しみ、ミラノにも足を伸ばした。

帰国に向けて在外研究員がロンドンに集まっていた一九三六年二月、日本で二・二六事件が起こった。「おまえの国に革命が起こったじゃないか」と話題になり、佐藤は泣きながら大使館に駆けつけたという。三月五日には予定の帰国船に乗り、四月一七日、寛子と息子が迎える神戸に着いた。

佐藤の不在中、帝国日本はますます相貌を変えていた。市川房枝らの婦人参政権獲得運動は、政党内閣制下での希望が嘘のように壁に突き当たっていた。一九三五年二月には貴族院で美濃部達吉の憲法学説が批判され、議会での基礎が弱い官僚内閣は国体明徴声明を出した。近代性と結合した形でのナショナリズムを推進してきた政党は、テロに押されて次第に逼塞《ひっそく》していった。そして一九三六年二月二〇日の総選挙で感じられた政党政治復活への微《かす》かな希望も、直後の二・二六事件によって失われた。政党政治は否定され、軍は粛軍の名の下に政治的地位を確立し、帝国日本は別のものになっていた。

政党政治復活の望みが当面絶たれると、軍事偏重の政治社会になっていったのである。

2　戦時体制から敗戦へ――軍国日本の官僚

戦時体制化と鉄道官僚

佐藤は二年間の在外研究から戻ると、三ヵ月ほど門司鉄道局で自動車路線の開設事務を行い、一九三六（昭和一一）年七月一五日から本省の監督局業務課で民間業者の行政指導を行った。

翌一九三七年は多難な年となった。一月には政友会浜田国松の「腹切り問答」で二・二六事件後に成立した広田弘毅内閣が倒れ、次いで陸軍有力者を通じて陸軍を抑えることが期待された宇垣一成が組閣に失敗し、林銑十郎陸軍大将の内閣も政党との対立で早々に退陣した。そこで、陸軍からも議会勢力からも期待された近衛文麿内閣が六月四日に誕生した。佐藤は六月七日に、小運送会社監督を主目的に新設された陸運管理官になった。

国内の摩擦を緩和するために成立した近衛内閣は、七月七日に盧溝橋事件が勃発し日中両軍が衝突すると、中国政府に反省を求める「暴支膺懲《ぼうしようちょう》」論で国民世論を煽《あお》りに煽ったあげく局地解決にも早期解決にも失敗する。偶発事件は米国の中立法を考慮して、双方が宣戦布告しない事実上の日中全面戦争に発展する。

その間、佐藤家では一九三八年二月二六日に、父秀助が七四歳で死去した。田布施近郷ではのちに、「由緒のある素封家《そほう》だったが、男の子三人を大学に上げ、女の子七人も高等女学校に上げ、それぞれ立派にお嫁にやればたまったものではな」く、「佐藤さんところは財産の潰し甲斐があった」と語り合ったという（『鉄道人佐藤栄作』）。

日本軍が南京を占領し、その後、一九三八年三月二八日には中華民国維新政府が設立された。汪兆銘政権である。佐藤はその直後の五月に上海出張を命じられ、一ヵ月半ほど鉄道沿線の小運送業の整備と調査を行った。八月には監督局鉄道課長となり、私鉄の監督を行った。地方鉄道局を経由しない本省課長職抜擢は二段跳びの特進であった。

九月から翌年六月まで再び中国に渡り、上海の日本占領地域での鉄道管理について興亜院華中連絡部に出張した。このとき、軍部との折衝面での鉄道省の思惑から就任直後の鉄道課長を辞して興亜院での職務専念を求められた。興亜院とは設立間もない占領地統治機構である。しかし、佐藤は行き当たりばったりの人事への批判もあって課長のままでの出張にこだわった。四月には華中鉄道設立の見通しが立ち、佐藤は「軍の力を背景に力の外交」で、「上海での私生活は、占領下であるし、金はあるしで、なかなかはぶりはよかった」と回顧する（『今日は明日の前日』）。帰国前に北京から蒙古も見学し、満州の新京（現長春）では兄の岸にも会った。佐藤は中国では髭があった方が敬われ、仕事がしやすいからと髭を伸ばしていたという。

日中戦争で日本の支配地域が拡大するなか、一九三九年七月二六日、米国は日米通商航海条約の破棄を通告した。九月一日にはドイツがポーランドに侵攻し、三日、イギリス、フランスがドイツに宣戦布告して第二次世界大戦が始まった。帰国した佐藤は私鉄の合併問題に尽力したが、このときの鉄道大臣は米内光政内閣の松野鶴平で、熊本県出身の政友会議員であった。佐藤は問題を解決し、松野の信任を得る。

他方で伯父の松岡は一九四〇年七月、第二次近衛内閣で外相となり、一〇月に発足した大政翼賛会では副総裁となった。翌一一月には紀元二千六百年の式典が行われた。式典は一九三五年から準備され、この年に合わせて万国博覧会とオリンピック開催が予定されていたが、一九三八年に軍の反対もあって返上されていた。一九四一年七月には第三次近衛内閣が成立し、松岡は閣僚を追われた。他方、岸は一〇月に成立した東条英機内閣の商工大臣に就任した。その間、佐藤は監督局総務課長となった。

戦時下の物資輸送

一九四一(昭和一六)年一二月八日、帝国日本はマレー半島と真珠湾に先制攻撃を行い、米国、イギリス、オランダ、中華民国に宣戦布告した。日中戦争に続くアジア・太平洋戦争は自存自衛を理由に始められた。しかし、日露戦勝後の日本は自衛のために予防戦争を必要とする状況にはなく、一九二〇年代の帝国日本は日英米三国の協調を軸に世界の繁栄と平和の礎石ですらあった。

開戦直後に佐藤は四一歳で監督局長に就いた。この人事を新聞は「抜擢組の筆頭」と紹介し、「岸商相の実弟で性格は極めて豪放、しかも緻密な企画力と多分の政治性を持っている」点が買われたと報じた(『朝日新聞』一九四一年一二月二四日付)。岸は翼賛選挙と言われる一九四二年四月の総選挙で山口二区より立候補して当選を果たし、代議士となった。政党政治が沈滞を余儀なくされようとも、明治立憲制下で国民を代表するのは代議士であり、議会であった。

佐藤は同年一一月には監理局長となり、帝国議会でトラックの戦時型設定などについて答弁している。また、一九四三年九月には行政査察使随員として産業施設の査察を行ったが、航空機生産の深刻な停滞をまねく陸海軍の縄張り争いに非常な驚きと怒りを漏らしていたという。戦局は厳しく明治神宮外苑で出陣学徒壮行会が行われた頃である。

佐藤は鉄道省と逓信省が統合され運輸通信省になるなか、自動車局長として戦時輸送を担った。さらに一九四四年一月には農商省の価格形成中央委員会で、山崎達之輔や岸、河上丈太郎らが委員を務めるなか、灘尾弘吉や椎名悦三郎とともに幹事を務めた。満州国の「二キ三スケ（名前の末尾にキとスケがつく五人の実力者の意味）」と呼ばれ開発を主導的に担った岸ですら「産業経済に付《つい》て吾等役人よりも更に素人の軍人が事毎《ことごと》に容喙《ようかい》することは百害あって一利ないと信じた」と記したように、戦時体制化のためにも軍と対立する面があった（『岸信介の回想』）。それは本来一致すべき合理化と軍事体制化との齟齬《そご》であり、佐藤は内地でも占領地でも戦時体制の前提となる物流近代化を追求したと言えよう。

大阪鉄道局長

一九四四（昭和一九）年四月、佐藤は本省の自動車局長から大阪鉄道局長への転出を命じられた。佐藤の後には名うての革新官僚が座り、これを左遷と感じた佐藤は心穏やかではなかったという。岸にも相談したが、戦局も不利ななかで個人の待遇をとやかくいうべきでないと単身赴任した。

大阪の労働界にはのちに民社党指導者となる西尾末広がいた。佐藤が大阪に移って三ヵ月後の七月七日にはサイパン島が陥落し、一八日、岡田啓介など重臣の圧力に内閣改造による挽回を目指した東条内閣は総辞職に追い込まれた。総辞職を決定的にしたのは、重臣取り込みのために辞職を求められながら拒否した岸の行動であった。八月には学童集団疎開が始まり、二二日には沖縄県から九州を目指した学童疎開船対馬丸が米潜水艦の攻撃で沈没した。

佐藤は一〇月に義母フジエの葬式に参列した後、その兄の松岡を訪れた。松岡は、「もしなんらの条件なく、政府が全権を与えるならば、ソ連との交渉のために赴く用意がある」と話したという（『松岡洋右とその時代』）。このときのことであろうか、佐藤は、御殿場で病臥《びょうが》していた松岡が「戦争をやめればよいが、関係者が判ってないようだ。〔中略〕戦争に負けたのに、戦争を止める、負けたと言えない、言うと陸軍に殺されると述べた」とのちに語っている（『楠田資料』Ⅰ）。敗戦直後の団交の席で佐藤は「戦争に敗けたらよいと思っていたか」と問われて「俺は戦争に勝つために働いてきた」と即答したが、であればこそ、サイパン島陥落後の戦争指導は松岡にとっても、岸、佐藤にとっても問題が多いものであったと言えよう（『鉄道人佐藤栄作』）。

佐藤は晩年、自身の世界観を形成するうえで強い影響を与えた人物として、吉田茂元首相とともに「松岡のおじ」をあげている。「日本の運命はアメリカと密接に結びついている。両国は全面的に協力しなければならぬということを、私に教えてくれた」と述べた（『松岡洋右とその時代』）。

病床の八月一五日——壮齢の敗戦体験

刻一刻と本土決戦が近づくなか、日本側では特攻作戦を産み、米国側では軍事工場にとどまらない市街地爆撃の恒常化に進んでいった。三月九日夜には東京大空襲が行われ、二二日には硫黄島守備隊が最後まで持久抗戦した末に壊滅した。そして二六日、米軍は座間味島に上陸し、沖縄戦が始まった。

内地であった沖縄県には県営鉄道があったが、戦局の悪化とともに軍事輸送が中心となり、それも破壊された。沖縄県最後の官選知事島田叡は前職が大阪府の警察部長で佐藤とは在阪行政諸機関会議で席を同じくしていたという。沖縄戦の悲劇は上陸直後の座間味島でのパニック状況などさまざまに深刻であるが、何より首里城にあった沖縄守備軍司令部壕の陥落によっても戦闘を継続したことであった。

戦時下の沖縄県住民の協力は、通信手段を失ったであろう県知事に代わって大田実海軍部隊司令官が本省に報告し、六月一三日、「沖縄県民斯《か》く戦えり。県民に対し後世格別の御高配を賜《たまわ》らんことを」と打電した。ひめゆり学徒隊に解散命令が出されたのは一八日になってからで、解散後数日で半数が死亡した。そして牛島満司令官の死によって組織的抵抗が終わったとされたのは二三日であり、沖縄慰霊の日とされる。

佐藤が勤める運輸通信省は五月一九日に運輸省となっていた。佐藤の家族が集まっていた東京の岸の家も二四日の空襲で全焼した。のちに佐藤の秘書となる大津正は当時岸の秘書をしており、家族を先導して逃げた。これで家族も大阪に移った。

七月二六日、米国政府は無条件降伏原則を実質的に修正し、白紙委任ではなく、勝者の条件の無条件受諾を求めるポツダム宣言を発した。

佐藤の家族は京都府篠山《ささやま》に疎開した。本土決戦を前に八月一日には鉄道義勇戦闘隊が組織され、鉄道職員も業務中の死者は靖国神社に祀《まつ》られることになった。佐藤は翌二日に高熱を発した。八月六日、広島に、九日には長崎に、相次いで原爆が投下された。広島では佐藤の甥も被爆し、同月中に亡くなり、白血病であったろうと語る。

八月一四日、鈴木貫太郎内閣は二度の聖断を経てポツダム宣言受諾に決し、翌一五日、昭和天皇自らの声でラジオ放送を通じて国民に知らされた。終戦の詔書では「朕《ちん》は時運の趨《おもむ》く所堪え難きを堪え忍び難きを忍び以《もっ》て万世の為に太平を開かんと欲す」と宣言受諾に至った理由が示されたが、戦後の日本がどのように歩むべきかについては「世界の進運に後れざらんことを期す」という以上の示唆はなかった。

佐藤は八月一五日も寝込んだままであった。家族は病を慮《おもんぱか》ってしばらく敗戦を伝えなかったという。佐藤は四五歳になっていた。「一身二生」と述べた福澤諭吉は明治改元時三五歳であった。佐藤は明治を迎えた維新三傑、すなわち西郷隆盛、大久保利通、木戸孝允のいずれよりもすでに年長であり、四六歳であった勝海舟や四四歳であった岩倉具視の年齢に近い。政治の制度化が進むなかで、ある年齢に求められる政治的役割は変化していくが、三二歳で敗戦を迎えた丸山眞男や三六歳で迎えた、のちの駐日大使エドウィン・O・ライシャワーとも異なる感性であったろう。

佐藤の仕事は病床で戦時輸送から占領輸送に移っていく。「当時のことは思い起せばさんたんたる敗戦の跡ばかりである。〔中略〕当時のさんたんたる状況は、私が言わなくても誰でも知っていることである」とは、首相になる直前、一九六四年の敗戦直後についての回想である（『今日は明日の前日』）。

3　敗戦後の再出発——占領日本の官僚

占領の開始

一九四五（昭和二〇）年八月一七日、鈴木内閣が退陣し、東久邇宮稔彦王が内閣を組織した。一九三六年以降、政党政治が失われたことで天皇や宮中への政治上の負荷は顕著に高まっており、その過程で東条内閣が成立し、鈴木内閣は昭和天皇と連携してポツダム宣言受諾に至った。占領下でも当初、宮中の役割は大きく、混乱のない敗戦受け入れのために、内閣制度発足以来初の皇族内閣の誕生だった。しかし、それは日本憲政史における変態であり、ポツダム宣言に示された民主化方針とも相まって、政党政治の再建が喫緊の課題であった。

八月三〇日、連合国最高司令官ダグラス・マッカーサーは厚木飛行場に降り立ち、九月二日にミズーリ号上で降伏文書が調印された。ドイツと異なり連合国による分割占領を免れたが、沖縄・奄美・小笠原と北方領土が切り離された。

また、六月二三日に組織的抵抗を終えた沖縄でも、九月七日に米軍と生き残った沖縄守備軍との間であらためて降伏文書が調印された。沖縄戦最後の悲劇は、すでに投降した日本住民となおも彷徨《ほうこう》する敗残日本兵との接触にあったようである。本土決戦に備える米軍による武装解除と基地建設、住民のキャンプ収容を経て、沖縄では軍政が続いていく。

連合国による日本の占領は、米国を中心に、直接軍政ではなく日本政府を用いる間接統治に落ちついた。その過程で九月一七日に重光葵外相が辞任すると、戦時中岳父牧野伸顕の縁で宮中を中心に早期終戦を模索していた吉田茂が外相に就いた。吉田は鈴木前首相から、戦争で負けて外交で勝った歴史はあるとの言葉を贈られた。一九日には総司令部が横浜ニューグランドホテルから東京の第一生命ビルに移り、二七日には昭和天皇がマッカーサーを表敬訪問した。占領軍受け入れに成功した東久邇宮内閣は、一〇月四日に警察関係者が大量追放されると退陣した。占領者の信任を欠くと考えたためである。

後継首相には、戦犯の容疑がなく外交に長《た》けていると、幣原喜重郎が選ばれた。一〇月一一日には五大改革指令が発せられ、財閥解体、農地改革、労働組合法成立、選挙法改正など、占領改革が相次いで進められていった。

「大衆というものは最も賢明なものだ」

佐藤が疎開先の病床から大阪に戻ったのは一一月初めのことである。その間、松岡と岸が相次いで戦犯容疑で逮捕されていた。佐藤はこの頃、米国のノーベル文学賞作家パール・バックが『毎日新聞』に連載していた民主主義についてのエッセイに感銘を受けたという。それは、良識ある大衆の歩む道は間違いなく、それが民主主義のよさだというものであった。バックは「日本への忠言」と題する寄稿文で「物事を合理的に考える知的な、勤勉な一般の人間というものは自分に発言権を与えないような政府を長期に亘《わた》って耐え忍ぶことは出来ないものだ」と説き、「人々が自らの想像力、発明力、表現力を発展させて行けるのは唯自治の下においてのみである」と述べていた（『毎日新聞』一九四五年一〇月二日付）。佐藤は「衆愚ということをいうが、そうではない。大衆というものは最も賢明なものだ」と感銘を覚え、「これからはものの考え方を変えなければならない。それは生き方を変えることである。〔中略〕どうも自分はまちがっていたと思った」と省察した（『今日は明日の前日』）。

ポツダム宣言は日本国民の間における「民主主義的傾向の復活強化」に言及しており、吉田茂はともに外交官として交友のあった来栖三郎に「米の注文通デモクラシー」となれば戦前すでに政友会の有力者であった鳩山一郎の天下と揶揄《やゆ》する手紙を送ったように、政党政治の復活が予想されていた（『吉田茂書翰』）。

戦後日本の民主政治は三つの出自を持っている。

第一に、立ち返るべき伝統としての一九二〇年代の政党政治である。政友会と民政党の二大政党間での政権交代は「憲政常道」と呼ばれた。一九二〇年代に政党内閣下で外相を務めた幣原喜重郎首相は「日本的デモクラシー」の実現に自信を見せていた。

第二に、占領軍が持ち込んだ民主政治である。後述するように、憲法によって議院内閣制が制度化されたことの意義は大きい。

そして第三に、一九三〇年代以降の反省も引き継いでいた。一九二〇年代の政党政治の改善としての、より平等で近代的な政治像である。一九二〇年代、二大政党の角逐は短命政権をもたらし、政治腐敗も批判された。したがって政党政治が復活するには改善されたものでなければならない。「超国家主義」「軍国主義」と言われたなかにも新しい芽はあり、「戦後」は時差をともなって緩やかに形作られていく。鳩山は戦中の同交会での結びつきを母体として新党結成に努め、日本自由党を結成した。鳩山は「従来第三者の立場に立って政党を批判してきた評論家、新聞人、学者、実業家の優秀なる連中」に入党を求め、従来の政治家と合議によって決定することにしたという（『私の信条』）。

さらに「平和国家」「文化国家」が新たな国家再建の目標となった。九月四日には帝国議会開院式の勅語で、昭和天皇は政府と歩調を合わせて「平和国家を確立して人類の文化に寄与せん」と説いた。再び帝国日本のような大国となることはできそうになくても、民主的で平和的で文化的な国家となることこそが戦後日本の目標であった。

一二月の衆議院議員選挙法改正で婦人参政権が認められ、二五歳から二〇歳へと選挙権年齢が引き下げられた。これによって、一九二五（大正一四）年に納税資格を撤廃した普通選挙は両性に開かれた真の普通選挙となった。若者の政治包摂も重要な課題であった。翌一九四六年一月一日には「新日本建設の詔書」、いわゆる人間宣言が出されたが、昭和天皇の強い希望で五ヵ条のご誓文が挿入された。占領下での改革を明治にさかのぼって、内在的な流れのなかで肯定する歴史解釈が示されたのである。

占領下の鉄道復興

佐藤は二月一日に運輸省鉄道総局長官として東京に戻った。寛子は苦労のなかにも充実していた大阪時代を懐かしみ、佐藤もまた大阪出身の西尾末広と会うとよくこの時代の話をしたという。ついに運輸省の本流に躍り出た佐藤は、のちに、大阪鉄道局長への転勤を拒んでいれば戦後追放の身になって今日の自分はなかったであろう、人間何が幸いになり不幸になるかまったくわからないと語っている。

佐藤が上京した同日、『毎日新聞』は憲法改正案をスクープし、これを機に総司令部のGHQは憲法草案の作成に着手した。二月三日には基本方針を示すマッカーサー・ノートが民政局内で示され、二月一三日にはGHQの作成した日本国憲法草案が日本政府に提示された。幣草案では一院制が採用されていたが日本側の要請で二院制に戻すことは想定内であった。幣原内閣はマッカーサー草案の受け入れを決めた。天皇制存続の条件としての憲法九条であった。昭和天皇は国民との直接の結びつきを育むため、同年二月から何度かの中断を挟みながら占領終結後の一九五四（昭和二九）年まで全国巡幸を行った。

三月五日にウィンストン・チャーチル英元首相が「鉄のカーテン」演説を行い、冷戦が次第に顕在化していくなかで東京に戻った佐藤は鉄道復興に取り組む一方、新たな勢力としてのGHQ対策とともに労働組合対策に追われた。それは「まるで共産党の天下みたいな様子」で、大正以来の労働運動指導者である松岡駒吉と西尾に会見を求め、「戦争に負けた日本とはいいながら、やはり日本の国を愛し、日本の産業を思う組合ができてしかるべきではないか。それにはあなた方のような労働運動の草分けといわれる方々にこの際力を貸してもらわなければいかぬ」と説いた（『今日は明日の前日』）。一九四六年八月には社会党系の日本労働組合総同盟（総同盟）と共産党系の全日本産業別労働組合会議（産別会議）が発足した。

四月一〇日には公職追放を経て戦後初の総選挙となる第二二回衆議院議員総選挙が行われた。三九名の女性代議士が誕生し、新しい政治の幕開けを印象づけたが、他方で、選挙結果によって第一党党首として前首相から首相に推薦を受けた鳩山は、GHQによって突如公職から追放され、「政党というものに生来あまり親しみを感じなかった方」と自ら語る吉田が自由党総裁となって首相を務めることになった（『回想十年』一巻）。

鳩山の追放には、戦前の文部大臣時代の事績や出版物の内容に自由を抑圧し、日本の膨張を肯定する面があったが、何より首相となるに際してその保守性が日本の新しい政党政治にふさわしくないとGHQが判断したためである。

敗戦の混乱のなかで

五月二二日、大日本帝国憲法の手続きに則って吉田茂内閣が発足し、自由党と進歩党による保守連立内閣として組織された。第一次吉田内閣は危機的な食糧事情への対処、日本国憲法の制定、憲法附属法典の整備と大きな足跡を残した。佐藤はストライキ対策や団体交渉に日を送っていた。そのなかでA級戦犯として起訴されていた伯父の松岡が六月二七日に肺結核で死去した。松岡は死を前に見舞った佐藤に「日本の将来はどうなるのだろう」と問うたという（『松岡洋右とその時代』）。

一〇月七日に貴族院と衆議院の両院を通過した日本国憲法は一一月三日に公布された。天皇は象徴と位置づけられ、国民主権、戦争放棄、基本的人権の尊重などが謳われた。国会は国権の最高機関と位置づけられ、戦前に困難の元となった首相選定方式は、国会の議決によることと明確化された。

他方、経済は危機的状況が続いていた。一〇月一一日には農地調整法改正案・自作農創設特別措置法が成立し、二一日に公布されている。GHQの介入により先の日本政府による農地改革を徹底した第二次農地改革である。農地改革はのちに労働者を新産業に提供する。直面する経済危機に対しては、石橋湛山財政と有沢広巳など学者グループからなる吉田の私的諮問機関による傾斜生産方式アイデアが採用された。傾斜生産方式とは、石炭や鉄鋼などに資源を集中し、産業全体の回復につなげようという非常策であった。

そのなかで労働運動は賃上げ要求や最低賃金制確立などで勢いを増し、吉田もまた年頭所感で労働運動指導者を「不逞《ふてい》の輩《やから》」と呼んで非難した。これに刺激されて一九四七（昭和二二）年二月一日には国鉄労働組合総連合など官公庁労組が主導して、賃上げから労働環境改善、さらには倒閣を意図したゼネストが予定された。吉田は労働組合の統御が期待できる社会党の連立参加を追求したが果たせなかった。

入閣の打診と蹉跌

この頃、佐藤は旧知の松野鶴平を通して運輸大臣として入閣交渉を受けている。最終的には戦犯容疑の岸の弟ということでGHQの承認が得られず沙汰止《さたや》みになった。吉田からは「君、悪い兄貴を持ったと思って諦めてくれたまえ」「三親等だ。占領軍がだめなんだ」と言われたという（『今日は明日の前日』）。吉田もまた身内の関係で初入閣を阻まれた経験がある。二・二六事件後に陸軍が吉田の外相就任に反対した理由の一つは、親英米派の岳父牧野伸顕との関係であった。

なお佐藤は吉田との間に、近くはないものの縁戚があった。母方のいとこが吉田の娘と結婚していた。しかし、吉田が佐藤を求め松野が推したのは、先に社会党との連立を真剣に模索したことに通じ、現場で労働運動と向き合ってきた経験であった。この時の内閣改造で大臣には官僚出身の増田甲子七がつき、二月一日、佐藤は運輸事務次官となった。

結局、吉田は自らの手で二・一ゼネストを回避することはできなかった。前日の一月三一日、マッカーサーはゼネストに中止命令を出し、夜になって中止された。

事態を自ら解決できなかった吉田内閣は、マッカーサーから早期に総選挙を求める指令を受け、三月三一日、衆議院を解散した。解散と同時に衆議院議員選挙法の改正が公布され、一九二五（大正一四）年以来敗戦まで続いた中選挙区制へと戻された。

四月は選挙ラッシュであった。五日に初の地方自治体首長選挙、二〇日には第一回参議院議員選挙、二五日に第二三回総選挙、そして三〇日には地方議会議員選挙が行われた。参議院選挙では社会党が自由党、民主党を抑えて第一党となったが、諸派無所属が多く、選挙後に彼らを中心に緑風会が結成された。総選挙でも社会党が第一党に躍り出た。

日本国憲法秩序と冷戦の始まり

佐藤が運輸事務次官となった一九四七（昭和二二）年二月、パリで講和会議が開かれ、日本とドイツ以外のイタリアやブルガリアなど旧枢軸国と連合国との間で平和条約が調印された。日本でも三月一七日にマッカーサーが早期講和に言及した。ワシントンの国務省でも対日講和案がまとめられつつあり、その内容は日本軍国主義の復活を防止するため二五年間の監視を行うなど懲罰色の強いものであった。

他方、冷戦が顕在化しつつあり、マッカーサーが早期講和に言及した五日前の三月一二日にはトルーマン大統領がトルコとギリシャへの援助を議会に要請し、世界が二つの生活様式のいずれかを迫られるなかで自由国民を支持する決意を示したトルーマン・ドクトリンを発していた。

こうして佐藤が運輸次官を、池田勇人が大蔵次官を務めて官界の中心を担い始めた頃には、軍の解体と政治改革が強権的に進められた初期占領期は過ぎようとしていた。冷戦が意識され、日本の経済復興と政治的安定が中心課題となる占領後期を迎えていた。

一九四七年五月三日、制定時に日本が「文化国家」を目指すという附帯決議がつけられた日本国憲法が施行された。前日には枢密院と貴族院が廃止された。五月二〇日、第一回国会が召集され、吉田内閣も退場した。二三日、衆議院と新たに参議院からなる国会は社会党の片山哲を首相に指名し、社会党と保守中道の民主党・国民協同党からなる社会党首班中道連立政権が組織された。このとき、吉田は保守連立政権の継続ではなく、社会党への政権移譲を選択した。吉田は牧野伸顕に「負け振のよいところを見するが大切、政権の推移は自然に委ね候様」と書き送った（『吉田茂書翰』）。佐藤の理解する、吉田の考える民主政治の建前は「無理な政権工作をすべきではない、いさぎよく選挙で第一党になった政党に譲るべきだ」

というものであった（『今日は明日の前日』）。

このとき、自由党と民主党との連立は政策的に困難で、吉田の意図のみが問題ではなかったが、恬淡《てんたん》と下野したと言えよう。ＧＨＱは、クリスチャンである片山首相が率いて共産党と自由党の左右両極を排した中道連立内閣を歓迎した。

米国では五月、国務省に政策企画部が設置され、初代部長にジョージ・ケナンがついた。ケナンは前年二月に任地モスクワからソ連の行動を考察する「長文電報」を送り、脅威に対抗するには「自らの社会の健全性と活力」が重要であると述べた。六月五日、マーシャル国務長官は米国による大規模なヨーロッパ復興計画、すなわちマーシャル・プランを明らかにした。ソ連は援助計画を受け入れず、西ヨーロッパ一六ヵ国によるヨーロッパ経済協力機構が結成されていく。

七月にはケナンの手でＸ論文と呼ばれる『フォーリン・アフェアーズ』誌上の論考で対ソ封じ込め政策が提起された。日本の早期和平への動きも米英中ソの合意が得られず頓挫した。九月に中国共産党が人民解放軍による総反攻宣言を発表し、一〇月にはヨーロッパの共産国家がソ連を中心に連携するコミンフォルムの設置が発表され、東西冷戦が本格化した。

官界からの引退

佐藤は片山内閣でも引き続き運輸事務次官を務めたが、官房長官に就任した西尾から内閣官房副長官就任を求められたという。西尾は渉外担当の副長官に曽禰益を考え、内政担当の副長官として佐藤に白羽の矢を立てたのである。それは革新官僚であった美濃部洋次の紹介であったという。

佐藤は「西尾氏の申し入れを受けたときは、これも一つの政界に入る道かと思った」と、社会党入りも一つの選択肢と受け止めた。だが、すでに吉田内閣から入閣の打診を受けた経緯もあり断ったという（『今日は明日の前日』）。それは松野との縁であった。佐藤は松野の伝記に「先生のおすすめで政界に出ることにもなりました」と序文を寄せている（『松野鶴平伝』）。

それでも西尾から行政事務について協力を求められ、一ヵ月程度、通産省出身の美濃部と財界の田中耕一と三人で私的な顧問のようなことをした。岸信介が政界復帰に際してまず社会党への入党を考えたように、佐藤も思想遍歴のなかで社会政策的関心は高く、鉄道人としての職務がその意識を高めていた。その意味で自由主義政党に導いた吉田と松野の影響は大きい。

片山内閣では、のちに佐藤とも協働する三木武夫が逓信大臣として初入閣していた。佐藤は三木の家に招かれたことがあり、三木夫人のもてなしに「党人政治家のご家庭というものは、やっぱりちがうなあ」と感激して帰ってきたという（『佐藤寛子の宰相夫人秘録』）。

民法と刑法を改正し、内務省を解体した片山内閣は、占領下における日本の民主化改革の仕上げ段階を担うとともに、米本国の占領政策の転換の波を予感させた。憲法草案を作成することによって権力を拡大したGHQ民政局も次第に縮小局面に入り、民政局と協働した社会党連立内閣は労働政治の暴発によって自壊する。

佐藤は運輸事務次官として輸送力の強化と労働組合の正常化に努めていたが、社会党内閣への批判的な思いもあり、一九四八（昭和二三）年二月の片山内閣退陣を機に官界を引退するつもりで次官を辞めた。このとき、池田勇人大蔵次官、岡崎勝男外務次官も辞めている。

二月一〇日に総辞職した片山内閣の後を受けて、三月一〇日、同じく社会党・民主党・国民協同党の中道連立内閣が民主党の芦田均を首班として発足し、西尾は副総理格で入閣した。「政権たらい回し」との批判が強く、GHQが特に声明を発したように、芦田内閣誕生に際しては「憲政常道」の観点から政権勢力の交代が論じられた。

三月一五日に民主党幣原派が自由党に合流し、吉田茂を総裁とする民主自由党が結成された。「民主国」日本の「公党」はいかにあるべきか、吉田も「新党結成」に際して大学教授をはじめ各界から広く世話人を集めようとした（『吉田茂書翰』）。

佐藤は三月二〇日に運輸次官を依願免官となると、すぐさま民主自由党に入党し、選挙準備に取りかかった。伯父の松岡にも兄の岸にも代議士経験があった。妻の寛子は松岡について「政友会から代議士に出たこともある伯父は、大衆政治家であることを喜びとしていました」と書いている。佐藤栄作四八歳。こうして戦前・戦中・占領に及ぶ官僚生活を終え、佐藤は政党政治家への道を歩み始めた。

佐藤は後年、記者に「自分は政治家より鉄道会社の社長になる身分だった」と語っている（『楠田資料』Ⅰ）。敗戦が彼の運命を変えたのである。

第二章　吉田茂の薫陶——憲政の再建と二つの日米安保条約

1　官房長官への抜擢——党人、自由主義政治家として

民主自由党への入党

一九四八（昭和二三）年三月二〇日、佐藤栄作は吉田茂率いる民主自由党に入党し、政党政治家としての一歩を踏み出した。

民自党は引き続き野党として、二度目の中道連立政権である芦田均内閣（民主党・日本社会党・国民協同党）と対峙していた。芦田内閣には憲法制定を主導したＧＨＱ民政局の強い支持があり、なおも民主化改革を進めようとしていた。しかし、経済復興の課題を抱えて依然労働攻勢にさらされていた。七月二二日にはマッカーサー連合国最高司令官の指示を受けて、敗戦後の労働運動を牽引してきた公務員の争議行為を禁止し、団体交渉権を制限する政令二〇一号が出されている。ポツダム宣言受諾にともなう命令で、日本国憲法施行後のもの

はポツダム政令と呼ばれる。

他方、中国大陸では内戦が続くなか、米軍政下の朝鮮半島南部では八月に李承晩を大統領として大韓民国が成立し、九月にはソ連軍政下の北部で金日成を最高指導者に朝鮮民主主義人民共和国が成立した。

民自党は、夏に本格的な政策立案作業に入った。先に片山哲内閣の閣内協力要請を拒絶した吉田のもとには、「このまゝ野に下れば、自由党は保たない」と膝詰めの談判に及んだ党幹部もあったという(『回想十年』一巻)。野党化した政党はそのまま衰微してしまうかもしれない。しかし、佐藤の語るところでは、「吉田さんの考え方で、内閣を投げ出すと同時に、政党を若返らすために、行政事務を勉強しなければならないということであった。政策も政治もさることながら、行政事務がわからなくては政治にならないというのである」(『今日は明日の前日』)。今日の少数である吉田民自党は、明日の多数を目指して自らを見つめ直す作業のなかにいた。

公職追放によって戦前戦時の政治家が多く政界を離れるなか、民自党は官僚の入党を積極的に進め、佐藤についても大蔵省の池田勇人や橋本龍伍などと一緒に入党が発表された。新聞記事では保守党への「知性の注入」に期待が寄せられている(『読売新聞』一九四七年七月二二日付)。民自党はさらに、各省の事務当局を動員して勉強会を行った。三日ぐらいで新政策が作成され、佐藤は「政党の政策などというものはまことにちょろいものだという感じ

吉田 茂（1878〜1967）

を持」ち、その過程では「吉田さんの趣味といえばごへいがあるが、大学の先生の知恵を借りた」という。

吉田の回想では、自身の「学者好き」という評判のもとは、義父で戦前昭和天皇の側近を務めた牧野伸顕にあり、「学者の意見や専門家の話は尊重せねばならぬ。政党人ばかりでなく、学者、専門家の意見をも真剣に聴取して、しっかりした基礎の上に政策を打ち建て、政治を行うべきだ」としばしば注意を受けていた（『回想十年』一巻）。吉田は政党と官僚の相互理解が民主政治の運営を円滑にすると考え、佐藤のような「役人上りには政党教育を与え、政党育ちには行政教育を」与えて、「一個の立派な政治家」を育て上げたいと心がけた。

一〇月七日、芦田内閣は疑獄事件（昭和電工事件）で閣僚に逮捕者が出ると総辞職した。対して背後には治安を担当し、さらなる改革に消極的なGHQ参謀第二部の関与が疑われた。対して改革を主導してきた民政局は依然多数を占める中道連立三派のなかから三木武夫国民協同党委員長に期待したが果たせず、さらに民自党幹事長山崎猛を擁立して超保守主義と考える吉田の首相就任を阻止しようとした（山崎猛首班事件）。この頃になると、占領者内の対立が日本側の政治対立と連動するようになっていた。民主党副幹事長であった保利茂は陰謀を阻止しようとしない芦田に批判的になり、民自党へと歩みを変えていく。

結局、首班指名投票の前日、一九二〇（大正九）年の総選挙で初当選し、ともに立憲政友会で活動した益谷秀次が「謀反政治が憲政の常道のように大手をふって歩くようになったら、民主政治の将来はどうなるだろうか」と説得し、山崎は自ら議員辞職して首相候補から外れた（『益谷秀次』）。こうして吉田が首相に返り咲いた。佐藤は松野鶴平にこういう人は切ってしまうのが筋と述べたが、松野が山崎と姻戚であったことは知らなかったという。

内閣官房長官への大抜擢――第二次吉田内閣の成立

一〇月一五日に成立した第二次吉田内閣で、佐藤は内閣官房長官に大抜擢された。佐藤は吉田首相とは二三年違いの四八歳で、まだ議員ではなかった。内閣官房長官は国務大臣ではなく、そうなるのはのちの佐藤内閣でのことであったが、佐藤家は右往左往と大変な興奮状態であったという。

巣鴨の獄中にいた岸は、自身との関係で弟が国務大臣になれないことをきわめて残念に思い、「弟の世に立つ道を塞《ふさ》ぐこの兄の思ひを誰か知らめやも」と詠んだが、「他日の大成の為に官房長官の劇職に就くことは極めて結構の事」と喜んだ（『岸信介の回想』）。佐藤は組閣の様子を垣間見ることもでき、池田勇人を吉田に紹介したというが、このとき池田は入閣していない。それは、「すでに政党政治が始まっていたので、一部議席を持たない閣僚はいたけれども、同時に党側としては議席を持つ大臣を出せという非常に強い主張があったため」であるという（『今日は明日の前日』）。

そのような雰囲気のなか、少数党内閣で法案成立に困難を抱えていたのに加えて、与党議員も新参者で議席を持たない佐藤に冷たい。佐藤は堅実さだけが取り柄で、新聞記者からの評判も悪かった。佐藤は「政界のことは何も知らないし、ことごとにつまずいて苦労ばかり多く、官房長官はみごとに落第した」と回顧する。

官房長官時代の佐藤（中央）と記者団　1948年12月16日

GHQにも翻弄された。佐藤は公務員給与問題でGHQと折衝したが、「吉田さんは、戦争に負けたとはいっても一等国時代の大使だったものだから、GHQへ行っても負けて帰ってはだめだ、しっかりやって来い、とシリを叩かれる。しかし先方は占領軍だから敗戦国の政府の言い分なんか相手にしないということで、えらい目にあった」。少数与党の吉田は内閣の意思による早期解散を希望したが民政局が消極的で、最後はマッカーサー最高司令官の裁断で一二月二三日、衆議院は内閣不信任案を可決して解散された。

米国の占領政策も変化していく。一〇月に国家安全保障会議は「米国の対日政策に関する勧告」(NSC13/2)を承認し、一二月一日、マッカーサーに伝えた。「初期対日方針」に代わって、講和の延期と非懲罰的な方針、警察組織の強化などの勧告である。以後、経済復興が占領下の主要目標となる。一二月一八日には経済安定九原則が示され、翌年二月には銀行家のジョセフ・ドッジが経済顧問として来日した。

他方、一一月一二日、三年に及んだ極東国際軍事裁判は二五被告に有罪判決を出し、一二月二三日に東条英機ら七人の絞首刑を執行して幕引きとなった。翌二四日、兄の岸信介らA級戦犯容疑者一九人は釈放され、岸は佐藤を官房長官邸に訪ねた。

代議士佐藤の誕生――政務調査会長へ

一九四九(昭和二四)年一月二三日、佐藤は敗戦後三回目となる第二四回総選挙に初めて立候補し、当選した。このとき佐藤をはじめ、池田など多数の官僚出身者が初当選を飾る。新聞記者から転身した橋本登美三郎も、民自党から初当選した。佐藤と橋本には共通の友人があり、以後親交を深めていく。この選挙で民自党は戦後初めて衆議院で単独過半数を占め、野党では中道三派が低調であったのに対して共産党が伸張した。

選挙後に民自党と民主党との連立内閣として発足した第三次吉田内閣で、佐藤は官房長官を外れ、党の政務調査会長となった。吉田は当初、佐藤に国会対策委員長を求めたが、それはできないと断った結果であるという。佐藤にとって政調会長は楽しく意義深かったようで、満州開発五ヵ年計画を立案した高倉正を事務局に据えるなど立ち上げにあたった。

同じく初当選の池田勇人が蔵相に抜擢されたが、財政顧問として来日したドッジは自立的な日本経済の確立と国際経済への復帰を目指してデフレ政策を進め、民自党の選挙公約であった減税も認められなかった。一連のドッジ・ラインがもたらした不況は深刻で、不穏な社会事件が続いたが、一ドル三六〇円の単一固定為替レートの設定は、経済復興から高度経済成長へと続く足がかりとなっていく。

さらに、マッカーサー最高司令官の要請で税制調査団が来日し、日本各地を調査して九月にシャウプ勧告を行った。そこでは税制改革の方向性が示されただけでなく、平衡交付金制度による地方政府の強化が図られた。同月、イモ類の統制撤廃が決定されている。これは終戦から四年を経て、敗戦直後の極端な食糧危機から脱したことを意味した。

一九四九年夏から秋にかけて、冷戦による戦勝国の分裂はさらに進んでいた。四月に結ばれた北大西洋条約（NATO）が八月に発効し、その間の五月にドイツ連邦共和国（西ドイツ）が成立した。他方、九月にはソ連の原子爆弾保有が報道され、一〇月には中華人民共和国とドイツ民主共和国（東ドイツ）が樹立された。長らく続いた中国内戦は毛沢東の共産党が勝利し、蔣介石の中華民国政府は日本から回復した台湾に逃れた。

そのなかで対日講和問題は再び動き出した。トルーマン政権はソ連の参加がなくても対日講和を進める方針を固め、一九五〇年一月一二日にディーン・アチソン国務長官は日本を自由主義陣営の一員として再建し、必要な期間、日本の防衛責任を負うと演説した。そして四月六日、ジョン・フォスター・ダレスが対日講和担当の国務省顧問に任命され、対日講和促進を言明した。

自由党幹事長となる

一九五〇（昭和二五）年三月一日、民自党は民主党連立派と合同して新たに自由党を結成し、四月一三日の役員改選で佐藤は幹事長になった。講和をめぐって日本国内は、戦争した相手とすべて講和すべきと主張する「全面講和」論と、米国を中心に可能な範囲でまず講和を目指す「多数講和」論に分かれていた。

吉田自由党は「多数講和」を進めていたが、政権回復を目指す社会党は全面講和・中立・軍事基地反対を訴え、また、在野でも学者らによる平和問題談話会が「講和問題についての声明」を出して「全面講和」を支持した。「全面講和」論者は政府の方針を冷戦の一方とのみ講和する「片面講和」や「半面講和」と批判した。

吉田は五月三日、自由党両院議員総会の秘密会で、南原繁東京大学総長を、「永世中立」論や「全面講和」論の限りなく低い現実性にもかかわらず「政治家の領域に立ち入って彼《か》れ是《こ》れいうことは、曲学阿世《きょくがくあせい》の徒に外《ほか》ならない」と批判した。

このことは新聞で報じられ、南原が「学問の冒瀆《ぼうとく》、学者に対する権力的強圧」と反論する。幹事長の佐藤は火消しに努め、「もとより学問の自由は尊重する」が、「すでに政治の問題になっている」ので「象牙の塔」からの批判は「地位の護《まも》られている学究の徒として、その自由な立場を乱用するもの」で、国民の支持を受けないだろうという談話を発表した（『朝日新聞』一九五〇年五月七日付）。

吉田内閣は講和のためにも、来る参議院選挙で過半数を獲得する必要があった。自由党は衆議院で過半数を得ていたが、参議院では貴族院の伝統と人材を引き継ぐ独自会派の緑風会が第一党を占めていた。

六月四日、初の半数改選となる第二回参議院選挙で自由党は五二議席を獲得し、社会党三六、緑風会九に圧勝したが、二五〇議席中七七議席にとどまる比較第一党に過ぎなかった。

五日、佐藤は『朝日新聞』の各党代表座談会に出席し、二大政党対立の方向に一歩踏み出したとの認識を示したうえで、「もしも参議院が完全に政党化してしまうならば片方には解散があり片方には解散しない上院が出来るようなものでこれでは意味がない」と、その特殊性を尊重する発言をした。

朝鮮戦争とマッカーサーの退場

六月二二日、吉田首相は講和問題について来日したダレスと会談した。焦点は、講和後の日本の防衛をいかに図るかにあり、さらに冷戦環境が厳しさを増すなかで西側自由主義世界の防衛という問題があった。ダレスは吉田と同じく第一次世界大戦後のパリ講和会議を経験しており、正義には適切な力が必要であるとの教訓をくみ取っていた。先に吉田から提起された米軍の暫定的な駐留を考えていたダレスは、自ら見通しを示さない吉田の対応に驚いた。

ところが三日後の六月二五日未明、北朝鮮軍は三八度線を越えて南に進撃し、朝鮮戦争が始まった。朝鮮戦争は日本の経済復興に与えた影響が強調されるが、政治的にも大きな影響を残した。七月八日にはマッカーサーから吉田内閣に警察予備隊の創設が指令され、八月一〇日、ポツダム政令によって警察予備隊令が公布された。指令は警察力の強化を許可するもので、日本側の治安強化の要請に再軍備指令で応えたものであった。このことは警察予備隊の性格をめぐって混乱を招いた。つまり、強化された警察であるのか軍隊の卵であるのかすらはっきりしなかったからだ。こうして議論の機会を国民は奪われたまま再軍備の緒に就いた。

北朝鮮軍の南下はソ連の支持を得て行われていた。ソ連が欠席していた国連安全保障理事会は国連軍派遣を決め、九月一五日、マッカーサーを司令とする国連軍は仁川《インチョン》上陸作戦を成功させた。国連軍はさらに北朝鮮領内への北上を決め、一〇月八日には三八度線を越えた。

しかし、ここで登場したのが中国であった。一〇月二五日に中国共産党義勇軍が国境を越えて参戦し、国連軍に甚大な被害を与えた。

佐藤は幹事長として、講和に向けた政権基盤の強化に奔走していた。民主党に協力を求め、社会党にも期待を寄せていた。一九五一（昭和二六）年一月、ダレスが再来日し、二九日の吉田との会談で自由世界の強化に向けた日本の貢献を問うた。しかし、吉田はまず独立を回復したいと主張して再びかみ合わず、それどころか吉田はダレスをマッカーサーのところに連れて行き、貧しさのゆえに再軍備に消極的な日本の立場に支持を求める始末であった。とはいえ吉田は米国による日本防衛を期待しており、最終的には講和後の再軍備を約束して決裂を避けた。

四月九日、吉田はマッカーサーに宛てて占領中の諸改革を見直したいと占領後を見越した書簡を送った。ところが、その直後の一一日、マッカーサーは朝鮮戦争の方針をめぐって罷免される。第三次世界大戦を恐れるトルーマンに対して、マッカーサーは中国への直接攻撃も辞さない姿勢であった。こうして約五年間、占領日本に君臨したマッカーサーは日本を去った。佐藤も離任するマッカーサーを羽田空港で見送った一人であり、約一〇年後の一九六四年四月五日にマッカーサーが死去すると、佐藤は日記に「敗戦日本の大恩人逝去」と記している（『佐藤栄作日記』一九六四年四月六日条）。

後任のマシュー・リッジウェイ最高司令官は、五月一日、憲法四周年を記念して日本政府が占領下の諸法制を再検討することを認め、政令諮問委員会が発足した。

佐藤は五月二六日、任期満了で幹事長を退き、七月四日の内閣改造で郵政大臣兼電気通信大臣としてついに初入閣した。

サンフランシスコ講和

一九五一（昭和二六）年九月四日、米国サンフランシスコ市のオペラ・ハウスで講和会議が始まり、八日、対日平和条約が調印された。

ここは一九四五年六月に国連憲章が署名された場所でもあったが、六年経《た》って冷戦が深く影を落としていた。会議には本来参加すべき中国が、米国の承認する中華民国とイギリスの承認する中華人民共和国に分かれていたためにいずれも招かれず、インドなど不参加の国もあった。さらにソ連は会議には参加したが条約には調印せず、社会主義諸国との和解は未解決の課題として残った。冷戦下の多数講和であり、四八ヵ国と結んだ。

日本からは吉田首相自らが首席全権として参加し、池田も全権の一人となった。また、ダレスが求めたことであるが、超党派外交の観点から国民民主党と参議院の緑風会も全権を出した。

吉田は演説で「公平寛大なる平和条約を欣然《きんぜん》受諾する」と述べた（データベース「世界と日本」）。平和は繁栄をともなうが、繁栄なくして平和はありえない。自由貿易を支える第二次世界大戦後の新たな枠組みを評価し、共に世界のデモクラシーと自由を前進させる覚悟を示して、「今日の日本はもはや昨日の日本ではな」く「古い日本の残骸《ざんがい》の中から新しい日本が生れた」のであり、「将来の世代の人々を戦争の惨害から救うために全力を尽くそう」と日本の強い決意を語った。

吉田が「和解と信頼の講和」と呼ぶ対日平和条約には、早期講和で想定された二五年間の管理や再軍備などへの制約はなく、他方で、米国は、オーストラリア、ニュージーランドとアンザス条約を、フィリピンとの間で米比相互防衛条約を結んだ。先に吉田・ダレス会談の焦点が日本と西側世界の防衛にあったと述べたが、さらにもう一つ、周辺諸国にとって軍国主義が復活した場合の日本からの防衛という問題があった。

また、戦勝大国は基本的に賠償を放棄し、行われる場合でも日本の経済復興を阻害しない範囲に限定された。当初、軍需工場の設備など現物を動かす中間賠償が実施され、日本が被害を与えた国より豊かになることは許されるべきではないといった議論もあった。しかし、冷戦状況が後押しした面があるにせよ、過大な賠償がヒトラー政権を生み、次の大戦を招いたという第一次世界大戦の教訓が賠償の限定につながった。

安保と沖縄

講和条約の調印を無事済ませた吉田は、場所を近くの米軍駐屯地プレシディオに移して、日米安全保障条約に一人で調印した。「安保条約は不人気だ。政治家がこれに署名するのはためにならん」と自ら責任を負った同条約は、「日本の安全」を図るべく、前文と五つの条文からなっていた。

条約は極東の平和と安全（極東有事）ならびに日本への武力攻撃（日本有事）に対処し、さらに日本の軍国主義台頭を防止し、また外国の教唆《きょうさ》や干渉による日本国内での大規模な内乱に対処するために、米軍を日本および付近に配備する権利を米国に認めた。極東有事を目的に含むことは交渉の最終段階で米国側が求めたものであった。また同条約は、平和条約締結時に有効な自衛力を持たない日本の希望による、あくまでも「防衛のための暫定措置」であることが記され、日本自身の防衛努力への米国の期待が記された。

対日平和条約と日米安保条約は一体であり、さらに翌年、安保条約を補完する日米行政協定が結ばれる。日米安全保障条約第三条に基づく政府間の取り決めとして国会で審議されない同協定で在日米軍の基地の使用の詳細が定められ、防衛分担金や、刑事裁判権など日米の非対称性が批判を呼んだ。そして朝鮮戦争はまだ終わっておらず、関連する国連軍の行動について「吉田・アチソン交換公文」が結ばれ、部隊の通過、施設の利用等、占領下と同様の運用が保証された。

他方で沖縄の位置づけが注目される。ソ連が占拠した北方領土を除けば、平和条約締結後も奄美諸島、琉球列島、小笠原諸島が米国の支配下に残された。一九四五（昭和二〇）年六月に日本軍による組織的抵抗が終わり、七月に米軍が戦闘終了を宣言した沖縄は、本来、日本攻略のための最前線基地となるはずであった。しかし、ポツダム宣言受諾による突然の終戦と冷戦の始まりは異なる意義を与え、沖縄は東アジアでの冷戦の主要拠点とされていく。

沖縄の戦後は収容所から始まった。一〇月末に元の居住地などへの帰還が認められたが、すでに米軍基地が広がっていた。また、本土が連合国の占領下に置かれたのに対して、沖縄は米国単独による占領という違いがあった。通貨は当初二転三転し、米軍のB型軍票（B円）と日本円が混然と流通していたが、一九四八年以降、B円が唯一の法定通貨とされた。

平和条約第三条は、沖縄に対する日本の「潜在主権」を認めた。国務省と軍のせめぎ合いのなかで少なくとも信託統治の必要性がなくなった段階で日本の主権下に戻されることとなり、分離は避けられた。しかし、それは米国による支配の長期化を認めたことにもなる。一九五〇年一二月には米軍政府が米国民政府に改編されていたが、平和条約が発効する直前の一九五二年四月一日、その下に琉球政府が新設された。他県の知事にあたる琉球政府行政主席は米軍、さらには一九五七年に設けられた高等弁務官が指名していった。六代に及ぶ高等弁務官はいずれも陸軍中将である。こうした占領状態の継続に沖縄では祖国復帰署名運動が行われたが、逆に冷戦の要請による基地強化が進められていった。

講和会議から帰国した吉田は、目黒公邸での全権団解散式で、日露戦後の小村寿太郎外相を想起してか、「この家も焼き打ちにあわずに結構でした」と冗談ともつかない乾杯の発声をしたという（『均衡財政』）。両条約は一〇月二六日に衆議院、一一月一八日には参議院で承認された。その際、社会党は、安保条約に反対しつつも独立の回復という点では評価する右派と、米国の極東戦略への従属であると批判する左派の間で折り合いがつかず、分裂した。

こうした講和と安保に示された吉田の選択は、軽武装、対米防衛依存、経済復興優先と規定される。この頃、吉田は日本の復興を、戦前に引き続く軽工業貿易や移民の仕送り経済、観光立国に求めていた。工業国としての再建を疑問視していたのである。

2　サンフランシスコ講和後の試練

日記をつけ始める

一九五二（昭和二七）年一月一日、佐藤は日記をつけ始めた。実兄岸信介はインタビューによって多くの証言や回想を残したが、日記やメモは残さなかった。師の吉田は多くの書簡とともに人の縁から着手した回想録を残したが、やはり日記は残さなかった。こうした尊敬する兄や師とは異なり、佐藤は四〇冊に及ぶ日記を残した。当初は毎年中断があり、外遊時など思い出したように記されたが、次第に継続的に記すようになる。

佐藤はこの日、地元の氏神に家族で参拝後、党の祝賀会で吉田の「国の為諸改革を断行せん」と党員に奮起を求める強い調子の挨拶を聞くと、年賀で松野鶴平邸を訪れ、さらにリッジウェイの招宴に出た（『佐藤栄作日記』一九五二年一月一日条）。一月二五日には岸から公職追放の再審査と総選挙への立候補の意思を伝えられたが、佐藤は一回目は見送るよう意見している。また、二月二八日に日米行政協定が調印されると、「一路再軍備への準備のみ」と記し、この年の日記は終わっている（『佐藤栄作日記』一九五二年二月二八日条）。

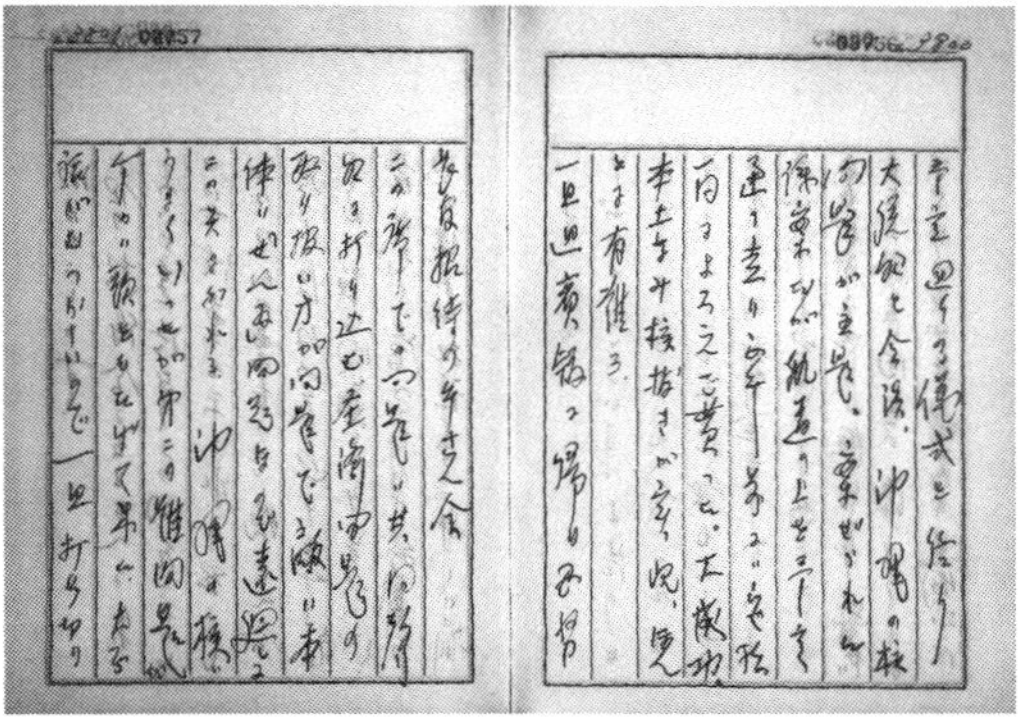

「佐藤栄作日記」（部分／1969年11月19日）　1952年１月から倒れる前日75年５月18日まで記した現代史の第一級史料．ただし1955，57〜60年など行方不明の部分もある

　四月二八日、対日平和条約と日米安保条約が発効し、日本は約六年間の占領を終えて「独立」を回復した。長い占領であった。第二次世界大戦後の米国は第一次世界大戦の反省から比較的賢慮に満ち、慎慮にも長けていたと言えようが、占領は占領であった。ともに吉田を支えた池田は占領の継続も辞さない「全面講和」論者について、「占領下にあることがどんなに辛く、馬鹿らしいものであるか」を知らないと記している（『均衡財政』）。

　この日また、中華民国政府との間で日華平和条約が結ばれた。米国とイギリスがそれぞれ支持する中華民国と中華人民共和国の間でいずれと国交を結ぶかは日本に委ねられたが、米国は平和条約の上院での審議と結びつけて日本が自主的に中華民国と国交回復することを求めた。このような圧力は紛れもないが、他方で反共の吉田が大陸を選ぶことはなかったとも考えられている。中華民国はこのとき賠償を放棄した。それは無賠償を原則とする枠組みのなかで西側主要戦勝国であったためでもあったが、大陸と承認を争っていたこと、実際の被害を受けたのが大陸であったことも寄与していた。

米軍駐留は続いたが、占領終結でGHQが担っていた機能は基本的に日本政府が引き継いだ。治安はその一つであったが、早速、弱さを露呈した。五月一日に皇居前で行われたメーデーは流血の騒ぎとなった。

五月二日、政府は新宿御苑で全国戦没者追悼式を挙行した。このとき、昭和天皇は「身寡《か》薄《はく》なれども、過去を顧み、世論に察し、沈思熟慮、あえて自らを励まして、負荷の重きにたえん」と述べ、幾度か考えた退位問題に決着をつけ、在位のままその役割を探し求めることになった（『昭和天皇実録』一九五二年一月一日条）。

保守派内の対立——二度目の入閣と幹事長

独立回復後の日本政治は保革対立以前に、占領政治を担った吉田と、鳩山一郎ら公職追放解除組との保守派内での対立に明け暮れた。もともと総選挙で第一党となりながらGHQに追放された鳩山から一時的に党を任された吉田であったが、健康不安のある鳩山への禅譲に否定的で、引き続き独立回復後の課題に取り組む意欲にあふれていた。他方、占領末期の鳩山は追放解除の遅れに不信感を抱き、三木武吉や河野一郎らとともに吉田への批判を強めていた。

吉田は佐藤らごく少数の側近と謀《はか》って先手を打って衆議院を解散し、このことがさらに両派の対立を激化させた。いわゆる「抜き打ち解散」である。一九五二（昭和二七）年一〇月一日に実施された第二五回総選挙で佐藤は第二位で当選し、一〇月三〇日、第四次吉田内閣で建設相兼北海道開発庁長官に就いた。

一九五三年一月一日、「独立後初めての元旦」に再び日記を書き始めた佐藤は、「邦《くに》の為党の為」「政局の安定」「内政策に精を出し、外善隣の基本方針の上に国民の強力な支持協力を求めよう」と記した。一月一〇日、追放を解除された岸は吉田と面会し、自由党入党について話をした。佐藤は極力これを勧めた。

他方で、占領政治を担ってきた政治家たちと追放解除組との間には文化の差があった。芦田均前首相は、鳩山が自由主義者でありながらその側近は自由主義とおよそ縁遠い人ばかりであると感じていた。また、池田の側近宮澤喜一は後年、「鳩山氏に代表される追放復活者たちの信条なり、あるいは顔ぶれから言ってもきわめて明確に戦前に遡《さかのぼ》りますから、それは明らかに違う人たちが戻ってきた」と印象を語った（『戦後政治の証言』）。佐藤にとっても「民主国日本」が明治立憲制下と異なることは自明であり、一月一二日に秩父宮雍仁親王の葬儀をみて「民主国日本としては旧来の慣行を是正さるべき」と日記に記している。

佐藤は、両派の対立が高まるなか、二月一〇日に大臣を辞めて二度目の自由党幹事長に指名されたが、このことが党内に大混乱を引き起こす。石橋湛山は吉田による党の大勢を無視した指名と憤り、重光葵は党を新旧勢力に二分したと政局不安定を憂えた。最終的に佐藤幹事長は認められたが、この過程でともに吉田政治を支えてきた広川弘禅が吉田に反旗を翻した。佐藤はこの頃、「政界というものは、きのうの友はきょうの敵だよ、きのうの敵はきょうの友だよ」と漏らしていたという（『鉄道人佐藤栄作』）。

二月二八日には吉田が国会審議中に「馬鹿野郎」とつぶやき、懲罰動議が大差で成立した。こうした吉田政権末期になって佐藤自身のグループが形成され始める。三月一二日、佐藤派の会合として一〇名が会した。さらに鳩山らが自由党を離党して不信任案が可決されると、吉田は再び衆議院を解散した。いわゆる「バカヤロー解散」である。

四月一九日、第二六回総選挙が実施された。佐藤にとって三度目の総選挙であったが、岸が同じ山口二区から同じ自由党候補として出馬した。突発的な解散であったために西ドイツ外遊中の岸を佐藤が呼び戻し、入党手続きを無断で進めたというが、岸は意欲に満ちていた。

中選挙区制五人区で前職佐藤はトップ当選、元職の岸は三位で当選した。全体では自由党一九九、改進党七六、左派社会党七二、右派社会党六六、分派自由党が三五議席で、自由党は飛び抜けた第一党であったが過半数には及ばなかった。佐藤は新聞の座談会で、戦前の

「護憲三派」内閣にも言及しながら民主主義の常道を確立するためにも第一党の首班が首相指名されるべきと論じた（『朝日新聞』一九五三年四月二二日付）。

五日後の二四日には参議院選挙も行われた。改選議席では自由党四六、左派社会党一八、緑風会一六、右派社会党一〇、改進党八、無所属三〇議席という結果で、直後の参議院では二五〇議席中自由党九五、緑風会四八、左派社会党四三、右派社会党二六、改進党一六、無所属クラブ一〇、純無所属クラブ七、無所属五議席であった。自由党は議長選挙で第一党を理由に松野鶴平を推したが、参議院の独自性を主張する緑風会の河井弥八に敗れている。

佐藤は幹事長として鳩山率いる分派自由党と重光葵率いる改進党との保守協力に努めたが果たせず、しかし社会党が重光を支持しなかったため何とか第五次吉田内閣が成立した。

再軍備問題と保守派の再編

講和後のもう一つの課題は再軍備問題であった。一九五三（昭和二八）年三月にスターリンが死去したことで、七月、朝鮮戦争の休戦協定が結ばれ、一〇月には米韓相互防衛条約が結ばれた。

朝鮮戦争休戦後も米国は引き続き日本に防衛努力を求め、国内政治の焦点となっていた。占領下では中道連立政権に対して共産党と自由党が左右両翼に位置していたが、再軍備問題では自由党以上に民主党が積極的で、中道が入れ替わる体であった。また、朝鮮戦争の休戦を受けて、日本の朝野では特需に代わるものとして相互安全保障法（ＭＳＡ）への期待が高まった。これは、米国政府が防衛力強化に努める自由主義諸国に援助を行うものである。

九月、吉田は政権基盤強化のため重光改進党総裁と会談し、保安隊の自衛隊への切り替えと長期防衛計画で合意した。一〇月には池田自由党政調会長を渡米させ、ウォルター・ロバートソン国務次官補と相互安全保障法の適用をめぐって交渉させた。それは日本から見て、いかに援助を引き出しつつ再軍備を最小限にとどめるかのせめぎ合いであった。

他方、佐藤は引き続き保守連立内閣の実現に奔走していた。一一月には鳩山を含む二三名が復党し、条件として設置された党憲法調査会の会長には岸が就いた。

再軍備問題は憲法問題であり、占領問題でもある。同月リチャード・ニクソン米副大統領が来日し、日米協会での講演で「日本の非武装化は、一九四六年の時点では正しかったとしても一九五三年の段階では間違いではないだろうか〔中略〕私はこの場で、一九四六年に米国は過ちを犯したことを認めよう」と述べた（『もう一つの日米交流史』）。ダレス国務長官とも事前に打ち合わせた演説である。ニクソンは、冷戦で自由主義諸国の非武装は間違いなく戦争につながると考えるようになっていた。後年、佐藤は、ニクソンが「日本に平和憲法を持たせたのは誤りであったと言ったのが印象的だった」と語っている（『楠田資料』Ｉ）。

一二月二四日、奄美群島に関する日米協定が調印され、翌日返還された。しかし、これは小笠原、沖縄の返還へと続く一里塚ではなかった。「極東に脅威と緊張がある限り米国は沖縄・小笠原の施政権を行使する」とダレスが述べたように、奄美群島以外の長期保有方針に沿うものであった。このような東アジアの「空が晴れ渡るまで返還はない」という考えは、「ブルー・スカイ・ポジション」と言われる。

他方で、米国による沖縄の長期保有方針に風穴を開けようとしていたのが現地沖縄の動きであった。琉球政府発足と同時に組織された沖縄教職員会の初代会長屋良朝苗《やらちょうびょう》は、校舎再建への国民的協力を求めて上京し、「バカヤロー解散」直前の時期に幹事長の佐藤とも面会した。のちに沖縄返還をめぐって異なる立場から密接に協働する二人の初対面である。「自由党は、なぜ奄美群島の復帰決議だけをして、沖縄には知らぬ顔なのか」と詰め寄る屋良に、佐藤は「いや、私も知らなかった。いつの間にか、そうなっていた」と「とぼけていた」という（『屋良朝苗回顧録』）。

しかし、現地沖縄の動きは孤立していたわけではなかった。奄美返還を間近に控えた一一月七日、佐藤その人を中心に各派から六七名提出の「沖縄及び小笠原諸島に関する決議案」が衆議院で可決された。この決議は奄美大島復帰について米国の好意に感謝し、加えて講和条約で同一条件下にある沖縄と小笠原両諸島が依然主権外にあるのはきわめて遺憾で「政府が国民の総意を体して両諸島の我が国復帰促進につき至急善処」することを要望した。

ところで、当時の『文藝春秋』一九五四年一月号に「兄弟は他人のはじまりか？――政界・あにおとうと」と題して佐藤と岸の兄弟対談が掲載されている。複数の当選者を出す中選挙区制とはいえ、同じ選挙区で議席を争う二人は当たり障《さわ》りのない思い出話に終始しながらも、五歳違いの兄を追ってきた佐藤五四歳と、弟を愛おしむ岸五九歳の間に穏やかな時間が流れている。佐藤は「幸に、兄は戦時中とにかく大臣をやっておった。こちらは今云《い》うように、特別の因縁でお粗末ながら大臣もやった、そういうように見てもよく似通っている」と語っている。兄弟ともに春秋まさに盛んなりの時代であった。

造船疑獄事件と指揮権発動

一九五四（昭和二九）年一月一日、佐藤は再び日記を記し始める。三月一日に米国はマーシャル諸島ビキニ環礁で水爆実験を行い、マグロ漁船第五福竜丸が被曝して死者を出す事件が起こった（第五福竜丸事件）。ＧＨＱの検閲を受けていた広島、長崎の原爆被害は、『アサヒグラフ』（一九五二年八月六日号）の特集が大きな衝撃を与えたように、占領の終結とともに次第に社会に知られるようになっていた。第五福竜丸事件は第三の被爆ともいえ、その後も米国が水爆実験を続けるなかで、国会では原子力の国際管理と原子力兵器禁止のための決議が全会一致で採択された。この事件は日米関係の危機を醸《かも》し、ジョン・アリソン米大使は日本人の核兵器に対する恐怖の深さと共産側からの脅しへの脆弱《ぜいじゃく》性を予見した。広島、長崎から一〇年目となる一九五五年夏には原水爆禁止世界大会が開催される。

他方で政治の混乱が続くなか、佐藤は三月一四日、検事正官舎に出頭し、党組織、幹事長

造船疑獄　犬養健法相の指揮権発動後，記者会見する佐藤．1954年４月21日

の仕事、党議決定方式、議員の職責、党資金などについて取り調べを受けた。計画造船のための政府融資などをめぐって、自由党幹事長の佐藤や政調会長の池田などの収賄が疑われたのである（造船疑獄）。

捜査が進み、四月二〇日に検察庁から佐藤の逮捕許諾を求められた犬養健法相は、翌二一日、指揮権発動によって、重要法案の国会通過まで逮捕を延期するように指示した。河井弥八参議院議長は、数日前には「検察側の佐藤、池田両人の逮捕は動かすべからず」との情報を得ていた（『河井弥八日記』一九五四年四月二一日条）。指揮権発動は吉田の意思であり、犬養法相は周囲の反対を押してただちに辞任した。河井は「自由党政府に取りて致命的暴挙」と記したが、二四日、内閣不信任案はかろうじて否決された。

四月一九日には、鳩山、河野一郎、岸らを中心に新党結成促進協議会が発足していた。また、自由党内の混乱にとどまらず、国会も混乱を極めていた。教育二法案、防衛二法案、警察法案と与野党の対決法案が連続し、衆議院では乱闘が起こり、参議院では議長が監禁状態に置かれた。幹事長として緒方竹虎副総理と周旋に奔走していた佐藤は、六月一六日、今度は政治資金規正法違反で起訴された。

佐藤は七月に幹事長を辞任し、党総務となった。後任の幹事長には池田が就く。吉田は八月の自由党全国支部長会議で、指揮権発動について、政党の会計簿が不十分である点に原因を求め、断固たる信念で行ったと説明した（『読売新聞』一九五四年八月一〇日付夕刊）。佐藤が受けた容疑は、幹事長として吉田政権を支えるために奔走した鳩山復党に向けた借金肩代わりに端を発すると、鳩山派から自由党に残った木村武雄は述べている（『米沢そんぴんの詩』）。佐藤幹事長や池田政調会長の個人的問題ではなく、党務の問題と判断されたのである。

吉田との外遊――アジア・欧州・米国をまわって

政治の表舞台から一時離れることを余儀なくされた佐藤の日記は、九月の外遊で再開される。九月二九日から一一月一四日までの長期外遊は、幹事長役での苦労に報いようという吉田首相の厚意による帯同であったが、佐藤は「刑事被告人」の同行批判を避けて三日遅れで出発し、タイ、インド、パキスタンをまわって渡欧した。

一〇月八日、佐藤はフランスで吉田一行と合流した。約二〇年ぶりのパリであった。次に西ドイツのボンを訪れた吉田一行は、政治事情のレクチャーを受けた。佐藤は、ドイツ社会民主党が、西ドイツは常に民主主義国米国と共にあるという意識を持ち、再軍備反対は「無防備中立即平和」ではなく、ドイツ統一の障害となることを懸念してと聞いて感心している（『佐藤栄作日記』一九五四年一〇月一二日条）。

イギリスではアンソニー・イーデン外相に会った。イーデンはインドシナ休戦への貢献によってガーター勲章とサーの称号を得たばかりで、「老首相も後継者を作るに熱意を示せる結果か」とチャーチルの周到さを思った。隣席に座ったイーデンは「十回当選 卅《さんじゅう》 年余の政治生活」だと佐藤に話したという。また、イギリスでは「公式会食に野党領袖をも加えて真の民主的な会合を為すが例」であり、「政府は党総才〔ママ〕には野党に対し年千傍〔ママ〕〔磅《ポンド》〕の給与を為しおる」と聞いてイギリスの与野党関係に感銘を受けた（『佐藤栄作日記』一九五四年一〇月二七日条）。

一〇月二八日までロンドンに滞在した一行は、船で米国に渡った。佐藤はデッキ上で吉田とゆっくり話をすることができた。吉田はチャーチルとイーデンに、かつて日英同盟は帝政ロシアに対する共同防衛の立場から結ばれ、「ロシアの侵略を防ぎ永く世界の平和並に両国の安全の為に寄与する処《ところ》大」であったが、その後「離間」され、「不幸な第二次世界大戦迄を引き起し、今日の惨状を招来する事になった」と「民主主義諸国」の協力を説いたと話した。佐藤は中ソ離間策も含め吉田の「達見」に「今こそ自由諸国の協力を必要とするの時なり」と感じた（『佐藤栄作日記』一九五四年一〇月三一日条）。

一一月二日に雨のニューヨークに到着した佐藤は、中間選挙投票日のこの日、早速、選挙風景を見物した。翌三日には国連本部を見学し、安全保障理事会が開催中でエジプト・イスラエル紛争の裁定を議論していた。八日、吉田はナショナル・プレス・クラブで演説したが、記者から後継者について聞かれ、「後継者は衆望が集まって初めてきまるので、それが民主々義と思う」と応えた（『回想十年』一巻）。吉田はドワイト・アイゼンハワー大統領と会見し、共同声明も出されたが、黄昏時《たそがれ》を迎えた吉田政権に特段の支援は与えられなかった。

吉田内閣の退陣

旅が終わると再び佐藤の日記は沈黙した。佐藤は一一月一四日に帰国し、翌日、党の報告会では、政党の争いが堂々としていることが印象的であったと語った（『朝日新聞』一九五四年一一月一五日付夕刊）。

佐藤を待っていたのは新党情勢の急展開であった。一一月八日には池田幹事長が岸と石橋を除名していた。鳩山、川島正次郎、福田赳夫らが脱党、重光と日本民主党を結成した。衆参両院議員一四二名からなる反吉田勢力の結集であり、鳩山は「独立の完成」を訴えていた。

臨時国会が開会する一一月三〇日、佐藤は東京地裁で政治資金規正法違反の公判第一回を迎えた。他方で政局も急である。一二月七日には吉田内閣不信任案の上程が見込まれていた。前夜、首相官邸に首脳七人が集まったが吉田の意を受けて解散を主張したのは佐藤と池田だけだった。七日も党幹部会と閣議が断続的に続いた。佐藤は「わたしは総理のアトに従います」と涙を見せたというが（『戦後政治』下巻）、最後は池田、佐藤、保利の三人で吉田を説得し、吉田は自由党総裁の辞表も置き、ついに目黒公邸を去ったのであった。

3　五五年体制下、無所属の選択——逆風のなかで

鳩山一郎内閣の成立

一九五四（昭和二九）年一二月九日、日本民主党総裁鳩山一郎が、早期解散を条件に左右社会党の支持を得て首相に指名された。一九二〇年代、すでに政友会の次代の指導者と見られながらその後の政党政治の逆潮、占領下での追放、さらに病によって長い回り道を余儀なくされた鳩山を官邸に迎えた記者たちからは拍手が起こったという。翌一〇日、鳩山内閣が発足し、自由党は第一党でありながら再び野党となった。鳩山内閣は吉田政治を批判して、憲法改正や日ソ国交回復など「独立の完成」を目指す意気込みであった。

翌一九五五年一月二四日、衆議院は解散され、二月二七日に第二七回総選挙が実施された。

自由党候補佐藤栄作の前に立ちはだかったのは造船疑獄事件と指揮権発動であり、民主党候補の兄岸信介であった。佐藤は家族一丸の選挙運動と吉田の応援も得て五人中首位当選、岸は二位当選を果たした。民主一八五、自由一一二、左派社会八九、右派社会六七、共産二議席と、「鳩山ブーム」で日本民主党は第一党に躍り出たが、過半数を得ることはできず、憲法改正に反対する勢力も発議を阻止できる三分の一以上を占めた。

吉田の後、自由党総裁には緒方竹虎が就き、佐藤は国会対策委員長となって野党としての国会対策を指揮した。自由党の重要政策は、鳩山政権の日ソ国交回復交渉への反対であった。スターリン後のソ連指導部は日本との国交回復に積極的で、日米安保条約を否定しなかった。鳩山政権は日ソ間での戦争状態の終結、国連加盟への同意、シベリア抑留者の引き揚げを目指して交渉に積極的であったが、自由党は、平和を焦っているのはソ連であり、じっくりと構えていれば日本に有利な条件で国交に至ると批判していた。

五月にはコンラート・アデナウアー初代首相の下、西ドイツが主権を回復し、再軍備をしてNATOに加盟した。これに刺激されたソ連・東欧の八ヵ国はワルシャワ条約を結び、ヨーロッパでの東西両陣営の軍事的対峙が進んでいた。また、先に結ばれた米韓相互防衛条約、米華相互防衛条約があいついで発効している。

他方で、重光葵外相は八月に訪米し、ダレス国務長官に日米安保条約の対等化に向けた改定を求めた。だが、憲法改正もせず相互的な義務を担うことが見通せないなかで冷淡な対応を受ける。その場には河野農相とともに岸幹事長もいた。強い衝撃を受けた岸は、安保改定には経済再建と保守勢力の結集、そして防衛力の増強が必要で、その実現後に在日米軍の撤退と憲法改正が促されると考えるようになった。

五五年体制の成立――保守合同への不参加

七月二九日、日本共産党は一九五〇（昭和二五）年以来の武力革命路線を自己批判し、議会政治に復帰した。他方、一〇月一三日には左派主導で社会党が再統一され、保守合同への気運を高めた。

一一月一三日、吉田派は保守合同への対応を協議し、佐藤は不参加の意向を表明したが、先の総選挙で民主党候補としのぎを削った選挙区からの支持があったという。一一月一五日に民主党が主導して自由民主党が結成された。自民党結成は「保守合同」と言われ、単なる現職政治家の大同団結とも見られかねない。しかし、戦前、憲政会で幹事長を務めた三木武吉とともに新党運動を担った岸は、「保守新党」を唱えて、戦前二大政党の反省を意識し、より広い国民的基盤に立った新しい保守党を目指していた。

こうして鳩山内閣が安定多数を得る一方、佐藤は吉田茂、橋本登美三郎とともに無所属にとどまった。若手記者であった松山幸雄は共産党を除名された志賀義雄の隣に悠然と座る佐藤に「冷や飯の食い方、不遇の時にジタバタせず実力を蓄えよ、という無言の教訓」を受けたと回顧するが、妻の寛子はこの時期の佐藤に「いつもしょんぼり」と「小会派の悲哀」を感じた（『国際派一代』、『佐藤寛子の宰相婦人秘録』）。

岸の見立てでは、佐藤は自ら連座した造船疑獄は鳩山の自由党からの離党と復党に関係があると考えていたので、鳩山新党への参加はどうしてもできず、吉田は逆に佐藤に殉じたのだろうという。寛子はこの時期に佐藤がよく大磯の吉田邸に通い、「貴重な〝学習の季節〟になったのでは」と記している。佐藤は造船疑獄、無所属と、困難を成長の糧とした。またプロのレッスンを受けたり他流試合をしてこの時期にゴルフの腕を磨いたという。

政治学者の升味準之輔は、社会党統一と保守合同によって一九五五年にその後の日本政治の「額縁《がくぶち》」が作られたと評価し、「一九五五年体制」と呼んだ。一九五五年体制は、反吉田政治の保革二大政党制として出発した。

日ソ国交回復交渉をめぐる党内対立

一九五五（昭和三〇）年一〇月、米国下院軍事委員会が、日本とフィリピンの親米政権が倒れた場合に拠点となる米軍支配下の沖縄を視察し、翌年六月、軍用地料の一括払いや新規接収を支持する「プライス勧告」を出した。沖縄ではこれに反対して「島ぐるみ闘争」が起こる。

他方、本土では、同年は戦後経済最良の年と言われ、一九五六年の経済白書は「もはや戦後ではない」と記した。一九五五年からこののち五七年前半までの大型景気は日本始まって以来という意味で「神武景気」と呼ばれる。

年が明けて一九五六年一月一日、無所属議員佐藤栄作は再び日記をつけ始めた。保守合同前の自由党と民主党の熾烈《しれつ》な対立は合同で解消されることはなく、対立は日ソ国交回復交渉に表れた。佐藤は党外人でありながら旧自由党人士とのやりとりは盛んである。日ソ国交回復交渉について、佐藤の日記には「鳩山素人外交の害毒」が九〇〇〇万国民の災いを招くと手厳しい（『佐藤栄作日記』一九五六年一月二日条）。四月の総裁公選で緒方総裁を誕生させ、鳩山政権を退陣に追い込むことが年初の目標であった。ところが吉田を訪ねて、吉田が緒方への信頼をなくしていることを知る。吉田派の結束、池田との協力の強化を説く吉田に、「順を追う意味でひとまず緒方にしたら」と意見を述べたら、「此の際決意して池田、佐藤で次代を背（負）う決意を」とまで言われる（『佐藤栄作日記』一九五六年一月二八日条）。さらに吉田と会ったその日の深夜、当の緒方が急逝した。佐藤は呆然驚愕《ぼうぜんきょうがく》するばかりであった。

佐藤は外から自民党の様子を「軍閥跋扈《ばっこ》」と観察した。また、予算編成はうまくいったが、保革二大政党制は「社会党を大きくする危険なものだとの米国の観測」も耳にしていた。四月の総裁公選で鳩山続投が決まったが、国会の混乱が連日報じられるなかで、「国会の権威も、政党の信用もかくしてなくなるのだろう。民主々義もかくして折角開いたのに又しぼむのだろう。困ったものだ」と記した（『佐藤栄作日記』一九五六年四月二〇日条）。

二月二四日にソ連ではニキータ・フルシチョフによるスターリン批判が行われ、東欧の支配体制は動揺した。一〇月のハンガリー動乱に結びつき、中ソ対立の遠因となっていく。同年春、吉田前首相に回想を求める吉田茂回顧録刊行会が組織され、佐藤は池田や愛知揆一、保利などとともに一〇人の委員の一人となった。会は関連資料や証言を集めるとともに、一年以上にわたって毎週のように吉田を囲んで聞き取りを行った。

もともとは終戦一〇年を機に、いくつかの新聞などで回想を発表していた吉田にまとまった話を求めたことから始まったが、鳩山政権後半という時期を鑑みれば、保守合同直後に自由党系の伝統を当事者の間で再確認し、ソ連の「平和攻勢」下に日ソ国交回復を目指す鳩山政権を思想的に牽制する場となったようである。それは自由党系の政治家にとって二度目の少数者経験を機に自らの姿勢を見つめ直す〝正史編纂作業〟とも言うべきものとなった。

成果は翌一九五七年七月から五八年三月にかけて吉田茂『回想十年』全四巻として関係者による「回想余話」とともにまとめられた。すでに鳩山内閣は退陣し、石橋湛山内閣を継いだ岸信介内閣期に入っていた。吉田は「わが国は終戦以来十数年、敗戦の余を受け、復興再建の跡顕著にして、今や国情安定、隆昌《りゅうしょう》に向いつゝある」との認識を示し、「日本国民よ、自信を持て」と説いていた(『回想十年』四巻)。

自由民主党への入党——国連加盟と石橋湛山内閣の成立

話を鳩山政権下に戻す。一九五六（昭和三一）年七月の参議院選挙で自民党は三分の二の議席を得られず、鳩山政権の掲げた憲法改正は少なくとも三年間は動けなくなった。

吉田は九月に入ると鳩山訪ソに反対するよう佐藤を励まし、また旧吉田派を中心に時局懇談会という反主流派連合が組織された。佐藤は党員ではないので名を連ねていないが、吉田は林譲治に吉田派の自民党脱党を勧め、自ら荷担してもよいと書き送った。一〇月五日に旧吉田派四〇数名が集まって新党結成を議論したが、最終的には林、益谷、佐藤、池田の四者が相談して脱党を思いとどまった。

鳩山首相は一〇月一九日、モスクワで日ソ共同宣言に調印した。領土問題は解決しなかったが、国連加盟に道筋がつき、シベリア抑留者の帰還が決まった。

日ソ共同宣言の批准は、二大政党化を受けて、自社両党の幹事長、書記長、国会対策委員長会談などが持たれたが、対立が深刻であったのは自民党内であった。吉田は反対票を投じることも考えたが、池田、佐藤とともに欠席した。なおも吉田は新日本の建設は自由党の再建によるほかないと新党結成に意欲的であった。

一九五六年一二月一四日、鳩山の引退表明を受けて自民党総裁選が行われた。初の公選で、佐藤は「血を分けた兄貴」のためにずいぶん働いた。しかし、岸（旧民主党）は第一次投票で一位を占めたが、第二次投票ではともにジャーナリスト出身の石橋湛山（旧民主党）と石井光次郎（旧自由党）が組んだ二、三位連合によって七票差で敗れた。このとき、池田は旧吉田派をまとめて石井に投票させ、石井が三位に終わった時点で石橋に投票させた。吉田もまた最終的に石橋を推すべきだと内意を伝えていたという。佐藤は、総裁選での派閥抗争をまことにみにくいと感じ、また、「兄貴のために一票投じてやりたかった」と無所属を残念に思った（『佐藤寛子の宰相夫人秘録』）。

一二月一八日、国際連合総会は日本の加盟を全会一致で可決した。一九三三年に伯父松岡洋右の演説で、原加盟国であり常任理事国であったかつての国際連盟脱退を表明してから二三年が経っていた。戦時外交を指揮した重光外相は、演説で「東西の架け橋」となると新日本の意気込みを説いた。重光は二ヵ月と経たずに狭心症で急死する。佐藤は国連加盟にともなう恩赦で免訴となり、政治活動を本格的に再開していく。

一二月二三日に石橋湛山内閣が発足した。岸は外相、池田は蔵相として入閣し、他方、石井は入閣しなかった。石橋は自主外交と積極財政を説き、経済拡大路線の原点となる。ところが約一ヵ月で石橋首相は病気となり、岸外相を臨時首相代理に指名した。

一九五七年二月一日、佐藤は吉田とともに自民党に入党した。石橋内閣になれば「もう入党拒否の理由もないし、大義名分もたつから」と妻の寛子は説明している（『佐藤寛子の宰相夫人秘録』）。総裁選の後、石橋は岸に協力を求める際、同席していた佐藤に吉田とともに自民党に入党するよう求めていた（『朝日新聞』一九五六年一二月一五日付）。恩赦の影響はあろうが、先の鳩山内閣での吉田新党運動を思えば、鳩山退陣で自民党は初期の危機を乗り越えたと言えよう。吉田は、統率力を失い四分五裂の党情が内外政治に影響し信用を損ねていることを危惧し、「党内派閥の解消に力を尽し度《た》」いと入党理由を語っている。そして保守党の面目一心のために佐藤の尽力を求めた（『吉田茂書翰』）。

こうして反吉田政党である自民党結成に佐藤と吉田は党外から巻き返しを図ったが、緒方の死、岸との連携、日ソ国交交渉をめぐる揺さぶりの失敗を経て、党内からの変革に軸足を移す。こうして民主党と自由党の合同によって成立した自民党は、民主党系の伝統である格差の解消や計画への指向性と、自由党系の伝統であった対米関係と貿易の重視という二つの個性を兼ね備えていく。

4　岸信介内閣と憲政危機——兄弟政権で迎えた六〇年安保

実兄内閣の成立

佐藤の日記は一九五七（昭和三二）年から六〇年までのものが失われている。日記の公刊を監修した伊藤隆によれば、この時期と一九五五年の五年分の日記がかなり以前に佐藤家から誰かに借り出されて行方不明になっているという。したがって残念なことに、自民党結成時と岸政権期という重要な時期について、佐藤の具体的な日々の行動はわからず、内心をうかがう手がかりに乏しい。

岸 信介（1896〜1987）

佐藤が吉田とともに自民党に入党して間もない一九五七年二月二五日、病気療養していた石橋首相は退陣を決意し、閣内から岸が次期首相となった。岸は石橋内閣の閣僚をすべて再任し、新たな国務相に先の総裁選で石橋を支持した石井光次郎を指名するにとどめた。

岸は、「自主外交」を掲げる石橋内閣の外相として、日米関係の「合理化」による強化に取り組んでいた。石橋内閣末期の一月三〇日、群馬県相馬《そうま》ヶ《が》原《はら》の米軍演習場で薬莢《やっきょう》拾いをしていた農婦を米兵が射殺したジラード事件が起こり、執行猶予付きの判決が出て一二月に除隊帰国するまでの一年間、日米関係を大きく揺るがした。思いがけず首相となった岸は、外相兼任のまま着任間もないダグラス・マッカーサー二世駐日米大使に早期の日米首脳会談実現を求め、好意的反応を得るとその準備として秘密裏に会談を重ねた。

岸の説く日米関係の合理化とは、占領体制の残滓《ざんし》の解消を意味する。安保条約の再検討、基地の利用をめぐる行政協定問題、沖縄・小笠原の施政権問題、経済協力・東南アジア開発構想などが想定されていた。岸は、一〇年もあれば相互に満足する取り組みができるまでに日米関係が安定し、憲法も改正されるであろうと考えていた。

岸は訪米に向けて、まず「国防の基本方針」と「第一次防衛力整備三ヵ年計画」を定めることで防衛努力の意思を示した。さらに五月二〇日から六月四日まで、ビルマ（現ミャンマー）、インド、パキスタン、セイロン（現スリランカ）、タイ、中華民国の東南アジア六ヵ国を歴訪し、アジアの要としての日本を演出した。

佐藤も米大使館とのやりとりを担っていたようである。五月一三日にマッカーサー大使と会談し、岸政権の労働政策について総評の権力乱用を抑制し、労働者にアピールする進歩的な要素を含ませるつもりと最低賃金法制定に向けた意欲を語っている。なお最低賃金法は一九五九年に成立する。

岸首相は一九五七年六月に訪米し、一九日から二一日までアイゼンハワー大統領と会談した。岸は自衛力増強が進んでいることと国連加盟を理由に日米安保条約の再検討を求め、大統領も原則合意した。背景には日本の中立化への懸念があった。他方、琉球諸島と小笠原諸島の施政権返還問題では成果はなかった。また、米国の資金、アジアの人的資源に日本の知恵を結びつける東南アジア開発基金構想も提起したが、同意は得られなかった。

日米共同声明は、日米関係が新しい時代に入りつつあると日米新時代を唱える一方、首相が強調した沖縄と小笠原諸島の施政権返還を求める日本国民の強い希望に対しては、大統領は「脅威と緊張の状態が極東に存在する限り」、「現在の状態を維持する必要」があると指摘したと記した。奄美諸島返還時にダレスが述べたと同じ「ブルー・スカイ・ポジション」は長く日本政府を拘束する。

岸政権の本格化

一九五七（昭和三二）年七月一日、岸首相は帰国すると、石橋内閣からそのまま引き継いだ内閣を自分独自のものとするために党も含めて改造人事を行った。岸は「弟は肉親だから、岸政権の初めての内閣では彼に入閣を遠慮させたい」と思い、佐藤を党の政務調査会長に考えた。しかし、自ら希望した三木武夫に妥協して、佐藤は要職に就かなかった（『岸信介証言録』）。

佐藤は約半年後の一二月三〇日、砂田重政総務会長の急死を受けて総務会長となった。吉田は当初、岸内閣に期待を寄せたが、新たに経済企画庁長官に就いた河野一郎の重用に批判を強めた。そのなかで佐藤は、岸と旧自由党人脈、なかでも池田との融和に努め、反吉田派を歩んできた岸にとって吉田派へのつなぎ役として貴重な役割を果たした。

岸は八月に憲法調査会を発足させた。調査会では、特に米国政府による日本弱体化のための計画的な憲法「押しつけ」の事実の有無が検証された。他方、先の総裁選以来、自民党内の派閥が大きな問題となっていた。そのなかで吉田派は二つに分かれた。宏池会を組織した池田に対して、佐藤は周山会を組織して機関誌『周山』を発行し、政策集団としては木曜研究会と呼んだ。季刊である『周山』の企画編集は、日本経済新聞記者の今村斌、同じく毎日新聞の村上巌、中日新聞の岡本文夫と朝日新聞の山田栄三が行っていた。

岸は経済面を重視して外相に財界出身の藤山愛一郎を迎え、外務省は九月に初の『わが外交の近況』、いわゆる『外交青書』を出した。ここで示されたのが、「国際連合中心」、「自由主義諸国との協調」、そして「アジアの一員としての立場の堅持」からなる日本外交三原則である。自由主義諸国といっても、この時点では米国との関係が抜きん出ていた。また三つの柱は時に相矛盾し、どのように統一的な日本外交を形作っていくのかも明確ではなかった。しかし、この三原則は長らく日本外交の基本的枠組みとして機能し続ける。

米ソ間では核兵器の運搬手段をめぐる競争が続いていた。ソ連は八月に大陸間弾道ミサイル（ICBM）、一〇月には人工衛星スプートニクの打ち上げに成功した。米国ではソ連がミサイル戦力の分野で優位に立っているのではないかという「ミサイル・ギャップ論」が社会を動揺させた。

冷戦がさらに深刻化するなかで、岸首相は、今度は第二次東南アジア訪問として九ヵ国をまわり、国連でも安全保障理事会の非常任理事国に当選して積極的に外交を展開した。

日米関係の合理化は、岸の想定を超えて安保改定へと展開していく。重要な役割を果たしたのはマッカーサー駐日大使であった。先に鳩山内閣の重光外相が安保改定を打診した際には門前払いに近い応対を受けたが、防衛の相互性に欠け、憲法改正の目処も立たない状況に何ら変化はなかった。しかし、沖縄問題の展開が状況を変えた。

一九五八年一月一二日の那覇市長選挙で、米国の占領政策に批判的な兼次《かねし》佐一《さいち》が当選した。

翌年六月には、操縦不能になった米軍戦闘機が小学校の校舎に衝突し、児童一一名、大人六名が犠牲となる宮森小学校米軍機墜落事故が起きる。住民の協力は基地利用や支配の大前提である。国務省では沖縄の基地の部分返還が検討され、駐日大使館では経済協力も含めた総合的なパートナーシップを目指す日米安保条約の全面改定が検討される。沖縄での基地の集約や部分返還が行き詰まる一方で、マッカーサーは「物と人との協力」、すなわち日本による基地提供と米国による軍の提供を責務の対等性と見なす全面改定案を国務省に提案した。

四月二五日には岸自民党総裁と鈴木茂三郎社会党委員長との話し合いによって解散が行われ、五月二二日、第二八回総選挙が実施された。中選挙区制で五人が当選する山口二区は、岸が首位当選で、佐藤は二位当選であった。佐藤は、首相である岸が一位当選すべきであると支持者にも説いたという。この選挙は自社二大政党制下初の総選挙だったが、自民党内で大きく伸びたのは佐藤派で、県議から鞍替えした竹下登も初当選後に佐藤派入りする。

蔵相就任

一九五八(昭和三三)年六月一二日、第二次岸内閣で佐藤は蔵相として入閣した。以後、一九六〇年七月一九日の岸内閣退陣までの二年間、実兄の内閣を内側から支え、「兄弟商会」と話題になった。三兄弟の長兄市郎は四月一二日に死去しており、男兄弟は信介と栄作だけになっていた。池田も無任所の国務相として再び入閣し、政務調査会長には岸派の福田赳夫が就いた。佐藤の蔵相就任は党人派の河野一郎と大野伴睦から敵意を向けられたが、佐藤は当時の取材に、五回も当選しているのは大衆のなかに生きている証拠であると自身の官僚政治家イメージに反論し、進歩的な保守を説いていた（『朝日新聞』一九五八年六月一四日付）。

このときの入閣は、佐藤にとって特に二つの点で重要な意味を持った。第一に蔵相として経済閣僚となったこと、第二に主要閣僚として安保改定の一翼を担ったことである。

第一については、「戦後日本」の政治指導者が経済指導者でもあったからである。佐藤は岸内閣で蔵相を二年間務め、次いで池田内閣で通産相を一年間務める。経済方針では高度経済成長論の池田に対して、佐藤は安定成長論で違いがあったが、ともに豊かさへの道を探っていた。佐藤は吉田から、外資導入によって国民の間に親米感を植付け、外交軌道を確立し、経済の基盤を作りたいという手紙を受け取っている。

日本は一九五八年後半から高度経済成長の道を歩み始める。この年の一二月、最高額紙幣として前年発行の五千円札に続いて初めて一万円札が発行された。いずれも肖像は聖徳太子である。他方、切り離されて米国統治下にあった沖縄では、豊かさへの取り組みは異なる困難な道をたどっていた。九月一六日、沖縄では従来使用されていたB円が米ドルに切り替えられた。本土の三円にあたるB円から一ドル＝三六〇円の米ドルへの切り替えは恒久的な領有を予感させる。

岸（左）と佐藤の兄弟，1955年９月29日

本土から沖縄に送っている教科書では円を通貨として教えているなど大蔵政務次官であった山中貞則は強く反論し、佐藤も思案したが、潜在主権があるからといって拒否権があるわけではなかった（「沖縄復帰を前にして」）。九月一〇日の衆議院大蔵委員会で社会党の石村英雄から将来の返還に支障を来すのではないかとの質問を受けた佐藤は、重大な問題であり、将来のことについての留意、関心はあるものの、法的地位の変更をともなわない技術的措置として「米軍の処置を承認せざるを得ない」と答弁している（国会会議録検索システム）。

佐藤は蔵相として一九五九年九月にＩＭＦ（国際通貨基金）年次総会に出席し、同時にユージン・ブラック世界銀行総裁と世銀の新借款を交渉し、クリスチャン・ハーター国務長官ら米国政府関係者と安保条約の改定、ガリオア・エロアといった占領期の復興資金の返済、貿易の自由化促進について交渉した（『読売新聞』一九五九年九月二四日付）。

日本は一九六〇年の『経済白書』が「投資が投資を呼ぶ」と表現した大規模な設備投資の連鎖によって、一九五五年から五七年の神武景気に続いて、五八年から六一年までさらに大型の好景気となり、建国神話をさらにさかのぼって岩戸景気と呼ばれた。佐藤は一九六〇年度の予算編成では現地視察を行った伊勢湾台風の影響などで年内の編成ができなかったが、同台風はその後六一年の災害対策基本法につながっていく。

安保改定交渉

先に触れたように、第二次岸内閣に入閣し有意義だった第二の点は、主要閣僚として安保改定の一翼を担ったことである。

佐藤は一九五八（昭和三三）年七月二五日に米大使館一等書記官の来訪を個人事務所に求めて、日本共産党、総評、日本教職員組合（日教組）の脅威を説くとともに、彼らがソ連や中国からの資金援助を受けていると自民党への資金援助を求め、窓口として川島正次郎幹事長の名前をあげた。米国は共産党がソ連の資金を受けていると認識しており、中央情報局（CIA）と米大使館の二つの筋から自民党に資金提供し、さらに岸個人に現金を渡していたとも言われる。

このような日本の中立化が心配される厳しい左右対立のなか、日本を米国側につなぎ止めるためにも、総選挙で岸政権が安定したことを見計らったマッカーサー大使は、七月三〇日の藤山外相との会談で、日本国憲法と両立する相互援助型の新しい条約の可能性を指摘した。予想外の提案を受けて、八月二五日、岸はマッカーサー大使に現行条約の根本的な改定を目指す強い決意を示した。岸は国会でしっかりと論議することを通して国民の防衛意識も喚起され、日米安保条約が国民のなかに定着すると考えていた。九月一一日、訪米した藤山外相とダレス国務長官との会談で全面改定、新条約方針が確認された。

一〇月四日に米国側から新条約草案が提起され、本格的な交渉が始まった。米国側が提起した案はそれまでのNATO、米韓、米台、米比の相互援助条約、東南アジア集団防衛条約などを踏襲するものであった。しかし、日本政府は集団的自衛権を持つが行使できないという立場であり、調整が必要であった。他方で、自ら暫定的な取り決めとして日米安保条約を結んだ吉田はこの時点での改定に消極的で、池田も同様に考えていた。

交渉が始まって間もない一〇月八日、岸内閣は警察の権限を強化する警察官職務執行法を国会に提出した。岸は、東南アジア諸国歴訪後に訪米したように、計画的に仕事を進めていこうとする有能な指導者であったが、そのことがかえって問題を大きくすることもあった。安保改定時の混乱を予想して前もって警察権の強化を目指したが、国民には唐突な印象を与え、強い反発を招いた。佐藤は強行採決を避けるよう進言したが、河野と大野は強行策を説き、両者との対立は深まった。岸は強行採決を行ったが、次第に妥協的態度に転じていき、法案の審議未了廃案を受け入れた。それでも、首相の責任を質して池田国務相や三木経企庁長官らが辞任した。

党内が混乱するなかで、一九五九年一月一六日、佐藤のもとに河野から大野引き留めのための密約が提案された。それは岸を含めた四人が、安保改定に協力し、後継総裁に大野を推す証文であった。彼らはそれに署名した。一月二一日、佐藤は吉田から「人は引上げ時が大切」で「good loser たることが政治の要領」であると岸の早期退陣を希望する書簡を受け取った（『吉田茂書翰』）。

他方で、日本社会の変化を印象づけたのが四月一〇日の皇太子成婚であった。明仁親王と正田美智子との婚約はテニスコートの恋と話題をさらい、この日、東京で行われた馬車による記念パレードは、テレビ中継によって多くの国民が同時体験した。

六月二日、参議院選挙が実施され、一八日の内閣改造では藤山外相と佐藤蔵相のみが留任した。挙党一致で安保改定に臨みたい岸にとって河野と池田が両雄並び立たないなかで、河野は入閣を拒み、池田は最終的に通産相として入閣した。このとき、岸は佐藤を総務会長にしたかったが、佐藤が留任を強く希望したという。

池田側近の大平正芳は一九五四年一二月に吉田が政権を去って以来、反吉田勢力の時代が続いたが、ここで池田、佐藤という旧自由党系の実力者が政権の柱となったと評価する。

新安保条約への調印と例外事項

一九六〇（昭和三五）年一月一九日、岸はワシントンに飛び、新日米安保条約と日米地位協定に調印した。旧安保条約が「日本国とアメリカ合衆国との間の安全保障条約」という名称であったのに対して、新安保条約は「日本国とアメリカ合衆国との間の相互協力及び安全保障条約」といい、防衛協力にとどまらない相互協力が加えられ、民主主義、自由、人権など価値の共有が謳われた。

新安保条約は日本側から見て、旧安保条約からいくつかの改善点があった。新安保条約では米国の日本防衛義務が明記され、期限が設けられ、内乱条項が削除された。期限は一〇年間の固定期限が設定され、その後は一方の政府が終了の意思を通告すると一年後に終了となることが定められた。他に、日米の経済協力を謳い、国連との関係もより明確になった。

また、日米行政協定に代わって日米地位協定が結ばれた。これは在日米軍基地の利用をめぐる諸条件を定めたもので、日米行政協定は米軍に有利すぎると国内で批判を受けていた。マッカーサー大使は日米行政協定に手をつけないことを条件に安保改定を進めたが、自民党の強い要望で再検討に至った。直前の一九五九年八月にNATO諸国間で結ばれた地位協定も参考にされ、米駐留軍のための防衛分担金も廃止された。

さらに同日、岸・ハーター交換公文が交わされ、事前協議制度が定められた。これによって、①一定規模以上の米軍の新たな配備、②在日基地からの戦闘作戦行動の発進、③核兵器の持ち込みについては、事前に日本政府と協議することになった。

他方で、事前協議制度の導入にともなって二つの例外が残った。二〇一〇（平成二二）年、鳩山由紀夫民主党政権下で「密約」調査が行われたが、そこで「広義の密約」と位置づけられた「討議の記録」と「朝鮮議事録」である（「いわゆる『密約』問題に関する有識者委員会報告書」）。「広義の密約」とは、例えば一九〇七（明治四〇）年の日露協約に公表されたものとは別に秘密協約部分があったような厳密な密約ではないが、暗黙のうちに存在する合意や了解であるが公表されているものと異なる重要な内容を持つという意味である。ここでの問題は東西の核冷戦と朝鮮戦争が休戦にとどまっていることであった。

一月六日に藤山外相とマッカーサー大使が署名した「討議の記録」では核兵器の「持込み」が事前協議の対象となることが確認される一方、陸揚げや取り付けを含まない核搭載艦船の一時寄港（一時持ち込み）については、それも協議の対象と考える日本側と対象に含まれないと考える米国側で議論を詰めることなく、のちに理解の相違が明らかになる。そもそも米国政府は核兵器の所在について肯定も否定もしない政策を採っており、国会答弁と実態とに不一致が生じていく。他方、同日付の「朝鮮議事録」は日本側には不本意なもので、米国側の強い求めにより、朝鮮半島有事に際して、国連軍の指揮下で行動する在日米軍が例外的に事前協議なしに出撃できる場合を非公開で合意したものである。

一月一九日、米国側で新安保条約に調印したのはハーター国務長官であったが、岸は藤山外相に任せることなく自ら渡米し調印していた。渡米に際して、羽田空港では全学連学生が警官隊と衝突した。岸はアイゼンハワー大統領と六月の訪日を約束した。岸はこの勢いで衆議院の解散を模索したが、岸を長らく支えてきた川島幹事長が解散で党内をまとめることが見込めず、選挙資金も足りないと強く反対したために断念した。

安保騒動――保革の分極化と六〇年安保

一九六〇（昭和三五）年一月二四日、日本社会党から右派の衆議院議員二二名、参議院議員一二名が脱党し、佐藤とも大阪以来つきあいのあった西尾末広を中心に、民主社会党が結成された。西尾は政治活動を始めた一九二六年頃に安部磯雄社会民衆党党首から聞いた「多かれ少なかれ額に汗をし、勤労により生活をたてているものを対象にすべき」で、国民の九割以上がそうであるので「この層をつかめば容易に政権がとれるし、またその政権は永続する」という言葉にならい、「議会主義にたって行く」決意であった（『民主的社会主義』）。

一九五九年一一月には西ドイツで先に佐藤が感心した社会民主党がゴーデスベルク綱領を採択し、階級政党から国民政党へと脱皮していった。これに対して、日本では社会党の重心が左に動くことでますます保革対立が昂進《こうしん》することになる。

岸首相は二月一日に施政方針演説を行った。国会では日本の核武装についても議論された。

岸は三月一日の衆議院予算委員会で自衛隊を核武装せず、米軍にも核兵器を持ち込ませないと答弁した。

さらに四月五日の衆議院日米安全保障条約等特別委員会でも、防衛目的の核兵器まで一般に憲法上禁止されているわけではないと述べる一方、あらためて「政策の問題として一切核武装しない、核兵器を持ち込ませない」と答弁し、のちの非核三原則につながる立場を示した（国会会議録検索システム）。岸は核兵器の拡散を非難しつつ、核エネルギーの平和利用については積極的で、一九五五年に原子力基本法で定められたことを再確認したのである。

国際的緊張も高まっていた。韓国の首都ソウルでは四月に学生のデモをきっかけに、一二年間続いた李承晩政権が退陣に追い込まれた（四月革命）。米国から見て、韓国の事態は日本の将来を危惧させるものであった。また、五月には偵察飛行をしていた米軍のU－2型機がソ連領内で撃墜され、予定されていた米ソ首脳会談が中止された（U－2型機事件）。

五月一九日、審議が難航するなかで衆議院の清瀬一郎議長は警官隊を導入し、ついに自民党単独で会期延長と新安保条約の強行採決が行われる。吉田はすでに三月に佐藤と池田を呼んで新安保条約批准のために党の結束を求めており、このことは岸派と旧吉田派が主流を形成することを意味し、党内の反主流派を刺激していた。強行採決には自民党内から反主流派の松村謙三、三木武夫、石橋湛山らが欠席し、河野一郎が退席した。

この日を境として「安保改定阻止」を求める院外運動は「議会制民主主義を守れ」という

安保反対デモ　学生，労働者，一般市民が連日国会を取り囲み，戦後最大の社会運動となった．1960年５月26日

運動に転じ、一層の盛り上がりを見せた。五月二〇日、全学連学生が首相官邸に突入した。二四日には「岸内閣総辞職要求、新安保採決不承認学者・文化人集会」で政治学者の丸山眞男が演説して、「権力万能か、民主主義か」の二者択一を迫った。二六日にもデモ隊が取り囲んだが、翌日、岸首相は益谷副首相、藤山外相、佐藤蔵相、池田通産相と五者会合を行い、なおもアイゼンハワー大統領の招待を確認した。

六月四日には戦後最大といわれる国鉄運休があり、交通ゼネストの様相を呈した。岸の秘書中村長芳は他方で総評事務局長岩井章と秘密会談を重ね、「この騒ぎは革命ではない」という点では一致していたという。しかし、情勢は悪化の一途をたどった。六月一〇日には、アイゼンハワー大統領訪日の準備として来日した大統領新聞係秘書ジェイムズ・ハガチーがデモ隊に包囲暴行されてヘリコプターで脱出するという、いわゆるハガチー事件が起こった。日本の警察力が試され、惨憺《さんたん》たる結果であった。以後、騒擾《そうじょう》罪適用も検討されていく。

吉田は五月一二日から六月一四日まで日米修好一〇〇年記念祭のため渡米し、さらにヨーロッパを歴訪していた。その間の日本での事態の展開に、各国首脳は院外運動によって日本が韓国の二の舞を踏むのではないかと危惧しており、吉田は「デモによる大衆行動は国民多数の意思によるものでない」と説明したという（『読売新聞』一九六〇年六月一四日付）。元来、反共である吉田は、デモへの強硬な対応を求めていた。先の大統領招待の再確認も、河野派の若手議員中曽根康弘の目には「佐藤蔵相がワシントンに電話し、吉田元首相にドヤされて政治的に急に決定したと推察する」と映っていた（「中曽根日記」）。この記述からは、佐藤はもとより岸政権が招待延期に傾きつつあったこともうかがえる。

吉田の強硬姿勢とは裏腹に、六月一五日にも国会請願デモが行われ、再び全学連学生が国会に突入するなかで、ついにデモに参加していた東大生樺美智子が圧死する事態が起こった。在京七新聞社はこれを機に「暴力を排し議会主義を守れ」と共同声明を発し、地方紙の多くも同調した。

ここで深刻な判断を迫られたのが政府である。深夜、渋谷南平台の岸邸に赤城宗徳防衛庁長官が呼ばれ、そこには蔵相の佐藤、池田通産相、そして川島自民党幹事長が同席していた。岸は警察からは大統領の警備に自信がないという回答を受けており、五月末頃から赤城に自衛隊による警護や治安出動を打診し、川島とともに佐藤や池田も「これは、国際共産主義の陰謀なんだ」と出動に積極的であったという（『表舞台裏舞台』）。

もとより訓練のない行動はできない。自衛隊は四月には治安出動の準備に着手し、図上演習を行い、戦車や土嚢などの資材を練馬駐屯地に運び込んで首相の命令を待っていたという（『自衛隊』）。それは戦車で壁を作ってデモ隊を食い止める計画で、火炎瓶や暴徒のよじ登りにも対処していた。だが防衛庁側は文官も制服組も一致して自衛隊出動に反対であり、赤城はこの日も反対を通した。岸は腕組みしたまま黙って聞いていたという。

岸内閣の退陣

六月一六日の午前零時一八分に臨時閣議が開かれ、岸はアイゼンハワー大統領の訪日延期を決めた。岸首相は制度上赤城防衛庁長官を罷免《ひめん》することもできたが、自衛隊の出動による事態打開ではなく、政治的収拾を決めたのである。吉田は六月一六日付で岸に警察隊のみならず自衛隊、消防も動員してデモに対処することを書き送り、一八日には池田と佐藤に治安回復に努めるためには自衛隊も要請すべきと書き送った（『吉田茂書翰』）。アイゼンハワーは、訪日延期要請に対して「共産主義者の勝利」と理解していた。

自衛隊の治安出動は占領下での米軍の役割を引き継ぐものであり、旧安保条約にも日本政府の要請によって米軍が外国の影響を受けた内乱や騒擾に出動できることになっていた。また自衛隊法では直接侵略と間接侵略から自国を防衛するとともに、必要に応じて公共の秩序の維持に当たることが任務にあげられている。

革命が生々しく、イデオロギー対立を背景とする冷戦がまだ安定化する前にあって、間接侵略は新たに対処すべき一つの脅威であった。しかし、その認定は困難であり、危機を拡大しかねない。佐藤と吉田の主張が容れられなかったことには大きな意義があったと言える。

一九六〇年六月一九日午前零時、参院の承認のないまま新日米安保条約が成立した。日本国憲法が定める衆院の優越の一つで、参院に送られてから三〇日以内に議決されないときは衆院の議決が国会の議決となる。この夜、佐藤は岸とともに官邸に残り、「兄さん、ブランデーでもやりましょうや」と自然承認を待った（『岸信介回顧録』）。窓の外では大衆運動が渦巻いていた。

アイゼンハワーは六月一九日、米国施政下の沖縄を訪れ、数万のデモ隊に囲まれた。一九六〇年四月二八日には沖縄県祖国復帰協議会が結成され、教職員会の屋良朝苗が初代会長を務めていた。沖縄自民党は参加しなかったが、超党派の「島ぐるみ」での運動が展開された。

他方、米国上院外交委員会では、安保改定にともなう米国の多大な利益の放棄が議論になっていた。ハーター国務長官は反論して、「日本が以前とは異なった条件の下で条約を作成した」点を強調し、占領終結と同時に結ばれた旧条約が「日本がより大きな防衛力を保持しまた経済的見地からみて復興するに至るまでの暫定的取極《とりき》め」であったのに対して、二つの条件を実現したうえでなお「日本が西方とはっきり同盟し、われわれに少なくとも今後一〇年間、日本にある多大な便益を許与する」と米国の利益を強調した（『岸信介回顧録』）。六月二二日に米国での承認が済み、翌二三日、批准書の交換を終えると岸は退陣を表明した。

佐藤の妻寛子は心労で倒れ、六月半ばから七月二〇日過ぎまで入院した。また、この時期、長男龍太郎と次男信二が相次いで結婚した。龍太郎の結婚では、当初反対していた佐藤が潔く詫びる場面もあった。

第三章

政権獲得への道程——政党政治家としての成長

1 池田勇人内閣の成立——六〇年安保騒動後の保革競争

池田内閣の「低姿勢」路線と佐藤

一九六〇（昭和三五）年の安保騒動は、敗戦後に占領下で再建された日本憲政が迎えた最初の本格的危機であった。危機は沈静化されなければならない。第一の取り組みが岸内閣の退陣であり、新首相の選出は第二の取り組みであった。

このとき、一時的に吉田茂元首相の擁立、さらには密かに民社党西尾末広の擁立まで模索されたという。西尾内閣を説いたのは岸内閣を支えた福田赳夫で、世界大恐慌後のイギリスでの挙国一致内閣の経験を想起して、労働者にも理解が得られる「少数民社党の西尾氏を首班として自民党が支援すれば、危機を乗り切れる」と考えた。岸を説得して西尾との面会にまで及んだが、「日本のためにもっと必要とされる時期があるんじゃないか」と結局応諾を得られなかったという（『回顧九十年』）。

党内の本命は池田勇人であった。池田派内には火中の栗を拾う必要はないとの意見もあったが、本人は意欲的であった。池田はまずともに吉田を支えた佐藤栄作の支持を取り付け、岸派に支持を広げていった。吉田も池田を支持し、岸・佐藤・池田三派の結束を求めた。佐藤派のなかには池田が首相となれば佐藤の時代は来ないという危惧もあったという。対して、河野一郎は党人派の結集を図り、官僚政治反対を訴えた。

結局、池田は総裁選で勝利し、七月一九日に新内閣が誕生した。鳩山一郎、石橋湛山、岸と三代続いた脱吉田政治の果てに誕生した吉田直系政権で、戦前戦中に政治経験を持たない占領政治育ちの初めての首相であった。

池田は政治指導の転換を図り、焦点を政治から経済へと移した。これが危機沈静化への第三の取り組みであった。外交政策で中立主義が一定の支持を集めた背景には、戦争に巻き込まれるという安全保障上の懸念とともに、経済復興のための対中国貿易への期待という経済的理由があった。のちに歴史学者チャールズ・メイヤーが「生産性の政治」と呼んだように、限られた果実を階級によって奪い合うのではなく、分配すべき総額を大きくし、西側経済システムの下で豊かさを広く実現する必要があった。

池田は「寛容と忍耐」をスローガンに「低姿勢」に努めた。「低姿勢」とは、保革二大政党対立を前提に、国会運営で社会党に融和的な姿勢をとることである。池田は「議会は寛容と忍耐だが、選挙はたたかいだ」とも周囲に語ったが、時に社会党との対決案件を先送りする姿勢は自民党内で批判を生んでいく。

与野党対立の背後には労働問題もあった。安保騒動と並行して九州北部の三井鉱山三池炭鉱で大規模な労働争議が進行しており、安保騒動後の保革対立の現場となっていた（三池争議）。日本の戦後復興を支えた石炭エネルギーは、中東地域の大量で安い石油供給によって主役の座を交代しつつあった。最終的には九月に、指名解雇を認める中央労働委員会の第三次斡旋《あっせん》案を組合側が受諾して収拾に向かった。この後、九州や北海道で炭鉱の閉山が相次ぐ。

他方で一九四七年から四九年の三年間にベビー・ブームと呼ばれる出生数の急増があり、彼らの多くが中学校卒業とともに働き始め、農村から都会へと人口の大移動が起こった。それは日本全体で見れば東京、名古屋、大阪などの大都市圏への人々の集中であり、地方では県庁所在地などの都会への集中という二重の集中であった。

池田勇人（1899～1965）

社会が豊かさに向かって大きく揺れ動くなか、政党制の外縁には依然、政治的暴力が続いていた。六月には社会党の河上丈太郎、七月には岸前首相が暴漢に刺されて負傷していた。そして一〇月一二日、浅沼稲次郎社会党委員長刺殺事件が起こる。池田は心揺さぶる弔辞《ちょうじ》を述べたが、このような左右対立の激化は一〇年後の一九七〇年への懸念を強めていた。

すなわち、一九六〇年に改定された新日米安保条約は一〇年の固定期限を定めたことから、七〇年の安保再検討期に左右の深刻な再衝突が予想されたのである。

一一月二〇日、池田内閣は安保騒動後初の国民審判となる第二九回総選挙を迎え、自民党二九六、社会党一四五、民社党一七、共産党三議席という結果を得た。自民党の勝利によって戦後体制はひとまず危機を脱した。佐藤は山口二区で再び首位当選を果たし、岸も三位当選で議席を維持した。

池田は第二次内閣を組織し、一二月二七日には国民所得倍増計画を閣議決定した。他方で、佐藤は池田の低姿勢への党内の不満の受け皿となっており、選挙後に池田が吉田に報告に行くと、益谷秀次と佐藤がいて、佐藤は次期政権を譲って欲しいと述べたという。吉田も佐藤に「低姿勢はいかにもまずい」と語っていた（『佐藤栄作日記』一九六一年一月七日条）。

ケネディ政権誕生とライシャワー大使の着任

池田政権にはもう一つ、安保騒動で傷ついた日米関係を修復するという大きな課題があった。大統領訪日中止は日本が冷戦における西側陣営の弱点であることを露呈した。池田は、日本が日米関係を通して冷戦の一翼を担いながら他の西側諸国との関係が稀薄であったという反省から、日米欧三極体制を推進した。米国でも大統領選挙があり、一九六一年一月二〇日、共和党のアイゼンハワー大統領に代わって民主党のジョン・ケネディ大統領が就任した。

米国史上最年少四三歳での就任であった。

ケネディ政権で新たに駐日大使となったのがエドウィン・ライシャワーである。一九一〇年、宣教師の子として東京で生まれ、二七年に米国の大学に進学するまで日本で過ごした。その後、東アジアの言語・歴史研究の道に進み、一九三五年から数年間、日本と日本統治下の朝鮮で研究を行った。戦時には政府に助言を行い、再び日本を訪れたのは一九四八年の占領下に人文科学顧問団の一員としてであった。その後、最初の妻を病気で亡くしていたライシャワーは、戦前に米国留学体験を持つ明治の元勲松方正義の孫娘ハルと再婚していた。

E・ライシャワー（1910～90）

ハーバード大学で教鞭を執っていたライシャワーは、六〇年安保騒動を受けて「日本との断たれた対話」と題する論考を著名な外交雑誌『フォーリン・アフェアーズ』に寄稿する。それは六〇年安保騒動時の日米の考え方の相違を分析し、反対派との接触の少なさを批判したものであった。これが新政権の目にとまった。要請を受けて着任を決断したライシャワーは、「学者のように客観的に見ることのできない外交官は良い外交官ではなく、外交官のように現実的でない学者は良い学者ではない」とメモに記した（「non title」）。

佐藤はケネディ政権誕生に注目していた。就任演説の内容を日記に比較的詳細に書き取り、「清新にして勇気のある責任政治家の面目躍如たるものがある」と感銘を記した（『佐藤栄作日記』一九六一年一月二一日条）。佐藤は七〇歳の大統領から四三歳の大統領への交代を「格段な革新であり前進である」と好感し、「日米安保態勢〔体制〕は勿論《もちろん》、否益々《ますます》強固になる両国協力のもと、極東ひいては世界の平和と繁栄の為、一層の前進を続けねばならぬ」と記した。佐藤はこの感銘そのままに、毎月勉強会を開いていた周山会の会合でも日米協力を訴えた。佐藤自身は三月二七日に満六〇歳の還暦を迎えた。

ケネディ政権はしかし、発足直後の四月、革命後のキューバへの軍の侵攻に許可を与え、失敗した。池田首相は六月二〇日にケネディ大統領と会談した。「日米のイコール・パートナーシップ」が演出され、議会演説では「援助を要請しに参ったのではありません」と述べて喝采を浴びた。

通産相として入閣――日米貿易経済合同委員会

米国から帰国した池田は七月一八日に内閣を改造し、佐藤は通産相として入閣した。同じく経済閣僚である農水相には河野一郎を起用して「実力者内閣」と呼ばれた。通産相時代に省内から秘書官を務めた山下英明は、自由化政策などの演説を起草するとともに、のちの佐藤政権でも彼を支えていく。佐藤は一一月二日から三日間、池田訪米で設置が決まった日米貿易経済合同委員会に出席した。

佐藤は通産相就任時に、先の総選挙で落選しながら周山会の事務総長に迎えていた木村武雄を秘書官にした。佐藤は「たたき上げた政党政治家の存在は貴重」で「保守たると革新たるとを問わぬ広い交友関係や説得力、さらに人心の機微にふれた判断力は、私のように官僚生活の長い者にとって得がたい指南番」と評した（『政治なき政治』）。すでに国政で六度当選していた木村は躊躇したが、かつて秘書を務めた松野鶴平に相談して応諾した。木村は佐藤の秘書官になった一番の狙《ねら》いを「総裁選挙に備えること」と理解して、絶えず松野と相談して準備したという（『政界独言』）。参議院は独自会派緑風会からの議長が続いていたが、松野は一九五六（昭和三一）年四月、初めて緑風会に所属しない参議院議長となっていた。以後、両院を縦断する政党が議長を出していく。

佐藤通産相はどう見られていたか。三月に石油業法案を国会に提出したが、経済界からは統制立法ではないかと批判を受け、「岸の弟、佐藤だから、岸は戦時中の統制論者だ、弟もまた同様だ」という声に「これは兄弟でも違う」、また「自由民主党は申すまでもなく自由主義経済の強い信奉者でございますから」と反駁《はんばく》した（『繁栄への道』）。佐藤が肯定するのは官僚統制ではなく「誘導行政」である。外資参入の危機感から通産省で特定産業振興臨時措置法が立案されつつも一九六四年六月に廃案となるが、佐藤はこの動きを支持していた。

2　実り多き外遊――英独仏首脳、ケネディ米大統領との対話

一九六二年自民党総裁選への不出馬

佐藤は一九六一(昭和三六)年一二月一七日、総裁選への不出馬を表明し、二二日に周山会での会合でも同様の演説をした。先の総裁選で池田支持を早々に打ち出した佐藤派の大勢は池田への挑戦であった。しかし、佐藤派にあっても池田派との結びつきが強く政務調査会長を務めていた田中角栄は、産経新聞デスクの楠田實に「もう一期池田にやらさなければ池田だって納得しないだろう〔中略〕、人気もあるしね。今ここで挑戦するのは俺はいい作戦でないと思う」と述べて、佐藤に出馬しないよう助言することを求めた(『首席秘書官』)。

佐藤も「俺もそう思ってる、立候補しない」と応じたが、寛子によれば事は簡単ではなく、佐藤も一度は立候補を決意し、のちに「私の迷いでありました」と撤回したのだという(『佐藤寛子の宰相夫人秘録』)。

木村秘書官は当然のように出馬を促し、佐藤も一度は首相官邸で池田に出馬の意思を告げ、驚きながら「出ないでくれ」という池田を振り切って帰ってきた。しかし、三木武夫との連携がうまくいかず、派内でも保利茂の出馬論に田中や橋本登美三郎が大反対する始末で翻意したのだった。

七月一日に第六回参議院選挙があり、創価学会の公明政治連盟が参議院で第三勢力に躍進した。一四日、池田は自民党総裁選で再選を果たした。佐藤は改造内閣では閣外に出た。このとき、大平正芳が外相として初入閣し、田中角栄も蔵相として再入閣した。大平と田中は政治的友情関係を育んでいく。

他方、浅沼委員長を暗殺で失った社会党では、幹部の江田三郎が「社会主義の新しいビジョン」を雑誌『エコノミスト』（一九六二年一〇月九日号）に発表して党内論争に発展していく。江田ビジョンと呼ばれるが、国民の大部分をひきつける深い思想性をもった社会主義の新しいビジョンを求め、人類の到達した成果として、高い米国の生活水準、ソ連の徹底した社会保障、イギリスの議会制民主主義、日本の平和憲法をあげて、現在の日本を過小評価せずそのなかから未来を開いていくよう呼びかけた。また、保守党政治家について、「日本の将来をどう考え、国民をどのような方向にすすませようとしているのか、あまりにも無定見」とビジョンの貧しさを批判し、ビジョンの貧困は保守党歴代首相の施政方針演説にも表れていると述べていた。

四五日間の外遊——ウィルソンとの対話

無役となった佐藤は、この年の秋に四五日間に及ぶ外遊を行った。同行したのは橋本登美三郎、木村武雄、松野鶴平の息子頼三、そして大津正秘書や寛子ら家族も含めて総勢一〇名からなる私費旅行であった。羽田空港には八月に参議院議長を退任した松野鶴平も病身を押して見送りに訪れ、万歳三唱の音頭を取った。

頼三によれば、佐藤は「立候補する代わりに、世界を見に行こう」と総裁選向けに準備した費用を振り向けたのだという。それは佐藤の政治生涯を考えるうえで重要な意味を持った。佐藤の日記と、のちに出版する自著『繁栄への道』に詳しい。

九月八日に出発してまず訪れたのはイギリスだった。EEC(欧州経済共同体)加入問題を抱えるイギリスでは、「社会政策としての住宅の整備を痛感」し「最近の住宅建設を見学」した。

労働党指導者の一人ハロルド・ウィルソンとの面会では「野党としての在り方」などについて、根ほり葉ほり聞いたという。もともと佐藤はヒュー・ゲイッケル労働党党首に会いたかったが予定が合わず、代わりに一九六〇年の党首選でゲイッケルに敗れたウィルソンとの面会だった。

このことは佐藤にとって幸運であった。ゆっくりと話を聞くことができただけでなく、ゲイッケルが急死するとウィルソンが党首となり、佐藤と同時期に政権に就くからである。ウィルソンは野党は三つのことが大事であると述べた。国民を代表して政府を攻撃すること、政府案に対して野党の案を持つべきこと、そして自分が政権を取ったときに実行不可能なことを言ってはいけないことであった。佐藤はイギリス政党の若返り術に強い関心を示し、野党が「オールターネーティブな第二党的感覚で行動」していることを好感した。

佐藤はまた、ウィルソンの「軍備はNATOに忠実な態度と協力、但《ただ》し核武装は米国へゆずるべきで、それは独り英国民の負担を軽減するばかりでなく、国際紛争をなくする意味でも米国に任す」という核兵器の独自開発に否定的な意見に強い印象を受けた。ウィルソンは保守党の核政策を批判して次のように述べたという。

> 相手がやる以上、私のほうが持つ。それは当然なことで、それを遠慮する筋ではない。ただ、〔中略〕いまの保守党は力もないくせに、自らの核兵器を持とうとして、核兵器の開発に乗り出している。その結果、従来の装備も遅れている。〔中略〕もともと好ましい兵器ではない。それをイギリスが持つようになれば、おそらくフランスも持つだろうし、核兵器を持つ国が数ヵ国できるであろう。いまアメリカとソ連がもっているだけでも、世界がこれだけ騒がしいのだ。好ましい兵器でもないものを自らの力以上な立場において開発しようとしているが、その考え方が間違っている。

H・ウィルソン（1916～95）

佐藤は「たいへんわかった話だ」と答えたという。

繁栄への道を尋ねて――西ドイツとフランス

次に佐藤らは「ドイツ」を訪れた。ベルリンでは前年一九六一（昭和三六）年八月一三日、東ドイツ政府が東西ベルリンの境界に壁を築いていた。佐藤はこのベルリンの壁を間近で見た。「それはまことにひどいもので、人間的な憤りを感じざるを得ませんでした」と帰国後に述べている。同行した秘書の大津が差配したものであろうか、佐藤の故郷である田布施の資料館に四四分間のカラー・ビデオが残されているが、そのなかには壁の向こうをのぞき込む佐藤の姿が映っている。

さらに一行はフランスを訪れ、一〇月四日午後にド・ゴール大統領と面会した。この日ド・ゴールはテレビで憲法改正を国民に訴え、佐藤は日仏議員連盟の議員を招いた大使館での午餐《ごさん》会中に皆とラジオで聴いたという。夜には内閣不信任案の通過が必至という状況下で半時間以上も時間をもらった。吉田の紹介で特に会うことになったようで、大統領の日本への関心とともに、「吉田さんの紹介の強力さを今更ながら痛感した」。

ド・ゴールは「自由の確保、その為にも自由主義経済の繁栄」を説いた。さらに「あなた方はドイツといい、日本といい、同じように弱体化をねらったのか」と佐藤が問うと、「大体そうなんだ、二度と間違いを起こさないようにすることがねらいだった」と答えるので、「それにしても十七、八年もたっている今日まで占領当時の状況が続いている、〔ドイツが〕

二つに分かれているのは、いかにも不都合ではないか」と述べると、ド・ゴールは「日本にも同じようなことがあるじゃないか」と千島列島の話をして佐藤を驚かせたという。

ド・ゴールと面会した翌五日、佐藤はパリから東京の堤康次郎に宛てて手紙を送っている。EECが戦前のブロック経済でも第三勢力でもなく、自由主義陣営の強化と自由国家経済の繁栄を大目的とする点で我が意を得たという。また、政党の近代化に印象を受けたことも記されている。パリでは、OECD（経済協力開発機構）のDAC（開発援助委員会）の議長とも面会している。

さらに佐藤らは中東のベイルートを経てイタリアに出たが、ローマから佐藤だけが油田を見るためにクウェートを訪問した。クウェートでは学校教育への熱の入れようと留学奨励に感心した。そしてアデナウアー首相とどうしても面会したくて、再び西ドイツに戻った。先のビデオには中東で日系アラビア石油の施設を表敬訪問し、ジュネーブでかつての国際連盟を思う姿も映っている。ジュネーブは一九三五年以来であろうか。

アデナウアーと面会した佐藤は、訪欧の結論として、「今後は一国だけの繁栄を企図するのではなく、自由諸国の共栄を目途として政治すべきだ」と話したところ、アデナウアーからその考えで進みたいからと握手を求められ、佐藤は大喜びした（『佐藤栄作日記』一九六二年一〇月一五日条）。

キューバ危機下の訪米

佐藤はさらに米国に渡り、ケネディ大統領を表敬訪問した。佐藤はケネディとの面会を熱望していたがなかなか約束がとれず、ライシャワー駐日大使に尽力を求めた。ライシャワーは佐藤を保守派のリーダーと表現して、ホワイトハウスに面会を助言した（NSC-box124, ケネディ大統領図書館）。帰国後におかげで会えたと佐藤が伝えると、ライシャワーは喜んでいたという。

ケネディとの面会は一九六二（昭和三七）年一〇月一八日の一二時であったが、なかなか大統領は現れない。一〇分ほど過ぎた頃に秘書官が、約束の時間にはどうしても会えず、一時以降五時の間ならいつでもよいと伝えてきた。佐藤はアヴェレル・ハリマン国務次官と語らいながら時を過ごし、午後一時にケネディ大統領自らが待合い室を訪れ、執務室に案内されて一八分間、面会することができた。

佐藤は米国の共産主義への認識やインドと東南アジアへの姿勢を問うとともに、「先進国の後進国に対する責務」を説いたという。対してケネディは東南アジア開発に積極的に取り組むよう求め、佐藤はその言葉に勇気づけられた。佐藤は当時、日本の財界には東南アジア進出に意欲はあるものの力が及ばないことに加えて、「戦前の武力侵略につぐ〝経済侵略〟との非難や警戒を受けやすい」ことから遠慮があり、受け入れ国の感情もあるので、「世界的機構の中でおこなうことが望ましい」と考えていた。

ケネディ米大統領（右）との会談，1962年10月　左から３人目が佐藤

他にもケネディは「日韓交渉を早く妥結して、そしてお互いがつき合いのできる国がらに早くなってくれないか」と述べたという（『繁栄への道』）。佐藤はケネディの衒《てら》いのない姿勢に「アメリカのデモクラシーというものの良さを、ほんとうに身につけた人」という印象を受けた（『今日は明日の前日』）。

一〇月一八日は、ソ連がキューバにミサイル基地を建設しようとして米国と核戦争の緊張が高まったキューバ危機の三日目にあたる。ケネディ大統領を中心に午前中から閣議が断続的に開かれて、佐藤に面会する三分前の一二時五七分まで、記録に残さない会合が続けられていた（http://www.jfklibrary.org/jfkl/modules/diary/default.aspx?y=1962&m=10&d=18、二〇一〇年一〇月六日閲覧）。四日後の二二日、ケネディ大統領は全米向けテレビ放送でキューバ向け艦船の海上臨検案を発表し、佐藤も「武力封鎖」の報に接した（『佐藤栄作日記』一九六二年一〇月二二日条）。池田首相はライシャワー大使の申し入れに応えて支持を表明した。

一〇月二三日に佐藤は『ニューヨーク・タイムズ』紙の記者と会ったが、全面的に政府を支持していることに驚いた。「大衆の形成する世論」と「報道人が形成する世論」について考えさせられ、「日本の場合は、どうも先走って、世論だといっているのはつくっているものが多いじゃないか」と感じた（『繁栄への道』）。ベルリン危機に続き、全面核戦争の底知れぬ淵をのぞき見た瞬間であった。

田布施に残されたカラー・ビデオでは、最後にハワイで日系移民団体や県人会から歓迎され、日本航空のDC8型機で帰路につく様子が撮影されている。

夫婦で出かけたのは政治評論家細川隆元らの助言によるもので、佐藤は帰国後、「日本の女性ももっと積極的に外国事情を知るべき時にきているように思います」と述べている（『繁栄への道』）。寛子は木村に「家族全員揃って三度の食事をしたことはこの三十年なかった。こんなに楽しい旅行ができて、本当に生涯の思い出になります」と語ったという（『米沢そんぴんの詩』）。旅行中、佐藤を政界へと縁づけた松野鶴平が死去した。

佐藤の学びと語り

佐藤は帰国後の取材に「欧州の現政局を動かしている多数の要人と話し合う機会を得たこ

とはしあわせだった」と語った（『楠田資料』）。佐藤は「欧州を現実に動かしているドゴール仏大統領、アデナウアー西独首相、マクミラン英首相らの主柱と、ブリュッセルに本部を置きEEC（欧州経済市場）という理想政治を推進しているハルシュタイン委員長（ドイツ人）レイ委員（外務担当＝ベルギー人）ジャン・モレー（フランス人）らの二つのグループを欧州政局の中でのぞこう」と考えていたという。現在の権力の焦点である大国間協調と、将来の権力の焦点とみられる共同市場や国際連合の両方を視野に入れていた。

ホワイトハウスで佐藤と話したハリマンは、佐藤をバリー・ゴールドウォーター流の「極めて右寄りの人物」と評価し、「彼が首相になった時には、あの保守的な感情をもっと実際的なものに緩和した方がいいと思う」とライシャワーに忠告した（『冷戦構造の変容と日本の対中外交』）。佐藤は何を語ったのだろうか。自由を守る意欲と反共姿勢であろうか。佐藤には外相の経験がなく、この時点で吉田の外交論からどれだけ自立していたかは未知数である。ただ、ヨーロッパでの見聞が影響を与えていたことは予想される。

佐藤外遊の直後、池田首相は一一月四日から二五日まで欧州諸国を歴訪し、日米欧「三本柱」論を唱えた。佐藤も一一月二五日から一二月一日まで再び欧米をまわった。一一月二九日にサンフランシスコで日本経済について報告する機会があり、「誰が日本の政権を担当しても、できるだけ高い経済の成長を維持することによって、貧困と社会の不安をなくすることが、日本の政治家の任務であり、政治を安定させる前提だ」との考えを述べた。

また日本は「輸出を国是《こくぜ》としている」ので「輸出を伸ばすに当って、相手国の市場を攪乱《かくらん》し、その産業に急激な打撃を与えるようなことは、是非とも避けたい」と述べ、アジアの発展途上国の経済発展に協力することも「日本の義務」であると、「進歩のための太平洋諸国の提携」を唱えた（『繁栄への道』）。

繁栄と安全と核武装

佐藤は帰国後の講演で、イギリス労働党指導者ウィルソンとの先の会見にしばしば言及している。

一国の繁栄の裏には一国の安全があり、安全の確保のために最善を尽くすことは社会主義政党であろうが保守政党であろうが同様である。ウィルソンが何らの恥ずかしい思いもせずに堂々と述べていることを実感したことが「非常に大きな収穫の一つ」であった。

「安保条約があれだけの反対を受け、それで、日本国内においては、国の安全ということをあまり口にしない。なるべくそういうことをいわないほうがいいように、みんな政治家も考えている」が、「機会あるごとに、そういう点に触れるべきで、安全即繁栄、繁栄即安全、これが一体であるという考え方が絶対に必要」と述べる。

「もはや今日は一国の経済、一国の繁栄だけを考える時期ではない」。なかでも自由陣営の結束を重視し、「政治的には独裁政治より民主政治のほうがずっと優れていることは、われわれのすべてが経験していることであり」、また、「キューバ事件が世界大戦に至らなかったゆえんも、自由陣営が共産陣営よりも軍事面で優位に立っていたということにある」と語る。佐藤にとって核武装は少なくともナショナリズムの問題ではない。

経済の繁栄も防衛も、自分たちでできるその立場において、お互いが提携する、これは労働党のウィルソン氏は、ずいぶんずるいようないい方をしておりますが、日本などもそのとおりなので、いままで十七、八年も防衛らしい防衛を考えなかったものが、いま逆立ちをしたからといって米ソの足元にもよれるはずがないのです。そんな道を選ぶよりも、やはり日本は協力というか、その一員であり、その協力体制をとることが必要なのではないかと思います。

（『繁栄への道』）

佐藤はEECを推進するフランスや西ドイツに「これが繁栄の道だ、その繁栄の道を見つけた、だからおれたちはこれを盛り立てるのだ」という思いがあると推測する。佐藤は日本の「繁栄への道」を見つけたのだろうか。佐藤にとってそれは日米経済協力であり、繁栄と安全は一体であった。佐藤は日米安保条約についてハリマンに「君のほうは軍事条項だけだ、おれのほうがよく覚えているのは経済条項なんだ」と語ったという。佐藤は「日本経済の自立性」ではなく、「日米緊密化、提携のもとにおける日本経済」こそが適当ではないかと考えた。

私は今回の旅行で強く感じたことは、世の中は変わっている。一国だけの繁栄を考えるような時代じゃない。自分の国も繁栄するが相手も繁栄する、全体に奉仕するという気持のもとに繁栄する。

こうした講演は一九六三（昭和三八）年二月に周山会から、いままで引用してきたその名も『繁栄への道』にまとめられた。同書冒頭にはアデナウアー西独首相やケネディ米大統領とともに映った写真が掲げられ、末尾には英語での講演記録が入っている。一九六四年に予定される次期自民党総裁選に向けて保守政治の新たな展望を視野に入れていたと言えよう。佐藤の名前で出されたこの時期の経済政策論の多くは、通産省出身の秘書山下英明が執筆し、佐藤を池田の次の指導者として打ち出していく意味があったという。

ライシャワーの危機意識

池田政権は一九六〇（昭和三五）年秋の総選挙を乗り切ったが、自民党にとって楽観できる状況ではなかった。池田派の石田博英は、『中央公論』一九六三年一月号に「保守政党のビジョン」と題する論文を発表し、このまま何もしなければ、自民党支持者が多い第一次産業従事者が減り、社会党支持者が多い第二次産業従事者が増えるという産業構造の変化にともなって一九六八年にも自社両党の支持が逆転すると論じていた。石田は自民党の近代化と、「労働者の利益を保障するという政策転換」の必要性を強く訴えていた。

ライシャワー大使も一九六二年九月の国務省宛報告書で革新三党（社会党、民社党、共産党）の伸張は不可避的で一九六九年には自民党の得票を凌駕《りょうが》することが予想され、一九七〇年をにらんで自民党政権を支持しつつも左翼政党の穏健化を図る必要を説いていた。

ライシャワーは同時期、日米の「互いに信頼し合っている対等な間柄」を強調し、「日本を侵略の危険から守るため」の協力に加えて、他の「自由諸国」とともに「世界の平和と自由を維持する道義的な責任」と、「工業先進国として低開発諸国の援助について」の大きな責任を担うことを説いた。

そして、「このように東洋と西洋の二つの国があらゆる面で友好関係を深めながら共通の目的に向っていることは、世界中の国ぐにに対する国際協力と平和のひな型」であると語っている（Ambassadorial years, 1961[1 of 4]）。

日米「イコール・パートナーシップ」という言葉は前大使であるマッカーサー二世の頃から使われているが、ライシャワーには日本に対等の責任を求めるだけではなく、特に在日米軍人に両国間の対等性を意識させる二重の教育的意味があった。

ライシャワーは、沖縄統治にあたるポール・キャラウェイ高等弁務官としばしば対立しつつ沖縄問題が日米関係を悪化させないよう政府に善処を求めた。その結果、一九六二年三月にケネディ大統領は国連での沖縄問題の争点化を避けるために沖縄新政策を発表し、沖縄住民が日本人であること、沖縄が日本領土の一部であることを初めて正式に認めた。

オリンピック担当大臣と二長官兼務

他方、一九六三（昭和三八）年四月に行われた統一地方選挙では、東京で保守系候補が順当に勝利する一方、大阪市と横浜市で革新首長が当選した。横浜市長となった飛鳥田一雄は、地元の名士を父に持つ一方、社会党代議士として先に安保論争を主導した一人であり、社会党か共産党、もしくはその両方の支持を受けた首長を擁する革新自治体の連携を模索していく。

佐藤は七月一八日の第二次池田内閣第三次改造で再入閣し、国務相としてオリンピックを担当するとともに北海道開発庁長官と科学技術庁長官を兼務した。仲介したのは吉田である。吉田は池田に次は佐藤にと語ったようで、党幹部にも「佐藤はまだ若いのだから排撃しないで、育てるつもりになって貰いたい」と依頼した（『池田政権・一五七五日』）。

科学技術庁は、科学技術の振興を図り、国民経済の発展に寄与することを目的に一九五六年、総理府外局として設置された。ここでいう科学技術には原子力の研究、開発、利用が含まれる。

八月、キューバ危機で世界核戦争に最接近したケネディ米大統領は、ソ連のフルシチョフ書記長、イギリスのマクミラン首相とともに部分的核実験禁止条約に調印した。核の管理が少しずつ進み始めていた。科技庁長官として原子力委員長を務めた佐藤は原子力の平和利用に重点を置き、原子力発電の推進に力を入れた。

また、北海道開発庁長官としては、領土問題とは別に、ソ連大使や訪日中の副首相等に北方領土への引揚者の墓参を求め、日本との関係改善を模索するソ連との間で、一九六四年九月に歯舞諸島、色丹島への墓参が実現した。

欧州再訪問

佐藤は秋にパリで開催されるOECD科学閣僚会議に出席し、欧州各国を再度訪問した。この間、再び外遊時の彼の日記は饒舌《じょうぜつ》になる。

九月二四日、羽田空港を発ってまずユーゴスラビアを訪れ、チトーには会えなかったが、「民族共産主義の立場を堅持してソ連に一歩も譲らぬ処《ところ》が魅力」と感じている。次にオーストリアで首相に会った。「政治的には国際中立の立場をとるが、所云《いわゆる》中立武装の国」で、共産党とは一線を画する社会党出身の外相を持つ「保守革新の連立政権」であった。佐藤はパリ近郊のNATO軍最高司令部で最高司令とも会談し、閣僚会議に出席した後はジョルジュ・ポンピドゥー首相、ド・ゴール大統領と面会した。

佐藤はド・ゴール大統領と面会すると、限られた時間を惜しんで中国問題を切り出した。部分的核実験禁止条約について、「日本のように、核爆発をうけた被災国では、なおさら痛切に核兵器がなくなることを願っている。そういう国民感情からも、この協定をわれわれは心から歓迎している」と述べたうえで、米ソが合意に至った背景に中国への牽制があるのではと問うた。

ド・ゴールは同意し、フランスが条約に反対する理由について、「ほんとうに核兵器をなくするためには、まず自分の国も核兵器をもたなければだめだ、自分のところもそれをもつことで、はじめて発言権を持つことができる」と述べている（『今日は明日の前日』）。佐藤は、中国がますます強大になるだろうという見方も、逆に「年配の日本人に」にありがちな過小評価も誤りで、正確な認識のうえに立って問題を考えなければならないと説いた。

会談は三〇分から五〇分に伸びた。佐藤はそのとき、フランスが二ヵ月後の一九六四年一月に中華人民共和国を承認するとは夢にも考えていなかったという。佐藤はオリンピック担当大臣として前回の開催地ローマを視察し、さらにイギリスで原子力研究所を視察して帰国した。

一〇月二三日に衆議院が解散され、翌一一月二一日、第三〇回総選挙が実施された。佐藤は遊説中の記者会見で「経済成長政策には全面的に賛成」だが、「経済成長政策の恩恵を受けられなかった〔中略〕弱いもの」に対して政府が真剣に対策を考えなければならないと述べた（『朝日新聞』一九六三年一一月九日付）。佐藤は首位当選、岸は五位当選であった。ところが喜びもつかの間、二二日、親しみを抱いていたケネディ大統領が遊説先のダラスで暗殺され、リンドン・ジョンソン副大統領が大統領に昇格した。

一二月九日に発足した第三次池田内閣でも佐藤は引き続き東京オリンピック担当の国務大臣と北海道開発庁長官、科学技術庁長官を兼任した。一三日には、派閥としての周山会を発展的に解消し、佐藤派議員の親睦団体として「溜池クラブ」を名乗る（『朝日新聞』一九六三年一二月九日付）。

佐藤はこの頃、木村武雄の評伝『政治なき政治』に献辞を寄せ、次のように記している。

これからの日本人は、この敗戦で自由に知ることができるようになった世界の広さ、自分たちの地位に関する知識を失わず、この機会を生かして、もう二度とふたたび誤った権威の虚名や錯覚を保全するため、むだな人命がそこなわれないようにできるだけ正確な国際知識をもち、そしてそれに的確な判断を下して安全な日本の進路を決めていくような努力をすべきであろう。敗戦の教訓は、日本民族の新生の道標《みちしるべ》として未来永劫にかけて、生かさなければなるまい。

そのためにも、「愚劣なる者が権力を握った時、『政治をもっていかに民を殺し、いかに天下を殺したか』を、異常な迫力をもって」伝える同書が広く読まれることを求めた。

3　政権奪取を目指して――「佐藤オペレーション」の始動

Sオペの発足

一九六三（昭和三八）年一二月二四日のクリスマスイブ、佐藤は自宅で一人テレビをつけて趣味のトランプ占いをしていた。家族はパーティに出払っており、たまには一人でのんびりしようと残っていた。そこに産経新聞政治部デスクの楠田實がやってきた。六三歳の佐藤に対して楠田は四〇歳。話題は翌一九六四年の自民党総裁選に及び、楠田は記者仲間とともに総裁選のための政策立案に協力したいという。

佐藤はこれを歓迎した。佐藤派は選挙対策ばかりで政策対応は進んでいないと感じていたからである。ここに佐藤政権誕生を政策面から支える佐藤政権構想チームが発足する。楠田はこれを「Sオペレーション」（佐藤作戦）と呼び、佐藤派である周山会とは別に佐藤政権実現のための戦略と政権獲得後の方向付けを構想していく（『楠田實日記』）。

楠田は佐藤派からも人を出してほしいと何人か名前をあげて要請し、佐藤は政策通の愛揆一をキャップに指名した。愛知によれば、佐藤は、すでに現代の政治は大衆の前に開かれていて派閥次元で考える時代ではなく、「政策ブレーン的な一つの機関を養成していきたい」と述べていたという（『首席秘書官』）。

世界は動いていた。佐藤はケネディの死後、政権グループを引き継いだジョンソン大統領が翌一九六四年一月九日に出した一般教書について、「一方的に軍縮を公約した事が平和への努力、並に貧乏追放を約束した事が特にめをひいた。強大な資本国米国にもめぐまれぬ二千五百万の低所得層が出て居る。尚、人種問題になやむ米国の姿をまざまざ現しておる」と評した（『佐藤栄作日記』一九六四年一月九日条）。では、佐藤はいかなる課題を設定するのか。

Sオペレーション、通称「Sオペ」は一月一五日の成人の日に、東京永田町の東京グランド・ホテル四一四号室で作業を始めた。メンバーは新聞記者の楠田、笹川武男（産経新聞）、麓邦明（共同通信）、千田恒（産経新聞）、佐藤の元通産相秘書官の山下英明、そして愛知であった。千田によれば、東京グランド・ホテルは首相官邸の真裏にあり、一九五四年の開館後、岸信介など政治家の利用も多かった。ただし一九七一年に取り壊される（『佐藤内閣回想』）。

楠田 實（1924～2003）

こののち、陰に陽に佐藤政権に伴走していく楠田については少し詳しく見ておきたい。

楠田は一九二四（大正一三）年に台湾の台中で生まれ、数え三歳で両親の故郷である鹿児島に引き揚げた。父は中学卒業後に米国で一〇年ほど暮らして帰国、結婚後製糖業にたずさわり沖縄や台湾を移動したという。楠田は奄美群島喜界島《きかいしま》での農業生活、東京への集団就職、少年戦車兵としての大陸体験を経て、二二歳で敗戦を迎えた。「敗戦で、人間にとって身分の上下はないという、民主主義の国にな」り、「横一線に並んでスタート」したと感じたという（『楠田資料』Y）。

早稲田大学商学部に入った楠田は、全学自治会から脱退した商学部学生会の初代委員長を務め、イデオロギー闘争や学生ストライキを否定して地道な学修環境の改善を目指した。産経新聞記者の楠田が佐藤に近づいたのは、佐藤が政権に近く、自らの構想実現にうってつけであったからである。

七月に予定されていた自民党総裁選に向けた政策検討を進める一方で、佐藤は池田からの政権禅譲への期待を捨てきれずにいた。それは一九六三年一〇月に衆議院議員を引退し、日米協会会長や皇學館大学総長を続けていた吉田を巻き込むものであった。

吉田は佐藤と池田でよく話をするよう諭《さと》したが、「余力のある内に佐藤君にゆずり、その後また佐藤君と交替する様致し度《た》し」と考えており、池田にも話すと語っていた（『佐藤栄作日記』一九六四年二月一九日条）。その吉田が四月二八日に発表された第一回の生存者叙勲で大勲位菊花大綬章を受け、佐藤は「昭和の元勲決定」と喜んだ。

Sオペは一九六四（昭和三九）年四月末から五月の連休にかけて、政策のとりまとめを本格化させていった。

四月二六日に政策を話し合う最初の集まりがあった。まずビジョン論として「冷戦はない」という観点が示され、「外交」や「社会政策」などでの基本的な観点が話し合われた。さらに五月四日、五日の両日、日立製作所の小石川寮で合宿形式のSオペが開かれた。

ここで、「冷戦は終わった。ない方向に努力する」、「ガイデッド・デモクラシー。デモクラシーの中のリーダーシップ」、「未来からの問いかけに応ずる——変化の姿（一九七五年を参照）」、「Okinawa, 施政権返かん要求」など、第一次案が検討された。

楠田は目処となる案ができたと考えたが、問題は「左よりのアプローチに重点を置きすぎた」かという点であった。佐藤や橋本との調整が課題である一方、「Ｓａｔｏがどんな顔して読むか、想像するのも悪くない」と思ったという。翌五月六日、愛知の報告を受けた佐藤から「ありがとう、感謝する」という電話が楠田にあった（『楠田資料』E）。

五月一二日午後二時から四時まで、佐藤は愛知同席のもとで、秘密裏に協力する「忍者一同」、すなわちSオペのメンバーとヒルトン・ホテル九二八号室で政策原案の検討会を行う。佐藤は第一次案の内容をほぼ了承し、なかでも「沖縄の部分は、非常にいい」と応じた（『佐藤内閣回想』）。佐藤は、内政については「国民を富ます経済政策」に主眼を置くべきで、また「文化省はぜひともつくりたい」などと語った。経済政策と社会政策の一体化や、個人と社会、国家と国際社会の総調和などのアイデアがすでに見られ、「経済発展にともなう社会的ひずみ」にも注目した。

また、外交・安全保障については、「安全と平和の問題、国の安全は何によってまもられてゆくかをもうすこし明確にしてほしい。現状凍結のまゝは困る」と述べ、「安保再改定に対する考え方が弱い。平和と安全が必要。集団安保でいいか——。そのことをはっきり書くべきだ」と指摘した。

佐藤はまた、ド・ゴールが「自由がなければ安全も平和もない」と述べたことに触れる。そのうえで「核協定以後の国際情勢で一番困るのは現状凍結の思想。平和ムードに結びつく危険。自由陣営にとっては後退だと思う」と語り合った一九六三年一〇月の会談をなぞり、「日米間の相互信頼をいっそう深める」と語った。佐藤は「こんごとも続けてほしい。よろしく頼む」と述べ、Sオペの一同は佐藤が全面的にコミットしたことに安心した。

実のところ佐藤は当初、Sオペだけに政策を委ねていたわけではない。佐藤にはすでにさまざまな支援者があり、五月一日には顧問のような位置づけであった経済評論家の木内信胤に政策立案を依頼している。

それはSオペが佐藤の信頼を勝ち得ていく過程であるとともに、戦前戦中の銀行家で占領下に大蔵省終戦連絡部長を務めた木内を思えば、佐藤のブレーングループの世代が下り、官から在野、さらには東京から京都へと世界が広がっていく過程でもあった。

一九六四年総裁選への出馬決意

総裁選に向けた政策検討が進む一方、佐藤はなおも池田からの禅譲への期待を捨てられずにいた。五月一三日には岸を訪問し、総裁選の打ち合わせをした。夕方には岸派を継ぐ福田とも会っている。佐藤は一四日に橋本登美三郎と会い、一六日には木曜会総会、すなわち佐藤派の会合で、八九名を前に「政局を混迷ならしめず、党の為国の為更に自重」を求めつつも、立候補を決意した。佐藤は一八日に池田に電話をして、「率直に小生の立候補を話をし、今回は小生を応援する様に話した」が「池田君も立つと云うので、それは困った」（『佐藤栄作日記』一九六四年五月一八日条）。

池田の周囲にも池田引退への声はあり、田中角栄が池田と佐藤の仲介にあたったがお互いに出馬意思を確認し合う結果となった。池田の側近の宮澤喜一は、「四年間やったのだから、もういいではないか」と池田に直言してきつく叱られたという（『戦後政治の証言』）。佐藤は五月二一日に吉田と会い、池田三選が望ましくないことを説いて、自らへの支持を求めた。

佐藤は六月一五日にも「覆面部隊」と記すSオペの面々と政策や立候補宣言を検討した。Sオペはすでに五月二〇日「私はこう考える（第二次案）」を完成させ、世界観として「戦争を前提に物事を考えていた時代は終った」と記していた。外交問題は国内政争の具としないため、きわめて慎重に取り扱うとの注意書もある。

こうしてSオペで作られ、佐藤の考えが入った政策や談話案は、六月二二日に、愛知から木曜会の幹部会にも説明された。西村直己が、冷戦の時代は終わろうとしていない、これでは党内右派グループである素心会の票は取れないと反論するなど、政治的観点も議論された。他に、「一九七〇年安保条約再検討の問題は削除して欲しい」という要請や憲法問題について、佐藤カラーが出ていないという反対もあった（『楠田資料』E）。

佐藤は、党の総裁選が政策によって争われるべきであると必ずしも固執していたわけではない。『週刊読売』（六月二一日号）の安岡章太郎によるインタビューで佐藤は、「ぼくが池田くんと代わったって党の政策はこれまでどおりだから、選挙はやらなくたっていいんだよ」と述べ、安岡の、政策が変わらないのになぜ首相を代えなければならないのかとの疑問には、「いや、世間はもう池田くんに飽きているのだね。政治は人間ですよ、気分転換も大事な必要なことなんだ」と答えている。

吉田は池田に、「一、池田から佐藤へ、そして再起をはかる様。二、第二案としてオリンピック迄。それは佐藤と充分話合う事。右両案の内、何れかをとらねば党の為、国の為誠に心配なり」と伝えたが、池田はいずれにも不賛成であったと佐藤は伝え聞いた（『佐藤栄作日記』一九六四年六月一五日条）。

六月二七日に佐藤は閣僚を辞任した。七月二日、佐藤は吉田に面会して、「河野のついた池田は倒すべし」と激励を受けたが、「選挙後は両者を一同《ママ》に会する様に」斡旋を求めた。

今日は明日の前日

佐藤は近づく総裁選に向けて、政策を論じた『繁栄への道』に続いて、自身の歩んできた道を振り返るエッセイ集『今日は明日の前日』を出版した。佐藤はその冒頭、「今日は明日の前日である」と言う。「今日は昨日の翌日」と考えるよりも、より積極的にこれからの人生を歩んでいきたいというのである。

そこでは浜口雄幸内閣で自ら一九三〇（昭和五）年の減俸反対運動に参加した経緯を語ってソ連型でない社会運動への共感や、鉄道一家として労働者の側面が強調されている。さらに青年への訓話集ともなっており、日本人であることへの感謝、近代国家の素質のうえに科学技術を身につけること、そして敗戦前後の様子も振り返って過去の反省から何かを身につけて明日への希望に発展させることを説いている。

佐藤は自らの民主主義論も展開し、「貧しいものも富めるものも同じように教育のチャンスが与えられることが望まし」く、「日本が民主国家として発展していく所以《ゆえん》だと思う」と語る。「私が政治家になったのは、戦争に負けた結果」であり、「終戦当時考えたように、いつかは政界入りを果そうとじっと時を待っていた」。岸の戦犯容疑での逮捕が契機となり、「選挙地では、私の民主主義に対する理解はよろしいという気分が強かった。当時の私は、自分でいうのもおかしいが、進歩的な考え方を持っていたし、いまも世評とは反対に、実際はその通りだと思っている」。その考えを支えるべく、「保守党も、今の時期において、新しく生まれかわらせていく必要がある。筋金を入れる必要がある」と保守党の未来を説いた。

佐藤による「社会開発」論とは

こうして佐藤陣営でまとめられた文書が「明日へのたたかい――未来からの呼びかけにこたえて」であった。「『人間』の尊重」を謳い、内政の柱として「経済開発とバランスのとれた社会開発が必要である」と訴えていた（『楠田實日記』）。ここで数ある政策論点のなかでも看板政策と位置づけられた「社会開発」論について、少し踏み込んで論じておきたい。

池田三選に挑む佐藤陣営は、強力で清新なキャッチフレーズを求めていた。Sオペは「繁栄の中の貧困」に注目し、「人間尊重」、「歩行者の優先」、そして「社会開発」を掲げることを決めた。「社会主義陣営に対する姿勢」について「左翼対策を、治安対策として考えず、非常に遅れたグループとして対応すべきではないか」との発想から、「繁栄の中の社会的ひずみの問題」を重視し、「社会政策的対応が必要」と考えたからである。

従来の革命路線と新たな高度経済成長への対応路線で揺れる社会党は、左派が影響を高めるなか、二月六日に「日本における社会主義への道」を採択していた。作り出した「強力な大衆闘争の高揚」と「政治的危機」の「突破」によって「政権はたたかいとるべきもの」であり、「われわれの平和の道こそ、単に望ましいばかりでなく、もっとも有効に社会主義へ到達する道であることを確信し、意識的にこの道を選択し、追求していく」と記されていた（『日本社会党』）。その意味で佐藤陣営は一歩先んじていたと言えよう。

「社会開発」という言葉の起源について、楠田は、メンバーの一人であり厚生省をカバーしていた産経新聞政治部記者の千田恒が、国際連合の世界社会情勢報告から持ち込んできたと回想している。当の千田は、「もともとこの『社会開発』という言葉は国連で使われていた言葉だった」と述べたうえで、日本での最初の使用例として人口問題審議会の意見書をあげ、さらに、「社会開発」や「社会計画」という考え方を「一九六〇年代を特徴づける新しい社会哲学」として日本に紹介したものとして、厚生大臣官房審議官伊部英男の著書『社会計画』をあげている（『佐藤政権・二七九七日』上巻）。

国連ではケネディ大統領の発案によって一九六〇年代を「開発の一〇年」と位置づけ、特別な取り組みを行っていた。また、一九五〇年代から国連では経済開発にとどまらない社会的開発の重要性が指摘され始めており、それを受けた厚生省では、主に地域開発に際しての留意点として、すでに取り組みを始めていた。

伊部は、一九六四（昭和三九）年の国連社会開発計画専門家会議にも参加しており、"Social Development" に「社会発展」ではなく「社会開発」という訳語をあて、その理由として「社会面の発展についても計画的意識的努力が必要である」からと述べている（『世界の経済開発と社会開発』）。「社会計画」とも呼ぶべき「新しい理念にもとづく施策の体系」

であり、大変意欲的かつ総合的な構想であった（『社会計画』）。それは体制の如何を問わず福祉国家の建設を目指す概念であり、当初Sオペで作成された原案では、社会開発は「新しい総合的な福祉政策」のなかに位置づけられていた（『佐藤内閣回想』）。

「真ん中より左」に——七〇年問題への対応

このような「社会開発」論の政策イメージとともに注目したいのが、Sオペが込めた政治的意図である。

楠田はそもそもSオペを進言するにあたって、「大衆的なポピュラリティと知的な宣伝力が、今までの党内の指導力、資金力、党内の人間的結合にも劣らない重要性を持ってくるのではないか」との観点に立ち、「ケネディ・マシンの東洋的アプローチ」と自らの構想を表現している。このような、いわゆる政治的近代化への献身という志向はSオペ内で共有されていたようである。

千田は「保守党の権力闘争に『政策』の要素を導入しよう」というのが「私的ブレイン」結成の契機であったと書いている。Sオペは、「右フック、左パンチ」を合言葉に、佐藤を「真ん中より左」の政治家として演出することを目指した。すなわち、左右に幅のある自民党のなかで基本的には中道やや左に位置しつつ、右にも対応できる柔軟性を併せ持つという意味である。

このように考えていたSオペにとって、「社会開発」論は「斬新で、佐藤政治の方向付けとしては誠に適切」であった。そこで「社会開発」は、「新しい総合的な福祉政策」のなかの一項からそれ自体が項目化され、看板政策として位置づけられた。そこには進歩性の演出があった。

佐藤は伊部から直接説明を受け、さらに経済企画庁の宮崎勇に電話で「国連の社会開発というのは政策のプログラムになるか」と確かめたという(『証言戦後日本経済』)。

当時、進歩性を演出しなければならない理由は十二分にあった。

第一に、佐藤自身が池田政権と比べて「右傾」であると見られており、そのイメージを払拭《ふっしょく》する必要があった。第二に、より長期的には、先に触れた保守政党の構造的危機という問題があった。そして第三に、中期的でありながらより切迫した問題として、「七〇年問題」への危機意識があった。外務省の東郷文彦は、新安保条約の固定期限について、「十年の固定期限が終わる一九七〇年がアメリカの桎梏から解放される時であるかの如き調子の『七〇年安保』」と社会の様子を記した(『日米外交三十年』)。

佐藤がSオペとのやりとりのなかで、一九七〇(昭和四五)年への注意を求めたことはすでに述べた。岸が佐藤の実兄として折にふれて助言していたことも、佐藤の「七〇年安保」に対する敏感さを強めたと考えられる。そこでSオペでの検討は「一九七〇年像を的確に想定し、それから帰納的に一九六四年を考え」たのである(『佐藤政権・二七九七日』上巻)。

楠田はまた「岸内閣当時のイメージに結びつくような行き方をとられては、また第二の安保騒動とも言うべきことになりかねません。ともかく新しい発想に立ち、堂々と自信を持って国民にＰＲしていく態度が肝要かと思います」と進言している（『楠田實日記』）。その「新しい発想」こそが「社会工学」的発想からなる「社会開発」論であった。

「安定成長」派の取り込み

他方で、政権における「社会開発」論の基盤はＳオペにとどまらなかった。「社会開発」論を支えたもう一つの柱は、自民党内外の「安定成長」派である。

福田赳夫は、池田政権の「超高度成長論」を批判し、二期目の状況について「高度成長のヒズミはますます深刻になっていた」と回想している（『回顧九十年』）。Ｓオペのキャップであった愛知揆一も同様に安定成長論者であり、池田首相への国会質問で、「格差なき倍増」「均衡ある倍増」のための「政治」の役割を訴え、早期に対処することで、「長い目で成長政策というものがりっぱにいく」と述べていた（『未来からの呼びかけに応えて』）。

ブレーンとしては、数ある佐藤首相支持会合の一つ、「二木会」が重要である。佐藤番記者の一人は、二木会について、「ここでの話は首相の経済政策に大きな影響を与える」と指摘している（『佐藤番日記』）。木内信胤もそのメンバーである。また、同じく二木会の大来佐武郎は、かつて下村治との間に成長論争を戦わせ、過度に積極的な経済政策が反動を呼び、

「社会的なストレス」を増大することに警鐘を鳴らしていた。

社会的な歪《ひず》みに前向きに対処する「社会開発」論と、社会的なストレスに政治的に配慮する安定成長論は体系性を持った一つの内政イメージであり、佐藤の政権運営は、「社会開発」論によって国民的支持を期待しつつ、安定成長論による成長を基軸に進める体制として発足するのである。

安定成長論が単なる成長の抑制論でないことは、のちに「四〇年不況」に対して赤字国債を発行し、需要拡大を図ったことでもわかる。安定成長論は同論者にとって優れた経済成長のための理論であった。「社会開発」を佐藤政権の看板政策とするにあたって相談を受けた宮崎勇は、佐藤に「社会開発も大事だけれど、経済開発と同時に進めなければいけませんよ」と強調したと回想している。「最初にテイクオフをして経済開発が進まないと、社会開発というところまで手が回らないことになる」からである。

住宅政策——佐藤にとっての「社会開発」

そして、最も重要なのが佐藤自身にとっての「社会開発」論の意味である。

「社会開発」という言葉がSオペで導入されたことは、佐藤にとって同概念が単なる借り物であったことを意味しない。佐藤は先の一九六二（昭和三七）年秋の外遊で内政上も大きな示唆を得ていた。イギリスでは野党のあり方、政党の若返り術とともに、社会政策としての開発に強い印象を受けていた。

佐藤は「殊《こと》に小生の興味をひいたのは住宅で、至る処《ところ》、炭住といわず、船舶工場の労働者住宅といわず、随分手が尽してある。社会政策としての住宅の整備を痛感する。我国にとりて好模範か」と日記に記し、「最近の住宅建設を見学、面目一新されつゝあり。労働運動にも好影響をもたらし居る事は明白」と、労働政策としての政治的効果についても理解した。佐藤はかつて運輸次官として国鉄労組を相手に労働問題に取り組んだ経験があり、このような理解を導く素地は十分にあったと言えよう。

佐藤の関心は帰国後も持続しており、Sオペの作業にも反映された。五月一二日の検討会で、佐藤は「住宅政策で利子補給制度をつくり民間資金を活用する方法は考えられないか、土地収用法強化を検討する必要がある」と言及している（『佐藤内閣回想』）。当時の様子を千田は、「愛知〔揆一〕は、東京オリンピックの後に大きく打ち出さなければならぬものとして『住宅』を考えていた。オリンピックにそそぎ込んだ建設の力を住宅に生かす必要があり、またこれから国民が財産（資産）を持てるようにするべきだ、という考えからで、土地問題にはその意味でも愛知は熱心だった。佐藤も関心が強かった」と回想している。

佐藤首相にとって、「社会開発」とは自らの関心に深く根ざしたものであり、その核心は社会政策としての住宅政策にあった。それは、いわゆる「七〇年安保」に危機感を抱く彼にとって、保革対立下にある政党政治への効果を視野に入れた高度に政治的な課題だったのである。

4　一九六四年の総裁選敗北と〝禅譲〟

池田の三選

一九六四（昭和三九）年七月四日、佐藤は記者会見を行い、「社会開発」論や減税方針など政策の柱を発表した。

そこでは、「ソ連に対して南千島の返還を、アメリカに対しては沖縄の返還を積極的に要求する。領土問題が解決しなければ〝戦後〟は終わったとか、日米パートナーシップの確立とか、ソ連との平和外交の推進とかはいえない。沖縄の返還は日米の真のパートナーシップに通じ、南千島の返還は共産圏との平和外交に通じる道である」と語り、訪米、訪ソにも意欲を見せた（『読売新聞』一九六四年七月五日付）。

憲法改正については「現行憲法の下で戦後を生きぬいた国民の努力」を評価し、「平和、国民主権、基本的人権などの精神」を守りつつ国民とともにどうあるべきかを考えていきたいと述べた。佐藤は民自党政調会長であった一九四九年時に「新憲法の中で、戦争を放棄したという精神は、実に日本が今後永久に平和的文化国家として再建することを誓ったものである」として、国民すべてに「この新憲法を強いられたものだというのでなく、自分のものとして静思《せいし》してほしい」と述べていた（『焼跡からのデモクラシー』上巻）。

沖縄問題については「外交問題は国内の政争の具にしない」と文書には盛り込まなかった。佐藤の国際情勢認識について、千田恒は「二年前の外遊で得た国際情勢認識そのもの」と感じた（『佐藤内閣回想』）。それはあの一九六二年秋の外遊であった。

七月一〇日、自民党総裁選が行われた。佐藤陣営は池田現政権の高度経済成長政策を批判し、経済開発の歪みに目を向けることの重要性を訴え、同じく池田の経済政策を批判して出馬した藤山愛一郎との二、三位連合を模索した。佐藤は「勝算ありと確信をもって居た」が、池田は第一回投票で過半数の二三八票をわずかに上回る二四二票を獲得し、佐藤の一六〇、藤山の七二票を抑えて三選を決めた。

佐藤は予想に反する結果に、「誠に残念至極、長蛇を逸した感」と記している（『佐藤栄作日記』一九六四年七月一〇日条）。負けた後にどうするか。佐藤は、「公選は終り、しかも敗れて悔なき今日、何をグズついて居るのか、さらりと敗軍をまとめるあるのみ、負っぷりが立派な事も勝つのだとして、心機一転、新に発足すべし」と自らを励ました。

他方、池田陣営にとっては苦い勝利であり、なかでも「社会開発」論はすでにその課題を意識し始めていた同陣営を悔しがらせたという。

七月一三日に田中角栄はオフレコ情報として次のように楠田に語っている。

勝っても、来年の五月までということで、公選に入った。池田の気持は変わっていない。一五日以降に池田から佐藤に正式に協力を要請する。佐藤はすべてキミに任せる、と気げんよく軽井沢に行った。〔中略〕公選の余憤を人事に持ちこませないよう頑張る。佐藤はさすがに頭のキリかえが早い。〔中略〕池田と佐藤の間はオレのペースでもとへ戻してゆく自信がある。（『楠田資料』E）

七月一五日に佐藤は田中と打ち合わせたうえで池田と会見し、「当方わだかまりなく」と伝えた。池田は愛知を入閣させた。大平は佐藤の外相としての入閣を考えていた。また、佐藤は総裁選後に池田と会談したが、大平はこの会談が「実力者佐藤をつくっていく」重要なプロセスとなると考えていた（『楠田資料』Y）。

Sオペの存続

七月二九日、佐藤は楠田らSオペの面々を労《ねぎら》った。Sオペが佐藤に与えたものは大きかった。佐藤も敗戦に気落ちする竹下登に、「自民党の総裁公選で政策による論戦が行われた意義は大きい」と述べていたという（『自由民主党党史　証言・写真編』）。

楠田は、総裁選の敗北とキャップである愛知の入閣でSオペの解散を考えたが、佐藤に「解散しないでくれと、捲土重来《けんどちょうらい》を期したいと。そのためにも、これは存続してくれ」といわれ、西村英一をキャップに再発足する（「楠田實オーラルヒストリー」）。
楠田は「この一戦〔総裁選〕に勝って、場合によっては新聞記者の足を洗おうかとも思っていたんですが──」と私信で語っている。「称してクスダ・オペレーション。〔中略〕佐藤氏も感謝してくれました」という。楠田は総裁選までの佐藤について次のように記している。

われわれが驚嘆したことは、佐藤氏の頭脳の柔軟さです。佐藤氏は従来、党内でも右翼とみられていました。そのため、まずこの右寄りだとの印象を払拭することに重点を置いて、あらゆるテーマに進歩的な方向を盛り込んだんですが、佐藤氏はそれをみごとにこなしました。そしてそれを自分自身の考え方として、吸収消化したことです。

そして、「公選〔総裁選〕後、オペレーションを解散するつもりでしたが、佐藤氏は、長期的な視野で仕事を続けて欲しいとのたっての要望で、いまは基礎的な研究をやっています。将来、政権の来る日があれば、Kオペレーションは日本の政治の中枢としての機能を持ちます」と意気込みを語った（『楠田資料』E）。
Sオペは佐藤への提言書を「ラブレター」と呼んでいる。八月三日に、Sオペ再開の「ラブレター」第一号を佐藤に届けた。そこでは「『ビジョンなき佐藤』の声は消え去った」と記され、「新聞や世論に対する佐藤の優位をも確立すべき」と、これからの戦いを一九六四

（昭和三九）年後半から六五年と想定して「〝あすへの日本〟を考える積極的なハバツをつくる必要があるでしょう」と派閥の勉強会を勧めていた。

東京オリンピックと池田入院

一九六四（昭和三九）年八月二日、米国防省は米国の駆逐艦が北ベトナム沖のトンキン湾で北ベトナム魚雷艇と見られる国籍不明船によって攻撃を受けたと発表し、四日、報復として北ベトナム海軍基地を爆撃した（トンキン湾事件）。その後激化していくベトナム戦争は、のちの佐藤政権に深刻な影響を与えていく。

九月七日から一一日までＩＭＦ総会が初めて日本で開催された。経済の池田にとって意義深い行事であった。日本は豊かになった。一九四九年に緊急支援として始まり、粉ミルクや衣料品を子どもたちに届けてくれたユニセフ（国連児童基金）の日本支援も一九六四年で終了している。

ところがその最中の九月九日に池田首相は入院する。二五日に「前癌乳頭腫」と池田の病状を伝え聞いた佐藤は「やゝ心配なり」と日記に感想を記し、翌日には寛子とともに池田を病床に見舞った。臨時首相代理の設置が一つの焦点となったが、佐藤は入閣していた田中角栄を通じて池田派の大平正芳、前尾繁三郎にいかようでも支持すると伝えさせている。

一〇月一〇日に東京オリンピック開会式が催され、佐藤は家族で見物に出かけた。オリンピックは日中戦争によって一九四〇年の開催を返上した過去もあり、日本にとって平和を象徴する特別な意味があった。オリンピックは国際親善の貴重な機会であった。

東京オリンピックの最中にも世界は大きく動いていた。一〇月一五日、イギリスの総選挙でウィルソン率いる労働党が二議席差で勝利し、保守党に代わり労働党が一三年ぶりに内閣を組織した。また同日、ソ連ではフルシチョフ党第一書記兼首相が更迭され、レオニード・ブレジネフが第一書記、アレクセイ・コスイギンが首相となった。さらに翌一六日には中国が核爆発実験に成功した。

佐藤はいずれも日記に記して「次々に大事件突発」と高い関心を寄せた。日本政治も劣らず不安定で、田中は佐藤に政局の急変を告げ、後継指名を得るために大平、前尾を説得する必要を説いた。佐藤も賛成であった。

佐藤はマラソンや柔道を観戦し、一〇月二四日のオリンピック閉会式では、金メダル一六個で三位の成績であったことに日本の国力伸張を見た。佐藤は日記に「平和の催しも円滑裡に終る。国歌、国旗の問題もこれで解決。楽しい思い出となる」と記している(『佐藤栄作日記』一九六四年一〇月二四日条)。

思いがけない早期の政権実現

一〇月二五日、東京オリンピックを無事に終えた池田首相は、病床で川島正次郎副総裁、三木幹事長、大平副幹事長、河野一郎、鈴木善幸官房長官に辞意を表明し、話し合いによる新総裁選出と現体制の改編を極力避けることを求めた。

一一月九日に内閣首班候補を決定する自民党両院議員総会が予定され、後継総裁には佐藤、河野、藤山愛一郎の三者が目せられた。池田の周囲は佐藤が自身の政権誕生を九五％信じているると分析していたが、決まっているわけではない。佐藤は「田中－大平ライン」で進められる佐藤指名工作に対して、藤山を支持する前尾の動きを警戒した。

党内では松野鶴平の後、参議院議長を務める重宗雄三が参議院の大勢について佐藤支持を答え、党長老のなかでは石橋湛山が佐藤が無難であると答えた。一〇月三一日には佐藤は自らへの流れを感じる。一一月三日、田中からは、大平の情報も踏まえて「絶対ゆるぎないと断言」してきていた。

大平の女婿である森田一が語るところでは、大平はそもそも池田の三選に反対していたという。大平には保守本流意識が強く、「やっぱり吉田学校の間で、池田の次は佐藤にすべきだという話は、大平の頭の中に吉田さんの考えとしてあったと思います」「大平の方からいえば、池田の後は佐藤しかいないということでした」と語っている（『心の一燈』）。Sオペでは議員総会に向けて、一一月七日に集まって政権発足時の談話「国民のみなさまへ」の第二次案が検討された。

一一月九日、池田は大平と鈴木が同席する病室で、川島と三木から党内の大勢が佐藤支持であることを聞き、佐藤を後継総裁に指名した。佐藤はニュース速報で確認したうえで両院議員総会に出席し、後継首班候補に指名された。

同日臨時国会が召集され、池田内閣が総辞職、衆参両院で佐藤が首相指名を受けた。病室のテレビで見届けた池田に大平は、「十一月九日という日は、あなたにとっても、私にとっても生涯における最良の日ですね」と言うと、だまってうなずいたという。大平は調停に従った河野と藤山、なかでも河野の態度に深く感謝した（『大平正芳回想録』）。

佐藤は他の全閣僚を再任して内閣を発足させ、初閣議を終えた。また、あらためて池田の病床を見舞い、池田から「君とはよく議論もした。意見の違いもあった。しかし、君に対する信頼はすこしも変わらなかった」と聞く（『池田政権・一五七五日』）。翌一一月一〇日の記者会見で佐藤は「池田路線の継承」を述べた。

こうして池田政治は佐藤政治に引き継がれた。一二月一日の臨時党大会で佐藤は満場一致で総裁となった。五日、池田前首相は国立がんセンターを退院した。体軀《たいく》一七四センチメートルの佐藤は池田の病気退陣と首相就任を機に、「国民に対して責任のある体なのだから」と禁煙を決意し、半年ほどかけてやめていったという（『佐藤寛子の宰相夫人秘録』）。

第四章

佐藤政権の発足——戦後二〇年目の日本政治

1　第一次佐藤内閣——迫られる社会変動への対応

政権の発足——池田政治の継承

一九六四（昭和三九）年一一月九日、佐藤栄作内閣が発足した。新たに官房長官となった橋本登美三郎は「日米安保条約が自動継続となる〔昭和〕四十五年六月まではやりたい」と述べて内閣記者団の失笑を買った（『佐藤政権・二七九七日』下巻）。日本国憲法下でのそれまでの平均在職期間は約二年六ヵ月、比較的長く政権を担当した岸信介内閣が約三年五ヵ月、池田勇人内閣が約四年四ヵ月であった。安保自動延長までは約五年八ヵ月もあった。しかし、結果的に佐藤政権は昭和四五年、すなわち一九七〇年六月を越えて七二年七月七日まで、二七九七日間、約七年八ヵ月に及ぶ長期政権となる。

佐藤はこの日の首相談話で、池田政権を、寛容の精神を貫いてわが国の民主主義の基盤を強化し、政治に経済合理主義をとり入れ、国際的な視野に立って日本の飛躍的向上に全力を傾けたと評価した。そして、自らの基本姿勢をつねに「国民とともに進む」こととすると誓った（『佐藤政権・二七九七日』上巻）。

池田内閣の退陣が首相の病気を理由とするものであったため、佐藤政権は全閣僚を引き継いで発足した。なお、橋本が就任した官房長官はまだ国務大臣ではなかった。主要閣僚をあげれば、外相が椎名悦三郎、蔵相が田中角栄、他に国務大臣として河野一郎、文相・科学技術庁長官に愛知揆一がいた。

政権発足の翌日、佐藤は首相経験者の岸信介と鳩山一郎を訪問し、その後吉田茂からも観菊会で祝いの言葉を受けた。このときのことであろうか、吉田は佐藤に国防問題の現状を反省し、政党者の啓発を説いた。

佐藤政権誕生について米国政府は、佐藤は中国との政治的連携というアイデアに最も関心がない政治家で、核兵器開発に賛同しているとの評判もあると分析していた。また日本の核武装について、一九六四年六月時点で、世論の核に関する「神経症ともいえる嫌悪感」も米ソ両国の度重なる核実験などで受け入れざるをえないものとして緩和しつつあり、一九七〇年までには核ミサイルを開発保有できるだろうと予測していた（『盟約の闇』）。

政策面から佐藤政権誕生に協力したSオペレーションは、前章で触れたように総裁選敗北後も継続され、池田からの政権禅譲後も続いた。楠田實らを中心としたSオペは、一一月一

佐藤内閣発足，1964年11月９日　官房長官を橋本登美三郎に代えた以外，池田内閣を引き継いだ．前列左から石田博英労相，赤城宗徳農林相，佐藤，河野一郎国務相，小泉純也防衛庁長官

四日、佐藤の首相就任を祝う政策提言文書で、Ｓオペを佐藤の「私的ブレーン」として存続させ、「佐藤内閣の政治理論を構成」して施政方針演説などに反映すること、そして「プレスオペレーション」、つまりは世論誘導の重要性を説いた（『楠田實日記』）。

さらにＳオペは、当面の施策として外交専門家を集めて外務省と協働させること、「社会開発」のブレーンを集めることを求めている。後者は具体的には、厚生省の伊部英男を「特別補佐官」のような形で社会開発構想推進の責任者として起用することを勧めていた。外交と内政を結ぶ戦略については、親中派の松村謙三との関係改善を図ることで三木武夫を取り込むことを提起していた。

内政の始動

岸内閣の後を受けた池田内閣は、経済をテーマにして政治の流れを変えることに成功した。他方で、第二党の社会党を相手に「低姿勢」に努めた国会運営は、党内の不満を招いていた。その与野党関係も、野党の多党化によって変化していく。一九六〇（昭和三五）年一月の民主社会党発足はすでに触れたが、六一年一一月に宗教団体創価学会を母体に発足した公明政治連盟は、六四年一一月一七日、公明党へと発展的解消をとげていた。竜年光副書記長が「公明党を既成政党のいろいろな型にはめようとしても無理だ」と記者に答えたように、保革の枠組みに収まらない公明党の登場は、六〇年安保以後の与野党関係を変化させていく（『朝日新聞』一九六四年一一月一八日付）。

先の総裁選で池田批判を展開した佐藤陣営であったが、池田からの禅譲による政権発足は必ずしも悪くなかった。岸内閣が石橋内閣を引き継いで発足したように、党内融和に努め、憲法問題でも現状維持的な姿勢を説明しやすかったからだ。

経済問題については早急な対策が求められていたが、佐藤が総裁選時に提起した「社会開発」も、すでに池田第三次内閣の政策に取り入れられていた。池田は三選後に「各省大臣と事務当局の首脳部を集めて、経済の歪みについて、一〇日ぐらいぶっつづけに勉強会をやった」という(『池田勇人とその時代』)。

佐藤は記者会見で、池田首相の意思を受け継いで「党の近代化」と「ヒズミの是正」に取り組むと述べ、自民党の近代化については派閥解消による機関中心の党運営と全国的な組織整備を考えていた(『楠田資料』E)。こうして佐藤政権は、岸政権へのアンチテーゼ(反定立)を心がけた池田政権に対して、ジンテーゼ(総合)を目指していた。

初めての所信表明演説――人間尊重と「社会開発」

佐藤は政権発足にあたって、まず閣僚と意見交換を行った。池田内閣から引き継いだ各大臣が所管の重要事項について説明を行い、佐藤が選択的に支持を与えるためである。ここでも佐藤は住宅政策に強い関心を示した。

一一月一三日の小山長規建設相との面会では、「低家賃公共住宅の建設促進とサラリーマン住宅建設制度の創設」などを了承し、さらに宅地政策について質している(『朝日新聞』一九六四年一一月一三日付)。また一六日の石田博英労相との会見では、「勤労者財産造成問題」に強い関心を示し、「住宅対策に積極的な措置を講ずるよう指示し」ている(『朝日新聞』一九六四年一一月一六日付夕刊)。近代的手段によって、近代が生み出す諸問題を克服することが佐藤政権の社会開発論であった。

一一月二一日、佐藤は第四七回臨時国会に臨み、初めての所信表明演説を行った。佐藤は、政治の基本姿勢に「寛容と調和」を置き、国民とともに進む政治を行うことを誓った。そして「人間尊重の政治を実現するため、社会開発をおしすすめる」と述べて、具体的には、「勤労者の住宅対策に重点を置き、住宅の建設、宅地の供給等諸般の措置を強力に進めてまいります」と方針を示す。

当人は初めての首相演説に「やゝ上りぎみ」と自戒し、首相席での態度が悪いと批判を受けると、「今後注意する他ない。これも修行の一つか」と日記に記した(『佐藤栄作日記』一九六四年一一月二四日条)。初答弁、初の昭和天皇への内奏と、佐藤にとって初めての経験が続いた。

年が明けて一九六五年一月一日、佐藤は例年と同じく岸と吉田を訪問した。また、Sオペで準備された年頭所感を発表し、新聞各社の取材を受けた。佐藤は人間尊重の視点から社会開発推進やビジョンある政治を説き、物価問題や日中関係への態度、沖縄問題に取り組む意欲を示した。

そのなかで佐藤は政権のキーワードである「調和の精神」について、「和をとなえて相応ずればすなわち調和す」という言葉をあげている。妥協も必要だが理想と現実の妥協であって、そこには「進歩」があるとその政治哲学を披瀝《ひれき》した。

また、よく言えば「早耳の佐藤」と呼ばれた豊富な情報から情勢の熟するのを待ち、機が熟したのを見定めてから行動する、悪く言えば慎重過ぎると、一般に「待ちの政治」と評された佐藤政治であったが、佐藤は民主主義でのリーダーシップについて、地位がリーダーを作る全体主義とは違って、旗を「いま振ってほしい」というときに振る「チャンス、タイミングが政治家のリーダーシップになる」と語っている（『読売新聞』一九六五年一月一日付）。そのためには、ただ待つのではなく、こちらからタイミングを作り出していく必要がある。

変わる日本社会と政治の応答

当時、一九四七（昭和二二）年以降に生まれた膨大なベビー・ブーマー世代が青年期を迎え、それより早く一九四七年四月に発足した六・三・三・四の新学制で初めて学び始めた世代はすでに二〇代半ばとなっていた。

一九六五年の高校進学率は七〇・七％（男子七一・七％、女子六九・六％）、大学進学率は一二・八％（男子二〇・七％、女子四・六％）、短大進学率は四・一％（女子六・七％、男子一・七％）であった。同世代の一〇人に三人が中学卒業と同時に働き始め、大学まで進むのは当時約一〇人に一人であり、短大進学をあわせても五人に一人にも満たなかった（『男女共同参画白書平成一六年版』）。

小説家の堺屋太一はベビー・ブーマーを「団塊の世代」と呼んだ。彼らが就職し、結婚し、子育てをしていくなかで社会の様相は大きく影響を受けた。都市部、なかでも東京、名古屋、大阪を結ぶ太平洋沿岸の大都市部への大移動が進み人々の生活も大きく変化していた。働き方では高度経済成長下、農業・漁業・林業に従事する第一次産業の比率が下がり、製造業や鉱業などの第二次産業、小売業やサービス業などの第三次産業の比率が高まった。家庭では世帯分離が進み、夫婦と未婚の子どもからなる核家族化が進んでいた。

新家庭にはさまざまな消費が必要である。一九五〇年代後半より白黒テレビ、電気洗濯機・電気冷蔵庫は「三種の神器」と呼ばれ、皇太子夫妻成婚時に普及が進んだ白黒テレビは一九六五年には九〇%の普及率に達した。これに対して「三C」と呼ばれた自動車（カー）、カラーテレビ、クーラーが追っていく。それは大衆消費社会の到来であり、スーパーマーケットが広がっていく。東京オリンピックにあわせて一九六四年に東海道新幹線が開通していたが、自動車の普及を受けて六五年に名神高速道路、六九年には東名高速道路が全通する。

このような爆発的な変化は、さまざまな歪みをともなう。それこそが一九六四年の総裁選で佐藤陣営が訴えたことであった。人口が流出した農村部では過疎化が進み、流入した都市部では過密化が深刻であった。大気汚染や騒音、交通事故も急増した。「交通戦争」と呼ばれたのは単なる誇張ではなく、一年間の交通事故死者数が一九七〇年の最悪時には約一万七〇〇〇人に迫り、日清戦争の日本側戦死者数約一万四〇〇〇人を超えていた（『「交通戦争」の政治社会史』）。

年明けの初閣議で佐藤は「交通戦争」と「緑化（美化）運動」に尽力することを説き、一月八日、社会開発懇談会の設置が閣議了解された。「長期的な展望のもとに経済開発と均衡のとれた社会開発を推進する」ために有識者と首相との懇談を求めるもので、すでに経済開発との調和が謳われている。懇談会には必要に応じて関係閣僚が出席し、懇談事項のうち必要なものは閣議にかけたうえで内閣の基本方針として積極的に推進することにした。

佐藤は先の総裁選時に「社会開発を具体化する方策として『社会開発最高会議（仮称）』を内閣に設置する」と述べていた（『朝日新聞』一九六四年七月五日付）。その一方でSオペが提言した特別補佐官は置かなかった。

政務秘書官には、岸の秘書から佐藤の秘書となって政界進出以来支えてきた大津正が就いた。外務省から首相秘書官となった本野盛幸によれば、大津はSオペなどの場所の提供や、佐藤が望ましくない勢力と会わないよう管理にあたったという。本野はそれに対して、すぐさま首相記者会見の想定問答や施政方針演説の準備を命じられた。

佐藤直属を標榜するSオペには、政権発足当初、依然として競合者がいた。政権の要である橋本官房長官の下、通産相時代に秘書官を務めた山下英明を中心に「橋本研究会」としてA研、B研と呼ばれる二つの政策検討会が作られていた。この会は、一二月から翌二月にかけて三、四回開かれたという。いずれも橋本官房長官、竹下登副長官に加えて山下の推薦で官僚一二名程度を参加者に、A研は所得倍増政策の評価や安定成長など経済について議論し、橋本は所信表明の推敲に際して「よい智慧《ちえ》を出して貰《もら》いたい」と述べていた。他方、B研では中国代表権問題や日韓会議など外交が話し合われた（『山下英明オーラルヒストリー〔続〕』）。山下は橋本官房長官が官僚組織とのつながりを求め、経済問題と国際問題について少し勉強しようと考えたのではないかと回想する。

アジア外交への意欲

佐藤陣営は総裁選で外交が過度に争点化されないよう配慮したが、佐藤外交の方向性については積極的に議論していた。

基本文書である「明日へのたたかい」では、「冷戦体制から平和共存体制」への時代の変化を読み取り、「ダイナミックな、外交政策を展開すべき時が来た」と意気込みを示していた。そのうえで基本的姿勢として「世界各国との平和共存の外交」や経済外交、日米間の「真のパートナーシップ」確立などとともに、「アジアの発展のために、アジア地域内の敵対関係をたんねんに解消し、アジアの連帯意識を高めて、協力してアジアから貧困を追放する」とアジア外交への意欲を語っていた。分断ではなく連帯、そして豊かさの力を信じたのである。

Sオペでは、沖縄返還を米国に正式に要求しようという議論が進む前は、中華人民共和国との関係改善が最も議論されたという（「楠田實オーラルヒストリー」）。佐藤には通産相時代からの関心があり、非常に熱心で、当面は政経分離で行くけれどもいずれは関係をつけなければならず、中国が核武装せずに平和共存路線をとることを期待していた。

佐藤が総裁選に敗れ、池田の病状が政変と結びつくかまだはっきりしていなかった一〇月一四日、Sオペは愛知入閣後に新リーダーとなった西村英一を迎えて打ち合わせ会を開いていた。そこで議論されたのはアジア外交を強調している佐藤が早い時期に東南アジア旅行をして実情調査や要人と会見することであり、中華人民共和国の周恩来首相との接触も視野に入れていた（『楠田資料』E）。

Sオペは先の一一月一四日の政策提言文書でも、外交専門家と協働して官僚機構を牽引することを論じていたが、さらに一月訪米への決断を佐藤に求めていた。佐藤政権が可能な限り早期の日米首脳会談を要請すると、ライシャワー大使の尽力もあって米側もこれに応じる。Sオペは佐藤の一月訪米が決まると、あらためて佐藤への提言をまとめている。それらの文書から見えるSオペの意図は、アジアの平和と自由を守るという佐藤外交の基本方針から中国問題、ベトナム、沖縄、日米貿易経済関係などを論じ、「アジアの新しいナショナリスト佐藤栄作」を打ち出すものであった。のちに佐藤政権最大の事績となる沖縄返還については、池田内閣が援助額の増大という経済面で進展させていたので、今度は施政権を焦点に据える政治面で事態を動かそうとしていた。

佐藤は核兵器保有を主張したか

訪米が近づく一二月二九日、佐藤は首相官邸でライシャワー大使と約二時間会談した。この会談は前日に日本側から資料を受け取ったライシャワー大使の求めによるもので、二つの点で歴史家の大きな注目を集めている。

一つは、一九六〇（昭和三五）年の「討議の記録」に関連して、核搭載艦船の一時寄港は核兵器の持ち込みにあたらないとする米国政府の理解について、ライシャワーはこの場で事情を知らない様子の佐藤に秘密裡に伝えたようである。一九六三年四月に日本政府の国会答弁との齟齬に危機感を抱いた米国政府はライシャワーから大平正芳外相に伝えることで米国政府が寄港を事前協議の対象外と考えていることに日本政府が異議を唱えない「暗黙の合意」が固まったとされるが、そのことがあらためて伝えられた。もう一つの注目点は、この会談で佐藤がライシャワーに核兵器保有の意思を漏らしたかについてである。

記録には日本側と米国側双方のものがある。日本側記録によれば、ライシャワーは日本側資料に記してある諸議題のなかで何を首脳会談で強調するかを問い、佐藤は「中共・台湾を含めた中国問題、ベトナム問題及びこの様な情勢で自由陣営の防衛を如何《いか》にして守るか」をあげた。

トンキン湾事件以来、危機を深めていたベトナム問題について、佐藤は、国連を通して「民生安定、生活向上」に努力するのであれば、「日本としては大分やり易くなる」と述べている。

佐藤はベトナム問題を民族主義の問題と理解していた。「アジアにおいてはあせったら駄目」で、慌てず後退せず民心の把握を第一に考えるべきと繰り返し、先の大戦でも「日本が満州だけで満足していればあのような結果にはならなかったであろう。早く解決しようとあせったのが失敗であった。忍耐強く、我まんして事を進めるように進言したい」と日本の教訓を込めていた。

さらに佐藤は、民間人による日米外交懇談会の設置や議員交流について提起したが、日本側の記録はここまでである。そのうえで最後の三〇、四〇分間、佐藤はライシャワーと通訳を交えずに日本語で話した。

ライシャワーの国務長官宛報告では、佐藤は中国、ベトナム、朝鮮半島と、いずれも日本の直面する防衛問題で、これこそが会談の主要議題であると語り、さらに「佐藤首相は核防衛の問題を熱心に話したが、それによると彼の考え方は英国のウィルソン首相が佐藤首相に語った考え方と同じである。つまり、もし相手が『核』を持っているのなら、自分も持つのは常識であるという発想」で、「日本の世論はこの考えを受け入れる準備がまだできていないのは分かっているが、これから教育しなければならない。そして若い世代はこの方向に向かっているというよい兆候があると感じている」と述べたという（FRUS, 1964-1968, vol. XXIX, part 2 Japan、『大統領宛日本国首相の極秘ファイル』）。

佐藤は核が一般に思われているよりも安く、日本の科学、産業技術でも十分生産できることがわかったとも述べ、日本には過去の帝国主義的野心はないので心配しなくてよいと付け加えた。そして「今後数年の内に、防衛問題を根本から考え直さなくてはならず、今はまだ時期が熟していないが、憲法改正が必要だ」と何度も繰り返し、防衛費の対GNP比を二%まで押し上げられるかのような発言の一方、防衛庁の省昇格には時間がかかるとも語った。

ライシャワーは池田と比べて佐藤の思慮のなさに驚き、日本独自の核兵器を持つという考えに向かわないよう米国の指導と教育が必要であると報告した。

佐藤の真意とは

佐藤はこのとき以外にも日本の核兵器保有に言及する機会があり、通説は佐藤がこの時点で日本の核兵器保有に積極的であったと解釈する（『戦後日本の防衛政策』、『核兵器と日米関係』、『日米「核密約」の全貌』）。対して、佐藤の言及を米国に核のカサ（核防衛上の保証）を求める交渉上の戦略に過ぎないという解釈もある（『冷戦構造の変容と日本の対中外交』、*Sato, America and the Cold War*）。早くにこの資料を紹介した研究は慎重に判断を留保し、問題提起にとどめた（『大統領宛日本国首相の極秘ファイル』）。

佐藤がのちにノーベル平和賞を取ったこともあって、佐藤が首相就任時に核兵器保有の意思を持っていたのかは、米側資料が明らかになった一九九〇年代末頃から大いに話題となった。日米欧で自由陣営の三本柱となることを目指した池田首相が、核兵器を保有していた場合の政治的発言力を羨《うらや》んだことはすでに知られている。二人が師事する吉田も一九六〇年代に入ってから核武装に肯定的な演説を行っており、佐藤が日本の核兵器保有に意欲的であってもおかしくはない。また、政治家は成し遂げたことによって評価されるべきであり、意欲的ではあったがそこに踏み込まなかったことを評価するという考え方も一理あると思う。

ここで注目したいのは、ライシャワーの報告がイギリスのウィルソン首相に言及していることである。

佐藤がウィルソンの名前を出したとすれば、一九六二（昭和三七）年の外遊時に感銘を覚えた、経済的で建設的な国防政策、すなわち核抑止力の対米依存と自らの通常兵器の整備が念頭にあったと考えるのが自然である。核保有への意思を示すのであればウィルソンを引くまでもなくフランスのド・ゴール大統領がいる。主権国家として核兵器を保有する根源的な権利はそもそも制約されるものではなく、国際的な核不拡散体制も当時まだない。

筆者は、ライシャワーの理解は誤解であり、佐藤はこの時点では核保有ではなく核抑止力の対米依存と通常兵器の整備を考えていたと解釈する。佐藤は同じライシャワーとの会話のなかで、一九六〇年代に一・二％程度で推移していた防衛費の対GNP比二％への押し上げに言及しており、この点でも整合的である。ライシャワーは日本の核武装の可能性について、中国の核保有という現実を前に、話の前提に強く反応したようである。強く反応するだけの危惧を米国政府は日本に抱いており、佐藤の前評判でもあった。その後、急ぎ足で国際的な核不拡散体制が整備されていく。

なお、佐藤が遅くとも一九六二年秋の外遊以降、少なくとも政権発足時点で日本の核兵器保有を望ましくもなく、割にも合わないと思っていたとここでは判断したが、この時点で、自らの政権を通して、さらには政権を超えて非核政策を決意したという意味にまで拡大解釈する必要はない。憲法改正への姿勢と同様、引き続き慎重に見ていこう。

首相として最初の訪米――佐藤・ジョンソン会談

東京での準備を経て訪米した佐藤は、一九六五(昭和四〇)年一月一二日からワシントンでジョンソン大統領との日米首脳会談に臨んだ。佐藤はジョンソン大統領と二人で約五〇分、さらに椎名悦三郎外相や三木武夫自民党幹事長、ラスク国務長官、ライシャワー大使ら日米事務当局者を加えて約四五分間会談した。

会談要旨によれば、「佐藤総理は中共の核武装にかかわらず、日本は自らの核武装を行なわず、あくまで日米安保条約に依存するとの方針を伝え、米国の日本防衛の保障を求めたのに対し、ジョンソン大統領はこれを確認した」。さらに佐藤がアジアの安全保障のためには、「朝鮮の三八度線、台湾、南ヴィエトナムの線」を確保することが必要であると強調したのに対して、ジョンソン大統領はこれらの線を防衛する米国の決意を表明したと総括されている。ベトナム問題について佐藤は、北進も望ましくなく撤退もできないと、民生安定への努力を求めた。

佐藤はこの会談で沖縄と小笠原の返還問題を提起している。

施政権の返還は沖縄住民のみならず、全日本国民の強い願望である。施政権を直ちに返還することは困難と思うが、その間沖縄住民の自治権の拡大、政治的社会的自由の確保並びに住民の福祉の向上を図ることが肝要であり、それによって住民の協力をうることが大局的には米国の利益とも合致する。

（「佐藤総理訪米関係会議関係」）

記者会見用の想定問答では「日本国民の沖縄に対する究極的な要望は、施政権の返還である」と述べられ、アジアにおける国際情勢の変化によりそのような日が一日も早く訪れることを期待し、その間、経済福祉水準、自治権の向上に期待すると記されている。それは

日米首脳会談，1965年1月12日　ジョンソン大統領とホワイトハウスで

池田政権下のケネディ政権との合意を踏まえつつ、返還に向けて主張を明確にしたものであった。

その他、会議で注目されるやりとりは、ラスク国務長官が、日米関係は日本の国際的地位の向上にともなって新しい章に入りつつあり、世界的な問題についても緊密に協議していきたいと述べたことである。

さらに、日本国内の世論「啓発」も話題となった。佐藤は日本国内で核兵器に反対する考えが強いことを説明した。米側記録では、ラスク長官に中国の核実験が及ぼした影響を問われた佐藤は、「日本人は核兵器を保有すべきではないし、核の使用が必要となる状況をけっして招いてはならないと思っている。個人的には、共産中国が核を持つなら日本も持つべきだと考えるが、国内の雰囲気からして、こうした考えは私的にしかいえない」と述べたという（『盟約の闇』）。

それは、少なくとも椎名外相や三木幹事長が同席するなかで話せる常識論以上の意味はなかった。佐藤はロバート・マクナマラ国防長官との会談でも、「日本は自分では核兵器を持たないことは確乎《かっこ》不動の政策であって、従って核の拡散に反対である」と述べた。

一月一三日、日米共同声明が出され、佐藤は「願望」という形ではあるが沖縄返還を初めて正面から取り上げた首相となった。佐藤は首脳会談の成果を、「沖縄、小笠原の墓参も、当方の云分《いいぶん》を採用して何等心配はない。こんなに話がトントンに進んだのでびっくりした」、また「沖縄はかえしてもいゝのだが、まだ中共が安心出来ぬ、国防は引きうけたと確言を得た」と日記に記した（『佐藤栄作日記』一九六五年一月一二日、一三日条）。他方、沖縄では、琉球立法院が佐藤訪米に際して「祖国復帰に関し対米折衝方要請決議案」を賛成多数で可決し、二名の議員を東京に派遣する決定をしていた。

翌一月一四日、ワシントンからニューヨークに移動した佐藤は、国連本部でウ・タント国連事務総長と会談し、被爆国としての核不拡散への意思を表明した。国連はインドネシア脱退をめぐって試練に直面していたが、佐藤は国連を世界の平和維持機構として評価し、社会経済問題への対処を勧めた。

戦後二〇年目の施政方針演説

一九六五（昭和四〇）年を迎えた佐藤政権と与党自民党は、一九七〇年を強く意識していた。自民党は安保騒動の再現を狙うであろう左翼勢力に対抗するために国民運動本部の設置を決定し、一九六九年には党の執行機関とする。このような自民党の動きに国際政治学者の高坂正堯は、『一九七〇年』という亡霊によって駆り立てられた」自民党が、「宣伝には宣伝で対抗し、デモの動員にはデモの動員によって対抗するという態度」を見せていることに警鐘を鳴らした。「大衆動員の政治観」が、「政治に必要な寛容さと妥協の代りに、狂信と過激な行動を生む」ことを危惧したためである（『高坂正堯著作集』四巻）。

一月二五日、佐藤は施政方針演説の冒頭で直前に死去したチャーチル英元首相の死を悼むと、先の日米首脳会談の内容を報告し、世界の平和維持のためにはアジアの安定が重要であり、「平和に徹する精神のもと、民生の安定と生活水準の向上を通じて、アジア諸国民の福祉増進に貢献」する日本の方針に賛意を得たと述べた。

また、中国問題での緊密な連携を約束し、沖縄、小笠原諸島の施政権返還が日本国民の熾烈な願望であることを強く主張したと述べ、日米関係が「新しい発展段階を迎えた」と信じると語った。さらに、「諸国の行動を調和するための中心となる国際連合」の権威と権能を高めるため、積極的に貢献することが日本外交の基本であると述べた。佐藤の求める日本の国益とは「あくまで世界平和と結び付き、国際協調を基礎とするもの」であった。

内政では、住宅政策、公害防止事業団の発足、児童と母親への配慮など、社会開発に関わる総合的な対策を説明し、政治に対する信頼を高め、野党各派との建設的な話し合いを進めることで「議会政治の良き伝統をつくる」意思を説いた。

最後に佐藤は戦後の二〇年の歩みについて次のように触れている。

戦後二十年、われわれは、かつて経験したことのないきびしい歴史的な試練に共に耐え、それに打ち勝ってまいりました。二十年前、われわれは、廃墟の中で、その日の暮らしに追われたのでありますが、二十年後のいま、われわれは、明日の日本を思うべきであります。今こそ、日本国民として、共に苦しみ、共に喜ぶ新しい連帯のきずなを、お互いの心の中につくりあげ、新しい日本の進路を確立すべきときであります。

（『佐藤内閣総理大臣演説集』）

佐藤はこの演説について「新聞宣伝は一応成功か」と手応えを感じた（『佐藤栄作日記』一九六五年一月二五日条）。

2　引き継いだ内政・外交の課題

「社会開発」政策の始動

一九六五（昭和四〇）年二月一三日、内政の柱となるべき社会開発懇談会が初会合を開き、一〇数回にわたる総会、分科会および小委員会を経て、七月二三日に中間答申を行った。しかし、閣議了解時に二〇名程度と想定された懇談会委員は結局六三名になった。会は活発であったが、出席していた佐藤が「矢張《やは》り具体的にはきまらない問題ばかり」と日記に記したように、大人数での議論は拡散した（『佐藤栄作日記』一九六五年二月一三日条）。同答申は、社会開発の目的に「健康で文化的な生活を国民すべてにゆきわたらせ、人間性豊かな社会を創り出すこと」を謳い、課題を網羅的に掲げて政府の施策を求めた。

ここでの「社会開発」論の特徴は、日本が「中進国」にあるという現状認識と、したがって経済発展との両立や補完性を強く要請している点にある。

懇談会委員として中間答申作成にあたった大来佐武郎は、日本が一人当たりの国民所得でいまだヨーロッパ諸国の半分、米国の四分の一程度に過ぎないことを指摘し、「あまりに性急に理想的な社会開発を追究すれば、経済発展の足を引っぱり、経済発展の充実・向上が遅れればそれだけまた社会開発のために割きうる余裕が乏しくなるという循環におちいる惧《おそ》れがあるので、両者を両立させ、しかも両者が相互補完的に進められるような考え方が日本の社会開発についてはとくに要請される」と述べている（「社会開発の課題」）。

経済開発と社会開発の相互補完という考えは佐藤政権での社会開発論の出発点であるとともに、当時の深刻な経済状況にも目を向ける必要がある。春には山陽特殊製鋼が破綻し、五月二八日、田中角栄蔵相は山一証券の倒産危機に対して日銀特別融資を行うことを発表した。

幅広い議論を展開した社会開発懇談会中間答申は、総花的と概して低い評価を与えられており、委員の一人も「悪いことに、政府側でも懇談会での発言を今秋の予算編成にとりいれたいというような意見が述べられたので、いまのうちに何でもかんでも発言しておかなければ損だという空気」がうかがわれたと告白している（「社会保障および福祉対策について」）。政府の積極姿勢がかえって議論を拡散させ、具体性を欠く結果となったようである。

しかし、着実に進んだ部分もあった。まずアイデアとしての「社会開発」が定着していく。

一九六四年度の『国民生活白書』は「社会開発」の推進を今後の課題として強調した。そして住宅政策である。懇談会が緊急施策に関する一二月答申で住宅政策を強調し、佐藤は早速改造後の福田赳夫蔵相、田中角栄幹事長と相談して一九六六年度予算の最重点項目とした。地方住宅供給公社法が一九六五年六月に成立し、六六年六月には住宅に関する総合的な計画立法である住宅建設計画法が制定された。これを受けて、「一世帯一住宅」をスローガンに、一九七〇年までに六七〇万戸の住宅建設を目指す第一期住宅建設五ヵ年計画がスタートする。

一九五五年に発足した日本住宅公団が建設する集合住宅は団地と言われ、ダイニング・キッチンなど新しい生活様式をもたらしていた。一九六二年には大阪の千里《せんり》ニュータウン、七一年には東京の多摩ニュータウンと大規模な住宅団地であるニュータウンが出現していく。交通網の発達によって、働き手にとって職住が分かれたベッドタウンが広がっていった。

引き継いだ課題群の処理

佐藤政権は、池田政権以来の積み残し課題も次々に処理していった。

第一に、ＩＬＯ八七号条約批准問題である。日本政府は、占領下に、ＧＨＱの指示によってストライキを一律禁止するなど公務員らの労働運動を厳しく制約し、その後もＩＬＯ（国際労働機関）で採択された「結社の自由及び団結権の保護に関する条約」（八七号条約）を批准してこなかった。しかし、総評による息の長い運動と、一九六五（昭和四〇）年一月にはＩＬＯ実情調査調停委員会が派遣されるに至って、対応が求められていた。佐藤政権は四月一五日、衆議院の特別委員会で国内関連法案と条約承認案を強行採決し、国会空転後、与野党妥協を経て、二一日に衆議院、五月一七日に参議院で可決、条約の批准を果たした。

第二に、農地報償法案が五月一三日に衆議院内閣委員会で強行採決され、一四日に衆議院で可決、参議院でも会期延長の末、二八日に可決成立した。これも占領下に淵源《えんげん》を持つ戦後処理懸案の一つで、農地改革で土地を失った旧地主などに給付金を支給する法案であった。野党に強い反対があり、政府も消極的であったが、高度経済成長で地価が上昇すると不満は一層強まり、圧力団体が粘り強く働きかけてきたものであった。

第三に、防衛問題である。池田政権下で防衛庁の省昇格方針が自民党総務会で承認され、一九六四年六月には閣議で了解を得ていた。ところが、佐藤政権となって一九六五年二月一〇日、衆議院予算委員会で社会党の岡田春夫が自衛隊の秘密文書をもとに、自衛隊内で行われていた休戦中の朝鮮半島での再戦闘を想定する研究（昭和三八年度統合防衛図上研究）を暴露し、緊急立法など政治に関わる内容が含まれていたためにシビリアン・コントロールが問われる事態となった。いわゆる「三矢《みつや》研究」である。

図上演習に問題はないという意見がある一方、佐藤は二月一二日の閣議で「旧軍人の考え方には賛成出来ない、新憲法下では首相が最高責任者故、その立場で考えを統一すべし」と述べ、また三月五日には、国民や自衛隊への悪影響を慮って、「官房長官と党幹事長が当方の意見をまとめて適当な方法で発表すべき事」を命じた（『佐藤栄作日記』一九六五年二月一二日、三月五日条）。衆議院予算委員会では松野頼三を委員長に「防衛図上研究問題等に関する予算小委員会」が大平正芳を含む自民党八、岡田と石橋政嗣を含む社会党四、民社党一で組織され、引き続き議論された。

五月三一日には、高辻正巳内閣法制局長官が自衛官の身分に関して憲法第六六条第二項の解釈を変更する答弁を行った。すなわち自衛官の防衛庁長官就任の可否について従来自衛官を文民と解し可能としていたものを、文民でないと解すべきと変更したのである。

こうして防衛庁の省昇格は見送られたものの、自衛隊には日本国憲法下の軍事組織としてより明確な位置づけが与えられることになった。

動く東アジア情勢と佐藤政権

池田政権から引き継いだ懸案のなかでも特に重要であったのが、日韓国交正常化交渉である。第二次世界大戦後の日本は、賠償など戦争の敗戦処理や開戦責任などの問題に加えて、明治以来の植民地帝国の清算という問題が重なる。そこに戦勝国間で始まった冷戦が影を落としていた。日韓国交正常化問題は敗戦に基づく植民地帝国の清算という問題であったが、冷戦の問題でもあった。佐藤は兄の岸とともに対韓交渉積極論者の一人であった。

日本と韓国との交渉は一九五一（昭和二六）年一〇月の予備会談に始まり、五二年二月に本会談に移行したものの、紛糾に紛糾を重ねて断続的に続けられてきた。しかし、一九六一年五月に軍事クーデタで朴正熙政権が誕生すると、池田内閣の大平正芳外相と金鍾泌中央情報部長との間で「無償・有償併せて五億ドルの対韓経済協力」で合意する。しかし、韓国内での反対が強く、決着に至っていなかった。佐藤政権に入り、椎名外相は一九六五年二月一七日の訪韓に際して、金浦空港で「両国の長い歴史の中に不幸な期間があったことは誠に遺憾であり深く反省する」と述べ、二〇日、日韓基本条約に仮調印した。

他方、ベトナム戦争は新たな局面を迎えていた。二月七日、米軍は北ベトナムの基地を攻撃し、恒常的な北爆が開始された。日本への事前通告はなく、オーストラリア、イギリス、カナダ、ニュージーランドには事前に通告、フィリピン、韓国、台湾にも作戦の第一段階を通知していた（『海の向こうの火事』）。椎名外相が訪韓していた二月一九日、佐藤はエマーソン駐日米公使から極秘に面会を求められ、米国がベトナム戦争にいよいよ本格的に介入することを告げられる。佐藤は「大戦にならぬ事を願う」と日記に記した。また、三月には、元外交官で戦時中に駐仏領インドシナ大使を務め、戦後は自民党議員となって日ソ国交回復交渉で全権委員も務めた松本俊一を個人特使として南ベトナムに送り、悲観的な報告を受けた。

ベトナム戦争の拡大に日本社会は批判的であり、一九六〇年の安保騒動以来、ケネディ大統領兄弟の好印象やライシャワー大使の「イコール・パートナーシップ」に向けた尽力で好転しつつあった米国への草の根の信頼を掘り崩していく。

四月二〇日には経済学者の大内兵衛や憲法学者の宮澤俊義、政治学者の丸山眞男らが北爆即時停止を米国に求めるよう佐藤に要望書を手渡した。日本でのベトナム反戦運動の象徴的存在である「ベトナムに平和を！市民連合」（ベ平連）の運動も始まる。四月二四日、一五〇〇人の市民が東京赤坂の清水谷公園に集まり、集会のあと、「ベトナムに平和を！」を共通の旗じるしにデモ行進した。小田実はそもそもこの運動は哲学者の鶴見俊輔から持ちかけられたという。

北爆開始以来、ベトナム戦争への米国の荷担は日本でも注目され、「テレビジョンが戦争をお茶の間に持ち込んだ」と言われた。

ライシャワー駐日大使は、日本社会の反応について、先の大戦の記憶から爆撃下にあるベトナム人の立場への同一化、先の大戦での日本の立場と今回の米国の立場との同一視、米国の共産党中国との戦闘拡大と基地を通じた日本の巻き込まれへの懸念から、広範囲にわたる抗議の嵐を巻き起こしたと分析した。

日本政府は終始、米国の立場への「理解」なるものを表明してきていたが、ライシャワーは、一九六五年の一時期には、「一般民衆の不安と嫌悪の反応のために、日米関係が耐えがたいほどの緊張状態におちいったことがあった」と回想する（『ベトナムを越えて』）。

そのようななかで、五月七日、佐藤は自民党青年部の全国会合で北爆にもそれなりの理由があると公然支持を表明し、「住みよい社会をつくり、自由主義が共産主義より優れていることを実証すること」で「赤色帝国主義」と対決することを説いた（『朝日新聞』一九六五年五月八日付）。

初の自前内閣——第一次佐藤改造内閣

六月二日、佐藤は党人事を行い、党三役に田中角栄幹事長、前尾繁三郎総務会長、赤城宗徳政務調査会長をあて、翌三日、次いで内閣改造を行い、初めて自前の内閣を持った。

注目を集めたのは、人選に不満を示した有力者河野一郎が入閣を拒否し、佐藤も引き止めず閣外に去ったことである。佐藤は河野派のなかから自ら閣僚を選ぼうとした。他方、日韓交渉を担う椎名外相は池田内閣から引き継いだ閣僚として唯一留任した。また、先に三矢研究事件で予算小委員会を率いた松野頼三は防衛庁長官に据えられた。他に主要閣僚では、蔵相に田中に代わって福田赳夫が就き、厚相に鈴木善幸、通産相に三木武夫、法相に石井光次郎、経済企画庁長官に藤山愛一郎が入った。

六月二二日、日韓基本条約および請求権・経済協力協定など諸協定・関係文書が東京で正式に調印・署名された。両国と個別に防衛条約を結ぶ米国の関与を背景として相互に妥結に努め、おおむね日本側は名を取って実を譲る形となった。すなわち、韓国の主張した「請求権」は「経済協力」となる一方、五億ドルという額については米国の対韓援助が削減される

日韓基本条約調印，1965年６月22日　調印後，李東元外相（左から２人目）と握手する佐藤．左は椎名悦三郎外相

なかで経済発展を目指す朴政権の希望に沿うように進められ、他方で「完全かつ最終的」な解決が確認されたのであった。

また、両国間には一九五二（昭和二七）年一月に、時の李承晩韓国大統領が一方的に設定し日本漁船の拿捕《だほ》や乗組員の拘留を繰り返した李承晩ラインや、一九五四年頃から韓国が竹島の実効支配を進めるなど深刻な対立があった。だが、李承晩ラインは撤廃されて共同資源調査水域となり、また、紛争解決の交換公文が交わされ、「両国間の紛争は、まず、外交上の経路を通じて解決」し、それでも解決できない場合には両国間が合意する手続きで調停によって解決を図ることが約束された。

日韓国交正常化は、対日平和条約と、

韓国を朝鮮半島で唯一の合法政府と認める国連決議を踏まえており、一九一〇（明治四三）年の韓国併合条約は「もはや無効」であると確認された。これは締結当初から無効であるとする韓国側の解釈と、韓国独立によって無効となったとする日本側の解釈をともに許容する表現で、韓国政府の管轄権についても日本政府は休戦ライン以南として北朝鮮との国交正常化に余地を残した。

東西冷戦による分断国家化のなかで、植民地支配の清算と、対等な近隣二国間関係の構築という困難な課題を背負って、ともに国内社会の強い反対を抱えていた。韓国内では大統領の外交姿勢が低姿勢であると批判され、日本国内でも分断国家の固定化であり軍事政権への肩入れであると反対が強かった。

内政では、六月に景気刺激策として一〇〇〇億円の公共事業の繰り上げ支出が決定された。七月四日、佐藤政権にとって初の国政選挙となる第七回参議院選挙が実施された。選挙結果は改選数一二七議席のうち自民党七一、社会党三六、公明党一一、民社党三、共産党三、無所属三であった。この選挙を前に、帝国議会での貴族院の伝統を引き継ぎ、戦後の一時期、参議院の最大会派として新たな第二院像を模索した緑風会が消滅する。

参議院選挙直後の七月八日、先の内閣改造で閣外に出た河野一郎が死去した。佐藤は日記に「梟雄《きょうゆう》去るの感なり」と記した。

初めて自前の内閣を持ち、懸案の日韓基本条約をまとめ、最初の国政選挙に臨む頃、佐藤は世田谷区代沢の自邸や夏の週末に利用した軽井沢別荘とは別に、週末の静養にあてる別邸を新たに鎌倉に構えた（『権力の館を歩く』）。旧前田侯爵家別邸の一部を借り受けたもので、ゴルフの拠点となるだけでなく、鎌倉文士たちとの交わりなど文化を強調する佐藤政治に花を添えることになる。

3　初の沖縄訪問――米軍施政下の歓迎とデモ

政友の死

参議院議員選挙後の一九六五（昭和四〇）年七月一六日、Sオペは佐藤に政策提言文書を送った（『楠田資料』E）。Sオペは佐藤内閣が本当の意味で新発足したこの時期にあらためて存続か中止かを検討していたが、愛知などにも相談した結果、心新たに引き続き「Sオペ本来の念願である長期的なビジョンの探求」に努める決意を伝えた。まずは「一九七〇年にいかにのぞむか」という新しい世界観をまとめることを目指す。それは佐藤内閣の基本テーゼとなることが想定された。

佐藤の党内批判勢力であった河野が死去したことで、Sオペは河野に代わって内部で「アンチテーゼを掘り下げていく」新たな仕事を意識し、「これで長期安定政権になった」という軽薄な考えを諫《いさ》めた。Sオペはこれまでの成果には満足しており、社会開発懇談会の中間答申が行われた七月二三日の提言書では、佐藤政権が強調してきた「人間尊重の政治理念と、社会開発のビジョン」がようやく定着してきたと記している（『楠田實日記』）。

しかし、佐藤政権の足下は盤石からはほど遠かった。同じ七月二三日は東京都議会で出直し選挙が行われた。これは三月以来、自民党の都議会議員一七名が議長選をめぐる贈収賄容疑で逮捕され、最終的に地方自治法の特例法によって自主解散したことによる。こうした状況から先の参議院選挙東京地方区で完敗していた自民党は、都議選でも大敗し第二党となり、第一党となった社会党と、第三党となってキャスティング・ボートを握った公明党にそれぞれ議長と副議長の座を獲得された。

さらに東龍太郎東京都知事の辞職を求める声が上がるなか、Sオペは都知事選について佐藤に提言する。首相直属のSオペに対して、ケネディ政権を知的に支えた「ケネディ・マシーン」や保守派が展開した共和党「ゴールド・ウォーターの草の根運動」を手本に、Sオペを拡大した機関として別に都政を支える「Tマシーン」を組織し、表だって政策や宣伝、大衆組織に努めることを勧めている。結局、東知事は任期を維持したため、この提言は日の目を見ずに終わった（『楠田資料』E）。

八月一三日、佐藤は河野に続いて再び政友の訃報に接した。吉田茂の薫陶のもと共に占領政治を支え、戦後政治を競い合った池田勇人前首相が死去したのである。佐藤はこの日の閣議前に池田の元秘書伊藤昌哉から容態悪化を知らされ、急ぎ田中角栄幹事長を見舞いに出したが、さらなる急報に接して自ら病院に駆けつけた。午後零時二五分逝去、大勲位が贈られた。佐藤は池田の死を悼み、この日は「追憶の夕」を過ごした。

池田路線を踏襲してきた佐藤であったが、池田と佐藤の相違点の一つが派閥の位置づけに端的に見られる党の統治イメージの違いである。自民党は、そもそも旧自由党系の佐藤派、池田派、大野派、石井派、旧日本民主党系の岸派、石橋派、河野派、三木・松村派といった派閥の連合体として発足した。緒方の急死で民主党系の鳩山が総裁となったが、次の総裁選では石橋派を石井派が支持して石橋内閣が誕生し、岸内閣では派閥を単位として主流派と反主流派が対峙した。岸は派閥に批判的であったが、次に自由党系の池田内閣が成立すると岸が後継者と目した福田赳夫を中心に党風刷新連盟が組織され、派閥解消を訴えていた。

佐藤もまた派閥解消論者で、七月二七日の党との連絡会議で「党の近代化」を唱えていた。三木を会長に党の第三次組織調査会が組織され、党近代化に関する最終答申には派閥解消が盛り込まれた。同月四日の参議院選挙東京地方区での完敗は党近代化への一層の努力を迫り、また、昨年来、大野伴睦、河野、そして池田と結党時の有力者が相次いで死去するなか、自民党は変化の時期を迎えていた。保守党の若返り術に強い関心を持っていた佐藤は、保利茂や田中幹事長と打ち合わせて再び派閥解消に取り組んだ。新聞の反応も好意的であった。佐藤は他派閥にも派閥解消を申し入れ、九月二〇日には自らの木曜会を解散する。

佐藤から「派閥解消、党近代化」案作成を求められた田中は、派閥解消、自民党の政治資金団体である国民協会の活動強化、地方組織の確立、科学的見地からの党公認、公明党を見習っての広報活動の充実など、統制強化に向けた構想を記者に語った（『読売新聞』一九六五年九月四日付夕刊）。

沖縄訪問

一九六五（昭和四〇）年八月一五日は敗戦から二〇周年にあたっていた。一九六三年に復活した政府主催の全国戦没者追悼式は翌年、日比谷公会堂から靖国神社敷地内に会場を移して開催されたが国会で問題化し、この年から東京オリンピックで新設されて間もない日本武道館で開催されることになる。

他方、ベトナム戦争が激しくなるなか、戦争と平和を夜通し考える大規模な集会が小田実らの主催で行われ、テレビ中継された。「ティーチ・イン」という米国での反戦集会のあり方を模したもので、もともとは時事問題をあつかう大学内での討論集会を指す。米軍の大型爆撃機Ｂ29が日本の諸都市の空を埋めてから二〇年、七月二九日には台風避難のため飛来していたＢ52が沖縄の基地からベトナムに渡洋爆撃を行っていた。

このようななかで、八月一九日、佐藤は戦後日本の首相として初めて米軍施政下の沖縄を訪れた。現職首相の沖縄訪問は一八八七（明治二〇）年の伊藤博文、一九四二年の東条英機以来である。佐藤の沖縄訪問は、七月三日の発表以来、大きな注目を集めていた。この訪問

初の沖縄訪問，1965年8月19日　到着式典で挨拶する佐藤．後列左からワトソン高等弁務官，松岡政保行政主席，ワーナー民政官．那覇空港

には橋本官房長官、田中自民党幹事長とともに、中村梅吉文相、鈴木善幸厚相、安井謙総務長官、そして山中貞則衆議院大蔵委員長や石垣島生まれで首相顧問の大浜信泉《おおはまのぶもと》早稲田大学総長も随行していた。いずれも沖縄援助を拡大し、他府県並みという本土との一体化策を進めるために責任ある人々である。

佐藤は降り立った那覇空港で「沖縄同胞のみなさん」と次のように語りかけた。

沖縄が本土から分れて二十年、私たち国民は沖縄九十万のみなさんのことを片時たりとも忘れたことはありません。本土一億国民は、みなさんの長い間の御労苦に対し、深い尊敬と感謝の念をささげるものであります。私は沖縄の祖国復帰が実現しない限り、わが国にとって「戦後」が終わっていないことをよく承知しております。これはまた日本国民すべての気持でもあります。
私が、今回沖縄訪問を決意いたしましたのは、なによりもまず、本土の同胞を代表して、この気持をみなさんにお伝えしたかったからであります。（『佐藤内閣総理大臣演説集』）

演説は事前に米大使館と協議され、その要望で「極東の平和と安定のために沖縄が果たしている役割は極めて重要」という一節が加えられた。「沖縄の祖国復帰が実現しない限り、わが国にとって戦後が終わっていない」という最も重要な一節は最終案で加えられた。案文作成の経過は中島琢磨の研究に詳しい（『沖縄返還と日米安保体制』）。演説の検討に加わった楠田によれば、南方連絡事務所から出された文書中にあったこの言葉を橋本官房長官が採り上げたもので、「この言葉こそ沖縄問題に対する佐藤さんの出発点になったことは間違いない」という（『首席秘書官』）。相手のある話ではあるが、政権発足時、最初の日米首脳会談、このときの沖縄訪問を経て、佐藤は自らの発した言葉に導かれるかのように沖縄問題に深く踏み込んでいく。

他方、米国でも同時期にライシャワー大使が、日本の左派勢力が七〇年安保問題を利用するなかでベトナム戦争拡大が世論の反発を強めていることを危惧し、一九六五年七月、沖縄の施政権返還に向けた検討を始めるようラスク国務長官に書簡を送っていた（「ベトナム戦争における日本政府の和平努力と日米関係」）。この事実は日本側には知られていなかった。

ライシャワーは一九六三年一一月に自らを指名したケネディ大統領を暗殺で失い、六四年三月には自身も大使館の正面玄関で少年に刺されて重傷を負う。さらにその治療時の輸血で肝炎に罹患《りかん》し、長く悩まされることになる。

一九六五年二月以降の米国のベトナム戦争への本格介入は、彼が回復に努力した日本の草の根の親米意識を再び大きく突き崩し、のちにはベトナム戦争への荷担が米国でアジア研究を志す彼の後進からも鋭く批判されることになる。そのような困難ななかで、大使として最後に尽力したのが沖縄返還問題だった。

慰霊と体験と約束の二泊三日

八月一九日に佐藤が那覇空港で演説し、その深謝に耳を傾けた輪のなかには、一九五三（昭和二八）年に自民党本部で面会した沖縄教職員組合会長の屋良朝苗もいた。

復帰運動の基礎を仲間とともに築いてきた屋良は、「歴史的の日」に感慨を覚えた。佐藤は教育面での援助を第一に掲げ、他府県と同様、沖縄の教職員給与の半額国庫負担や教科書の無償配布を約束するなどこれまでの陳情に応えた。屋良は、「沖縄を直接見て聞いて肌で感じて今後の施策に反映させる。そして期待に沿いたい」と述べた佐藤の「話は真実味に溢れていたと思う」と好感を覚えた。歓迎の拍手を受けて感涙にむせび挨拶で話に詰まる佐藤が印象的で、「感情が勝っている人」と受け止める（『一条の光』上巻）。

佐藤ら一行は、那覇空港での歓迎行事とパレードを経て、まずキャラウェイの後を受けたアルバート・ワトソン高等弁務官、松岡政保琉球政府行政主席を訪問し、琉球政府主催の歓迎大会に出席すると、午後は護国神社、南部戦跡を巡拝し、南方連絡事務所に立ち寄った。

屋良朝苗（1902～97）

一九九五（平成七）年に開館した沖縄県公文書館は、ホームページで当時の写真を多く公開している。佐藤が登場する最も早い写真は、一九六一年九月に長嶺秋夫立法院議長と大田政作行政主席が通産相時代の佐藤と面会したときのものである。一九六五年八月の佐藤沖縄訪問については多くの写真が残されており、摩文仁《まぶに》ではひめゆりの塔、島守の塔、黎明《れいめい》の塔を回って献花し、盛んに涙を流していた。

こうした佐藤の慰霊と体験と約束の旅であったが、無事を願っていた屋良が案じていたことが起こる。初日の夜、ワトソン高等弁務官主催晩餐会の後、佐藤の宿泊先である東急ホテル前に沖縄県祖国復帰協議会（復帰協）のデモ隊が座り込み、佐藤は急遽米軍施設内での一泊を余儀なくされたからだ。橋本官房長官は翌日、「デモはささやかなトラブルだった。地元、当局は心配される必要はない。これによって沖縄に対する自分の気持は少しも変らない」という佐藤の言葉を伝えた。

田中幹事長はデモ隊がいてホテルに入れないと連絡を受けた佐藤が「それでは代表者五、六人と会おうか」と復帰協に連絡を取ったが、松岡行政主席から自重を求められたと発表した（『戦後資料沖縄』）。

佐藤は二日目にはワトソン高等弁務官から米軍施設や米国民政府の状況を聞き、米軍基地を視察、さらに松岡行政主席や長嶺立法院議長・議員らと会見した。その間には、各種団体主催の午餐会に出席し、代表の陳情も聞いた。また、北部の名護町（現名護市）も訪れている。ヘリコプターを用いた佐藤は、「耕して山嶺に達し、平地は軍基地、ほんとに気の毒な状況」と日記に記した（『佐藤栄作日記』一九六五年八月二〇日条）。

最終日の三日目には本島から足を伸ばし宮古島、石垣島を回った。写真に残されているように、行く先々の沿道では日の丸が振られ、歓迎の獅子舞に迎えられている。佐藤の日記からは、日の丸の旗の波と少数の赤旗の出迎えがせめぎ合っており、初日の座り込みも陳情団への共産党の強要と映っていたようで、大変な人出に感激している。

佐藤の訪問は「祖国復帰」の現実性を高め、それまで島ぐるみで取り組んできた沖縄の祖国復帰運動を強く刺激するとともに左右に分化させていく。先のB52爆撃機による渡洋爆撃もあり、沖縄が首相訪問に歓迎一色でないことは出発前から見込まれていた。沖縄の現実を見ることが重要であった。こうして佐藤は期待と怒りを巻き起こしながら三日間を過ごし、二一日に沖縄を離れた。

翌八月二二日、佐藤は池田邸に最後の別れに行った。また、沖縄訪問について記者会見を行い、閣議後、昭和天皇にも一時間半にわたって報告した。

日韓国会――変わる東アジア

沖縄から戻り、八月二七日の閣議前に、佐藤は旅行で来日していたアイゼンハワー政権で副大統領だったリチャード・ニクソンと四〇分間懇談した。佐藤は「元気な処を見せた」と日記に記したが、ニクソンは一九六〇年の大統領選挙で保守派のゴールドウォーターを押さえて本選に進みながら民主党のケネディに敗れ、さらに二年後には故郷カリフォルニア州知事選挙でも大差で敗れて不遇の時代を過ごしていた。今回の来日は、旧知の岸信介が「日本に遊びにこないか」と誘ったものであった。

九月一三日には、一九七〇(昭和四五)年の大阪での万国博覧会開催が決定する。所得倍増計画最終年度に向けて池田政権下で計画され、一九六四年春頃から誘致活動が本格化していたいわば置き土産であった。佐藤はアジア地域で初の万国博覧会開催を文化交流と産業振興の点で歓迎し、「世界の平和と新しいアジアを象徴するものとしてきわめて意義深い」と述べた(『読売新聞』一九六五年九月一四日付)。オリンピック同様、一九四〇年の東京開催が決定しながら日中戦争で延期された三〇年越しの日本開催であった。

東アジアの戦後も変化していく。インドネシアでは、一〇月一日未明、共産党系将校らによるクーデタ未遂事件が起こった（九・三〇事件）。鎮圧したスハルト少将が実権を握り、中華人民共和国との友好関係から「北京＝ジャカルタ枢軸」を標榜していたスカルノ大統領の権力が後退していく。これによって東アジアは、急進的なナショナリズムの時代から建設と繁栄の時代へと胎動していく。

佐藤は共産主義勢力の排除を求め、経済援助の必要性には肯定的であった。その後、インドネシアでは国軍による共産主義勢力への掃討が続いた。一九六六年三月、権力がスカルノからスハルトへと委譲され、九月には東京でインドネシア債権国会議が開催された。

佐藤は、九月二六日に金沢で開催された国政に関する公聴会、通称「一日内閣」で、「日本は自由を守り、平和に徹しておる国柄」と説明し、アジアの平和を願って、「それぞれの国は、それぞれの国柄によって政治を進めていただき、また経済発展をやっていただく、内政干渉をしない」と述べた（『佐藤内閣総理大臣演説集』）。

これは直接的には日韓関係への言及である。「不幸な過去」を清算する困難と、再び「過去のような方向に行くのではなかろうかというような不信、不安」が交渉を難しくしたとも述べている。そのうえで、軍事政権であるからといって敵視せず、隣の国とまず仲良くしていくのは「自然の姿」であると、韓国を批判する社会党や共産党の主張に反駁した。

佐藤の演説原稿作成に深く関わった楠田は、国会での演説が「官僚の作文」と揶揄《やゆ》されても安定感を求める面があるのに対して、一日内閣での演説は自由に自分の考えを述べることができ、佐藤はそのチャンスを十分に生かして国民に語りかけたと述べている（『佐藤政権・二七九七日』上巻）。

日韓国会と呼ばれた一〇月五日召集の第五〇回臨時国会は、予想された通り日韓基本条約の批准をめぐって与野党が鋭く対立し、大荒れとなった。野党は、南北朝鮮の分断を固定化し、韓国の軍事政権に肩入れすると条約締結に反対していた。竹下登は「日韓（条約）とか、安保（条約）、これは話し合いではないから、国会議員同士の本気の殴り合いみたいなものがあった」と回顧する（『政治とは何か』）。

佐藤は民社党曽禰益への答弁で「野党と云う立場から何でも反対するでなく建設的な意見を述べられる民社党の態度に敬意を表する」と前置きをし、この発言について社会党と公明党から取り消しを求められたが応じなかった。一一月一一日深夜、国会周辺をデモ隊が取り巻くなか、衆議院で日韓条約関係法案は衆議院議長の職権で開かれた本会議で成立し、一二月一一日に参議院も通過した。佐藤は与野党に分かれても安全保障などの重要政策については議論の土台が必要であると考えていたが、「我国民主政治、議会制度を守る為に今尚道遠き感しきり」と記した（『佐藤栄作日記』一九六五年一二月五日条）。

一二月一八日にソウルで批准書が交換されると、翌一九日、佐藤の慰留にもかかわらず船田中衆議院議長と田中伊三次副議長は審議の混乱の責任をとって辞職した。二〇日、新議長に山口喜久一郎、副議長に園田直を決めたが、二人とも旧河野派であったことが党内派閥解消の表れとして好感された。

「四〇年不況」への取り組み

国会は力業となったが、その間も次の課題に向けてSオペは動いていた。一〇月二六日には愛知と楠田、千田、麓が会合し、日韓国交正常化の後に何をやるかを考えた。愛知は「小選挙区には反対」で、「都市問題など国民次元のものをやる。公債発行と社会開発をジョイントさせる。花道論をなくする必要」が論じられた。国際情勢についてはインドネシア情報で中国共産党の保持する核兵器が拡散しないかを懸念している。

Sオペは佐藤政権満一年を期に「基本問題」を再検討しており、ILO条約の批准、沖縄訪問、日韓条約の批准など政権の着実な歩みを評価したうえで、「日韓条約の批准によって、いわゆる戦後処理は片づ」いたと記し、現実のテーマを的確に処理するとともに、国民に「夢」や「社会生活への希望」を与えることとの重要性を説いた（『楠田資料』E）。

東アジアへの積極的な関与では、一九六五（昭和四〇）年一二月、第二回アジア経済協力閣僚会議でアジア開発銀行（ADB）設立協定が採択され、その設立が決まった。設立を主導し、米国とともに最大の出資比率を占める域内国の日本が総裁を出す一方で、本店所在地を決める選挙では予想外にもフィリピンのマニラに敗北した。この事実は日本のイニシアチブへの警戒を示し、冷戦から距離を置きたい東南アジア諸国の意向の表れでもあった。アジア開発銀行は翌一九六六年一一月に設立され、翌月、マニラ本店で業務を開始する。

他方、国内では深刻な「四〇年不況」のなか、福田赳夫蔵相のもとで一一月には第二次補正予算と財政法の改正による戦後初の赤字国債発行を決定した。経済政策はマルクス経済学と近代経済学が有効性を競う場であり、資本主義経済の能力が問われていた。一九六五年一一月に始まった景気拡大局面は一九七〇年七月まで続き、岩戸景気をも超えるいざなぎ景気と呼ばれることになる。

一二月三〇日、総裁選以来Sオペを率いてきた産経新聞の楠田實は、佐藤内閣が成立し、政局が一段落したこの時点で、米国務省の招きで二ヵ月間、米国各地を歴訪し、さらに一ヵ月、西ヨーロッパからソ連、東ヨーロッパの各国をまわった。この頃から楠田を佐藤政権の秘書官に起用する話が表面化してきたと言われる。

4 「黒い霧」解散——政権の安定へ

対野党と人心緩和策の継続

一九六六（昭和四一）年一月八日、佐藤は創価学会会長の池田大作と面会する。佐藤が公明党に具体的な目を向け始めるのは東京都政に関連してであった。一月二二日には、社会党大会で委員長選挙があり、左派の佐々木更三が構造改革論を唱える右派の江田三郎に勝利した。佐藤は「反対党だが、社会党も江田君辺りに変って、政権担当の政党に成長することを希望する。これで、この国会も亦つまらぬ事で争う事となるか」と日記に記した（『佐藤栄作日記』一九六六年一月二三日条）。ところが不祥事は自民党に起こる。重政庸徳参議院副議長の秘書が一般の警察権が及ばない議院内で銃の密売を行っていたのである。重政議員は党籍離脱し、佐藤は国会で遺憾の意を表した。

二月五日、橋本官房長官、竹下官房副長官に保利、愛知、西村英一、秘書官グループ、そしてSオペの面々が集まって自由に議論を行い、不況克服や物価対策にとどまらない佐藤政権の新たな基本政策を検討した。そして、「政治の運用にあたっては、人心緩和策をとることが必要」で、対決ムードを煽ることを避ける意味でも「祝祭日法案はやっても小選挙をやることはやめたほうがよい」などの処方箋を佐藤にも報告している（『楠田資料』E）。この年一九六六年一二月、国民の祝日として、建国記念の日が戦前の祝祭日であった紀元節と同じ二月一一日に定められた一方、小選挙区制導入は何度も議論されながら見送られた。

先に沖縄返還を政権課題に掲げたSオペであったが、日韓国会後の新たな課題として中国問題を再び強調していく。このことは、佐藤政権が一時期沖縄返還への関心を失ったからだろうか。佐藤が沖縄返還に相当の成算を持ち、政権の最重要課題としたのはいつか、研究者の注目を集めてきた。

一九六四年七月の総裁選に向けたSオペの検討のなかで沖縄は政策課題となったが、翌年一月のジョンソン大統領との首脳会談で成算がなくとも問題を持ち出したことは重要であった。しかし、そこでの目標は、池田政権が沖縄の経済問題への日本の介入を実現したことを評価して、さらに政治問題として米国に認めさせる長期的布石にとどまっていた。

一九六五年八月の佐藤の沖縄訪問は、その流れのなかでの一つのハイライトであった。日韓国会後にSオペが政権の新たな課題を検討していたことは、いまだ沖縄問題が最重要課題ではなかったという意味ではなく、社会開発論と同様、問題の具体化にともなう担当部署の変化、問題の格上げと見られる。佐藤は八月二一日の那覇での記者会見で言及した沖縄問題閣僚協議会を設置し、内閣と党で議論することにしたのである。

核不拡散条約をめぐる議論

他方、米英ソを中心に核兵器不拡散条約（NPT）についての議論が進んでいた。日本でも、三月一八日、椎名外相は衆議院外務委員会で核抑止について「唯一の被爆国」でありながら核兵器をまるで「日本の平和の守り神」のように位置づけるのは矛盾であると質されている。それに対して椎名外相は、抑止のための核兵器は憲法違反にあたらないと述べたうえで、「日本の生きる道はおのずから崇高なものがあって、そして自らは核開発をしない。そして日本の政治の目標としては、人類の良識に訴えて共存共栄の道を歩むという姿勢でございます。ただ、たまたま不了見の者があって、危害を加えるという場合にはこれを排撃する、こういうための番犬と言ってもいいかもしれません、番犬様ということのほうが」と核兵器を位置づけた。

三月二四日、結党一〇年を経て初の党本部ビルである自由民主会館が落成した。従前は砂防会館に本部が入っていたが、池田内閣時代の一九六三（昭和三八）年に建設が決定され、三年越しで実現したものであった。資金集めは党経理局長を務めた西村英一があたっていた。佐藤は二日前に本部新館を視察し、「立派なもの。果して議員諸君を当方へ引きつける力ありや」と日記に記した。それは派閥事務所ではなくという意味であろう。佐藤にとって権力の館もまた、党近代化の重要な一階梯であった。落成式を終えて、「豪華な堂々たる本部なる。こゝに政治の新態勢なるの感あり」と政治のあり方自体への影響を見たのである（『佐藤栄作日記』一九六六年三月二四日条）。他方、一九六四年四月には一足早く社会文化会館、すなわち社会党ビルが江田三郎の尽力で建てられていた。

四月六日、七日、東京で日本が主催する東南アジア開発閣僚会議が開催され、佐藤も挨拶した。これはアジア諸国の連帯と地域協力の推進のため椎名外相によって提唱されたものであった。一九六六年春、ベトナム和平について、佐藤は個人特使として戦前の外交官でフランス領インドシナの資源調査を行い、戦後もベトナムとの賠償問題に関わった横山正幸を特派大使として送った。佐藤には「早耳の佐藤」との異名があるが、各種会合で自然と情報が入ってくるだけでなく、自ら情報を集める感度が高い。

五月九日夜には、中華人民共和国が原爆に続き今度は水爆実験を新疆《しんきょう》地区で成功させたという情報が入る。日本政府は橋本官房長官談話で強く抗議し、「中共政府は核爆発実験を平和のためというが、真に人類の理想実現と平和を愛好するものならば、これは天にツバする行為ではなかろうか。武力にたよるものは武力に倒れるというのは中国の賢人が教えた至言である」などと述べた（『毎日新聞』一九六六年五月一〇日付夕刊）。佐藤は「困ったものだが仕方がない」と冷静に受け止めている（『佐藤栄作日記』一九六六年五月一〇日条）。

中国の核開発は中ソ対立を背景としており、一九六九年三月には国境での軍事衝突に至る。さらに国内では一九六六年五月に毛沢東が劉少奇を批判してプロレタリア文化大革命を発動し、未曽有《みぞう》の混乱を引き起こしながら一九七六年の毛沢東死後まで続く。

佐藤は、五月二四日には楠田に、東南アジア歴訪に台湾を含むこと、小選挙区制について消極的であること、逆に明治一〇〇年に向けて道州制を考えることの可能性などを語っている。六月一日、先の拡大Sオペ勉強会で議論が行われた。そこでは国会運営や行政機構改革が主たる話題となり、「行政機構のなかにおける共産党員（各種審議会、大学等を含む）対策についても打つべき手は打つ」「行政機構改革は質と量の両面があるが当面は質に重点を置く」と佐藤は述べた。

七月にラスク国務長官が来日した際に、佐藤は「日本はフランスの道を歩むつもりはない」とあらためて核保有を否定した（石井「解題」『アメリカ合衆国対日政策文書集成』）。また、核兵器不拡散条約をめぐる日米協議が進んでおり、外務省は「日本は国家的な核開発計画は考えていない。しかし、インドが核開発に踏み出したら、核計画〔推進〕に対する日本国内の圧力は格段に強まるだろう。インドのように経済的に問題を抱えた国が核開発に踏み切るのは愚の骨頂というのが日本の考え方だ」と述べ、さらに核保有国と非保有国のギャップを埋めるなんらかの「代償」がなければ、核兵器不拡散条約に調印するのは難しいと示唆した。

代償には「核保有国の犠牲を伴う軍縮の進展、あるいは核兵器の使用に対する非保有国の強大な発言権確保」が想定されていた。日本側は、そうならないならば『二等国』に甘んじることには反対だ」とも述べたという。米国側は、「核分野における日本の目下の懸念は、中国の脅威への対応というよりは、日本と他の自由主義圏の国（日本が自分たちより上流ではないとみている国）とのギャップを埋めることにある」と観察していた。

第一次佐藤内閣第二次改造内閣——ライシャワー大使の離任と沖縄

一九六六（昭和四一）年八月一日、第一次佐藤内閣第二次改造内閣が発足した。六月に内閣法を改正して新たに国務大臣となった官房長官には愛知揆一をあて、農林相には松野頼三を、建設相には橋本をそれぞれ横滑りさせ、椎名外相、福田蔵相、鈴木厚相、藤山経企庁長官は留任した。他に前尾繁三郎が北海道開発庁長官に入っている。

内閣改造に際して陳情はなく、佐藤の就官運動嫌いは周囲に浸透したようであった。他方で、佐藤は落選中の保利を農相に考えたが周囲の反対で果たせず、また、前尾派の宮澤喜一を官房長官に考えたがこれも反対が強く愛知を据えざるをえなかった。新聞記者からは他派閥の宮澤起用論に「他所の花が赤く見えますね」と声をかけられたと言うが、佐藤は党の有為な人材を派閥の垣根を越えて積極的に活用することに努めた。二六日には、宮澤がSオペに加わる話がSオペから佐藤に提起されている。

同じ八月、ライシャワーは駐日大使を辞め、米国ハーバード大学に戻った。ライシャワーの努力は米国政府内で沖縄返還を視野に入れた検討を開始させていたが、国務省と国防省の対立は解けず、国防省は返還を承認することはできないという態度を崩さなかった。

ライシャワーは離任間近の六月二三日、沖縄の現状を視察したうえで、「われわれの沖縄問題の扱い方が、台頭するナショナリズム〔国家主義〕の行く末を決めるであろう。〔中略〕増大する国家主義的な感情は、日米間の防衛協力、とりわけ七〇年の日米安保条約延長問題や琉球の基地の継続使用に対する逆効果が加わって反米に向かうかもしれない」と秘密報告を送った（『盟約の闇』）。ライシャワーにとって、一九七〇年は、望ましいと考える沖縄返還の機会でもあった。

新たに駐日大使に任命されたのは、生え抜きの職業外交官アレクシス・ジョンソンであった。一九〇八年、カンザスに生まれ、一九三五年から三七年の日本大使館勤務で外交官のキャリアをスタートさせた。一九四七年から五〇年には横浜総領事を務め、日本占領に関わった。その後、北東アジア局長、チェコスロバキア大使、国務省副次官を務めていた。

二・二六事件以後の日本の野蛮さも見、長崎で原爆投下後の惨状も見ていたジョンソンが再び仕事場とした東京には「荒廃し打撃を被った面影」はなく、「すでに大国となった日本」であり、ジョンソンは「静かなる外交」に努めた（『ジョンソン米大使の日本回想』）。

ジョンソンはライシャワーが成果を上げた知識人との対話を引き継ぐべく、コロンビア大学東アジア研究所長のジェームズ・モーリーをスタッフに加えた。沖縄問題への立場もライシャワーから引き継いだ。

教育分野、先行返還論

佐藤政権側でも沖縄問題を動かしていく。内閣改造で総務長官には森清が就任したが、森は総務長官の私的諮問機関として沖縄出身の大浜信泉早稲田大学総長を座長とする沖縄問題懇談会を設置した。九月一日の初会合では、施政権の機能別返還問題、なかでも教育権分離返還や経済援助などが議論されたが、施政権の機能別返還は自民党沖縄問題特別委員会が打ち出したものであった。米国が持つ施政権のうち教育分野の返還を先行させることは可能であると考えられ、年内にも具体的なとりまとめが考えられていた（『毎日新聞』一九六六年一〇月二七日付）。

施政権分離返還の熱心な論者であったのが、一九六一(昭和三六)年七月に福田赳夫政調会長とともに沖縄を訪問し、自民党沖縄問題特別委員会の委員長を務めた床次徳二であった(『読売新聞』一九六一年七月一三日付)。

床次は鹿児島県選出の衆議院議員で、奄美返還後は沖縄問題に積極的に取り組んできた。自民党沖縄問題特別委員会はケネディ政権の沖縄新政策表明を受けて、米政府の基本方針の線に沿いながらも最大限に現地の利益を図るようさらに検討を進めた(『読売新聞』一九六二年三月二四日付)。一九六五年四月にも党の調査団を率いて沖縄を訪問した床次は、沖縄の米軍基地の重要性を認めたうえで、「所謂《いわゆる》日米安保改訂期といわれる一九七〇年以前に、たとえ施政権の一部でも返還を行なうべきである」と考えていた(「重ねて沖縄復帰について」)。

施政権の段階的返還論には、軍事基地地域と一般住民地域を分ける基地分離論、基地に関係の薄い宮古群島や八重山群島の返還を求める先島返還論などがあったが、前者は分離が困難で後者は経済的一体性を遮断してしまうという問題があり、機能別分離を探っていく。そのなかで教育権には、本土との協力の積み重ねがあり、また日本国民の教育という点で精神的満足感も高く、何より基地行政との関係が薄いことから困難が最も少なく分離返還の突破口となると考えられていた。

一九六五年四月の床次訪問時、すでに沖縄現地には主席公選や自治権拡大に及び腰な点に飽き足りない思いもあったが、六六年四月、松岡政保琉球政府行政主席は、本土への早期復帰が難しいなかで分離返還論を支持した（『読売新聞』一九六五年五月四日付、『朝日新聞』一九六六年四月一〇日付）。

他方、森総務長官が教育権分離返還を掲げたことに対して、外務省筋は、国民感情としてはわかるが一つ一つ機能を分離返還するよう米国を説得することは困難で、沖縄と本土の格差是正などに努めることが得策であると消極的な立場が報じられている（『読売新聞』一九六六年八月二五日付）。

「黒い霧」と自民党総裁選

愛知官房長官は内閣改造によって「いよいよ社会開発を軸とする佐藤さん本来の政治を実施に移す時期」がきたと意気込んだが（『天神町放談』）、八月五日、再び佐藤政権の足下を揺るがす事件が起こる。自民党の田中彰治代議士が恐喝や詐欺の容疑で逮捕されたのである。

田中角栄幹事長はすぐさま党として姿勢を正すと声明したが、九月三日には荒船清十郎運輸相が選挙区に国鉄の急行列車を停車させるというスキャンダルが発覚し、さらには共和製糖への不正融資が政治献金として自民党議員に流れたかが疑われた共和製糖事件が起こった。これらは政界の「黒い霧」と呼ばれ、佐藤政権にとって大きな逆風となる。

他方で佐藤は「外遊」にとどまらず、「内遊」と称して小学校などを訪問しようとした。九月一七日の第八回全国青年学級生大会開会式への出席もその一環であった。

自民党用箋に手書きされた挨拶草稿「青年と語る」は佐藤自身の手によるものと見られるが、佐藤は平和と自由を宝として「民主政治は忍耐の道」、また「言論の自由の中で人間の英知を十分に発揮できる道」と述べている。そして次のように社会党に建設的野党となるよう求めた。

現在の日本は戦前の日本ではありません。戦前は国家が国民より優位でありました。〔中略〕現在は国と国民は同じ意味であります。国家権力に反対することに意味のあった戦前と、国民主権によって野党の機能を国会で果す現在とでは土台が違うのであります。

（『楠田資料』E）

しかし、内遊への意気込みも、佐藤が一〇月二日に高熱を発し、腎盂炎《じんうえん》で三日から一三日まで入院したことで仕切り直しとなった。また、自民党がスキャンダルをめぐって社会の批判を浴びるなかで、佐藤は二度目の総裁選を迎える。

再選を目指す佐藤の対抗馬には閣内から藤山愛一郎経企庁長官が立ち、「黒い霧」批判を展開した。藤山は一一月四日に閣僚を辞任したが、翌五日に予定される札幌での「一日内閣」にすでに対決を決めている閣僚が参加することを佐藤が疑問視して決断を迫ったものであった。他方、注目を集めていた旧池田派の動向について、一七日に、宮澤から佐藤に伝言

内閣支持率と自民党・社会党支持率（1957〜74年）

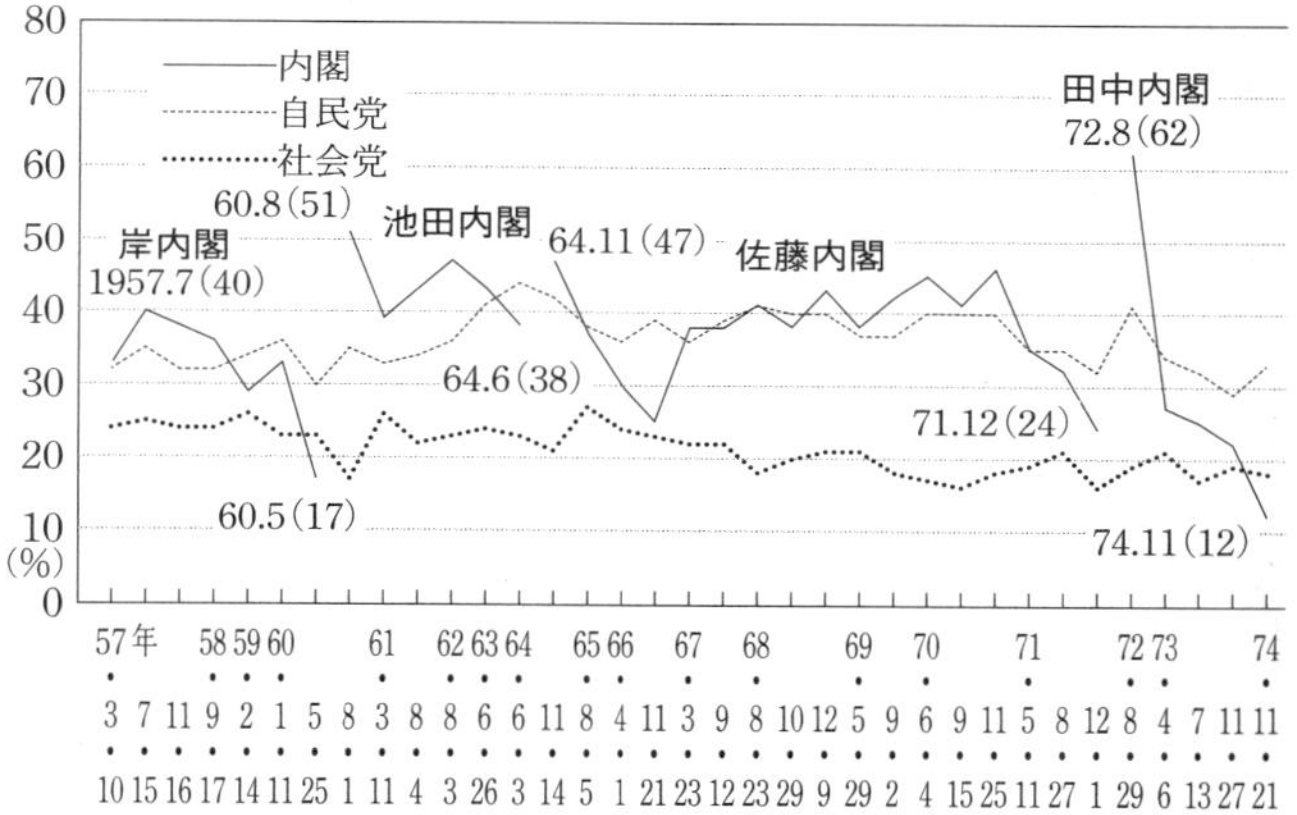

註記：朝日新聞社による世論調査．調査日は記載日にちとその翌日
出典：松本正生『政治意識図説』（中公新書，2001年）を基に筆者作成

があり、前尾繁三郎は「派を割らずに実質的な佐藤支援体制」をとり、総務会長として引き続き佐藤政権に協力したいと考えていたが、大平正芳は反対で、前尾や鈴木善幸には「かなりエキセントリック」に映っているとのことであった。Sオペは鈴木の調整力に期待している（『楠田資料』E）。

総裁選前日の一一月三〇日、『朝日新聞』の全国世論調査では、佐藤内閣の支持率は四月の三〇%から二五%に低下し、支持しないが三八%と逆転した。また三〇%の線を割ることは過去の例から「内閣を維持するのに相当の努力を必要とする段階」と暗に政権末期が示唆された。他方で自民党の支持率は四九%（自民色一〇%を含む）で安定していた（『朝日新聞』一九六六年一一月三〇日付）。

一二月一日に実施された自民党総裁選で、佐藤は一連の「黒い霧」批判について、自民党が一九五五（昭和三〇）年の結党以来の「永久政権の上にアグラをかいていた」と言われても致し方ないと反省の弁を述べ、国民の政治に対する信頼を回復するために党の近代化を図り政治のモラルを確立することを述べた（『楠田資料』E）。

結果は佐藤二八九票、藤山八九票、政権への不満を高めていた旧池田派から立候補していない前尾が四七票を得、大差で佐藤が再選されたものの、予想以上の佐藤批判票が注目を集めた。大平は中曽根康弘や石田博英とともに中堅粛党グループの一人として動向が注目されている（『読売新聞』一九六六年一二月一日付）。

「黒い霧」解散と大津談話

佐藤は一二月二日に党役員の改選と内閣改造に乗り出し、田中角栄に代わって福田赳夫を幹事長に据え、三日、内閣の第三次改造を行った。派閥解消を唱え、総裁選後の挙党体制を説いた佐藤であったが、藤山を支持した藤山派、松村派、中曽根派から入閣者はなかった。

日韓国交正常化に尽力した椎名悦三郎に代わって通産大臣を務めていた三木武夫を外相に、福田に代わって水田三喜男を蔵相、藤山に代わって宮澤喜一を経企庁長官とした。水田は自由党の政務調査会長を務めた財政家で、池田に近く、自民党発足直後の政調会長も務めている。内閣官房長官には総裁派閥以外の宏池会から吉田内閣末期にも官房長官を務めた福永健司をあてた。一三日に松村謙三、石田博英、中曽根康弘らが名を連ねて粛党協議会が発足し反佐藤派を形作ったが、前尾派はこの動きには加わらなかった。

一二月二四日、自民党、社会党、民社党、公明党の四党首会談が開かれ、二七日、三年二ヵ月ぶりに衆議院が解散された。黒い霧解散と呼ばれる。

政府は「内にあっては人間尊重の精神に基づく社会開発を推し進め、経済の体質を改善し、消費者物価の安定を図るとともに、外に対しては、アジアの繁栄と世界の平和に積極的に貢献するため、自主的な平和外交を推進し、わが国の国際社会における地位と声望を高める決意であります」と声明し、公正な選挙の実現と国民の慎重かつ真剣な判断を求めた。

衆議院議員の任期は四年であり、自民党両院議員総会では「七〇年の安保問題は、この選挙で選ばれた諸君が決するのだ」と一九七〇（昭和四五）年が強く意識された。佐藤は大晦日まで公認候補者選びに奔走する（『佐藤政権・二七九七日』上巻）。他方、社会党の佐々木委員長は中国での文化大革命に理解を示す発言を続けていた。

選挙期間中の一九六七年一月一九日、遊説先の大津市で佐藤は記者会見し、沖縄について大きく一歩を踏み出す判断を示す。「教育権の分離返還より、一括施政権の返還の方が望ましい」と述べて、先の改造で退任した森前総務長官の下で議論されてきた教育権分離返還論を修正したのである（『朝日新聞』一九六七年一月一九日付夕刊）。大津談話と呼ばれる。

段階的な機能分離返還論はそもそも技術的に困難な面があったが、全面返還は夢物語とも考えられていたために佐藤の真意が疑われ、立場の後退ではないかとも見られた（『朝日新聞』一九六七年一月二〇日付夕刊）。床次徳二はその後も分離返還論を提起していく。しかし、談話の翌日には、外務省出身の本野秘書官から楠田を通じて外務省も談話の線で取り組むことになったと佐藤は報告を受ける。それは、沖縄問題を現場での検討から再び官邸レベルに引き戻すものであった。

一月二九日、佐藤政権になって初の総選挙となる第三一回総選挙が実施された。この総選挙は高度経済成長にともなう人の移動によって池田政権末期に戦後初の定数是正が行われ、議員が一九名増えて四八六名となった最初の選挙であった。

総選挙の結果、自民党二七七、社会党一四〇、民社党三〇、公明党二五、共産党五議席となり、佐藤は山口二区で首位当選、岸も三位当選を果たした。このときの選挙で宮澤喜一は参議院から衆議院に鞍替え当選している。佐藤は「我党の勝利、政局安定、万々才」と日記に記した（『佐藤栄作日記』一九六七年一月三〇日条）。

二月一七日、佐藤は再び首相に指名され、全閣僚留任のまま第二次内閣が成立した。佐藤は「黒い霧」解散を乗り越えることで、政権安定に向けた大きな山を一つ越えることができた。こうして佐藤政権は発足間もない困難を凌《しの》いで長期化への道を歩み始め、日本経済もまた「四〇年不況」を越えて力強い高度成長局面を再び迎えていた。

第五章　沖縄返還の模索――つきまとう七〇年安保の影

1　第二次佐藤内閣――豊かな社会と多党化時代

楠田實の官邸入り

一九六七（昭和四二）年二月一七日、第二次佐藤政権が発足した。閣僚は先の改造から間がなく全閣僚留任とした。主要な閣僚は三木武夫外相、水田三喜男蔵相、官房長官は福永健司である。

二月二四日、Sオペのメンバーが集まった。楠田實はいつもSオペでの議論をノートに残してきたが、このときの記録が最後となる。三月一日、佐藤は楠田の首相秘書官起用を決め、手続きをとった。こうして勝手連として佐藤政権誕生に関わり、その後、匿名のブレーン集団として政権の長期構想に意見を寄せてきた佐藤オペレーションは、中心人物が政府に入る新たな段階を迎えた。

楠田が就いたのは政務担当秘書官である。これまでは佐藤の議員秘書を長く務めてきた大津正だった。他に事務担当秘書官には外務省から本野盛幸、大蔵省から田中敬、警察庁から勝田俊男が任命されていた。

首相秘書官のうち政務担当秘書官は一般に首席秘書官と呼ばれる。大津のように首相の議員秘書から選ばれることが多い。首相のスケジュール調整や、与党、国会との連絡調整を行う。対して、他の三人はそれぞれ各省の課長クラスが出向し、出身官庁をはじめ官僚組織との連絡調整にあたる。

佐藤が、秘書官となった楠田に求めたのは、内閣の人気面ではなく、政策とマスコミ関係の調整にあった。楠田は以後自らの役割として、記者クラブとの関係、各役所との問題、佐藤政権のスケジュールの組み立て方、そして知識の導入という四つのことを意識し、首相秘書官としての仕事を覚えていく。

新聞記者として、またSオペとして佐藤とのつきあいが短くない楠田であったが、秘書官になってしばらく、佐藤との意思疎通はあまりうまくいっていない。楠田は折々に不満を日記に書き付けている。

楠田の尽力にもかかわらず、佐藤は「そう新聞のことを気にする必要はない」と語り、楠田が政府与党連絡会を官邸に設けたところ、「俺一人向こうへ行けばすむことを、皆にこっちに来てもらうのは気の毒じゃないか。〔中略〕そういう配慮もしなくちゃ」と叱られた説のとりまとめなどを通して、次第に佐藤官邸での中核的存在の一人となっていく。（『楠田實日記』）。これなどは佐藤の性格がうかがえる言葉である。それでも楠田は、国会演

ポスト一九七〇年の日米安保像

黒い霧解散を乗り越えた佐藤は、一九六七（昭和四二）年三月一四日の施政方針演説で「心を新たにして議会民主政治の確立に努める」と述べ、あわせて日米安全保障条約の堅持を訴えた。

国会では、公明党の登場によって多党化が進んでいたが、佐藤は二大政党制を前提に社会党との間で、繁栄と安全という重要政策の基盤を共有することを期待していた。しかし、一九七〇年のいわゆる日米安保再検討期が近づき、ベトナム戦争や沖縄返還といった争点が社会を刺激するなかで社会党は対話に否定的であり、交渉相手は公明党や民社党に移っていく。

衆議院に初めて議席を得た公明党は、二月には社会党、民社党との野党三党で物価の安定、減税、住宅対策、公害対策、交通安全対策など、生活をめぐる争点について政策協定を結び、例えば住宅政策では、「政策の中心を公営住宅におき、政府の住宅五ヵ年計画六七〇万戸を七六〇万戸にふやー」すと記された（『日本社会党の三十年』三巻）。

他方で野党間の協力にも限度があった。社会党、民社党は生活争点以上に平和争点を重視し、政府への対決姿勢を強めつつあった。公明党は時に他の野党のあり方を厳しく批判し、

他方で支持基盤である宗教団体創価学会との関係で批判を受けた。

九月二三日、社会党の勝間田清一委員長は記者会見で「一九七〇年の安保問題はすでにはじまった」との認識を示し、民社党もまた「安保条約固定期限切れに際し、暴力流血の惨が予想される」と述べていた（『日本社会党の三十年』三巻、『民社党三十五周年史』）。対して公明党は一九七〇年に向けた保革対立の配列から外れていた。

高度経済成長は政治と金の問題の規模を拡大させていた。黒い霧解散を受けて政治資金問題が社会の注目を集め、政府は対応を迫られた。佐藤は第五次選挙制度審議会を設置して政治資金の規制について検討を求め、答申を得て一九六七年六月一六日、衆議院に政治資金規正法などの改正案を提出する。答申を尊重する案であったが、かえって与党内からも寄付金の上限や選挙区制度との関係で議論があり、野党からは不十分であると批判を受け、野党間もまとまらず、結局、廃案となった。一九四八年に制定された政治資金規正法の大改正は、佐藤政権後の一九七五年に持ち越される。

美濃部革新都政誕生の衝撃

国政では保守が長期政権化していたが、地方では革新自治体が相次いで誕生していた。先に飛鳥田一雄横浜市長の例を挙げたように、革新自治体とは社会党か共産党、もしくはその両方の支持を得た首長を持つ地方自治体のことである。

一九六七（昭和四二）年四月一五日の統一地方選挙では一八の都道府県知事選挙が実施され、なかでも東京都知事選挙が注目を集めた。このときの都知事選は、「七〇年安保再検討時」の首都の治安維持という問題が絡み、「都庁にアカハタを掲げさせてはならない」を合言葉に自民党は選挙に臨んだ（『佐藤政権・二七九七日』上巻）。

美濃部亮吉都知事と佐藤，1967年６月20日　小笠原返還について会談．首相官邸

自民党東京都支部連合会（都連）が期待していた候補は、副知事で自治庁出身の鈴木俊一。しかし、佐藤は社会党と民社党の接近を警戒して、民社党の推す松下正寿立教大学総長を共同推薦することに決める。だが社会党・共産党が共同推薦した美濃部亮吉東京教育大学教授が当選する。佐藤は、「残念ながら東京で初めて敗れた」と落胆した（『佐藤栄作日記』一九六七年四月一六日条）。

Sオペが五月一日に佐藤に提出した政治情勢分析では、一九六四年の総裁選出馬以来の「右フック、左パンチ」の基本戦略を軸に政権の今後を論じており、都知事選の敗北について「近代政治学の基本的なパターンをマスターしているブレーン」が美濃部を支えていたと解説した。党が各種団体の組織票獲得にみせた執念を、候補者自身のイメージアップに使えなかったかと批判的で、「ニューライト方式によって、かってのイギリス保守党が蘇生した」例にならって保守の「理論武装」を求めた（『楠田資料』E）。

ここでいう「ニューライト」とは、宮澤喜一が一九六五年に『社会党との対話―ニュー・ライトの考え方』という本を出したように、保革対決型ではない、労働者にも支持を求める幅広い柔軟な戦術を意味する。佐藤政権でも言葉の闘いに備える必要性が強調されていた。そこにこそ右の支持を確保しつつも中道左を真正面にすえる「右フック、左パンチ」戦略の意味があった。

「社会開発」論の展開——人間尊重の主流化

三年前に掲げた佐藤政治の「金看板」は、高度経済成長の歪みに対処する「社会開発」論であった。だが、それは政権後に振り返って、かけ声倒れに終わったとも評価される。Sオペにこの概念を持ち込んだ千田恒は「表面化こそしなかったが、〔昭和〕四十年六月の内閣改造で蔵相から自民党幹事長に転じた田中角栄の周囲から、佐藤が政権構想の柱としてかかげた『社会開発』をタナ上げにすべきではないか、という声が早くも出ていた」と政権中枢部の心がわりを批判している（『佐藤内閣回想』）。

しかし、一九六六（昭和四一）年一月の自民党大会でも佐藤は「立ち遅れた社会資本の整備と都市政策、住宅建設をはじめとする社会開発を飛躍的に推進させ、福祉国家の建設に巨歩を進める」と述べ、赤城宗徳政調会長も、「昭和四十五年までには確実に一世帯一住宅を実現する」と強調していた（『自由民主党党史　資料編』）。

「社会開発」論が「金看板」としての一時の華やかさを失っていったのは、佐藤政権が沖縄返還交渉や大学紛争など、より直近の課題への対応に追われたためであった。しかしその陰で、「社会開発」は日本政治にたしかに根を下ろし、主流化していった。一九六七年には経済計画に初めて社会の文字を含めた「経済社会発展計画」が策定されている。

「社会開発」は住宅政策や交通基盤整備など個別のテーマから、新しい時代の人間の生活環境を考える、より総合的な都市政策・地域開発へと重点を移していった。一九六七年に自民党都市政策調査会長に就任した田中角栄は、美濃部都知事の誕生を受けて、都市政策の重要性を強調し、「現に農村に住んでいる人たちの間で〈保守〉から〈革新〉への接近が顕著になろうとしている」と指摘、地方開発、過疎対策も同時に進め、組織としての自民党自身も成長するよう訴えた（「自民党の反省」）。のちの『都市政策大綱』でも、「経済開発と均衡のとれた社会開発計画」の重要性が論じられている。

さらに「社会開発」論は「人間尊重」のスローガンに導かれて、本来の総合的な福祉政策へと展開していった。「人間尊重」という点では、一九六七年六月に新潟水俣病第一次訴訟が提訴され、八月には検討が続けられていた公害対策基本法が成立した。しかし、Sオペや官邸など佐藤を支えたグループの基本姿勢でもあったが、産業界の働きかけにより、経済を重視した「経済の健全な発展との調和」を求める修正が国会で施された。

2 「両三年内」の合意へ——日米交渉の本格的始動

武器輸出三原則と韓国訪問

佐藤政権は後述する非核三原則など、経済復興を果たした日本の防衛政策にいくつかの中期的な準則を打ち立てた。その一つに佐藤が一九六七（昭和四二）年四月二一日に国会で発表した「武器輸出三原則」がある。それは共産圏、紛争関連国、国連決議で禁止した国を対象に武器の輸出を自制するものである。だが現場である防衛庁・自衛隊には不満もあった。

佐藤は六月三〇日から日本の首相として初めて韓国を訪問した。佐藤は一九六〇年に李承晩政権を倒した学生運動状況にも関心を示している。ハンフリー米副大統領、厳家淦《げんかかん》台湾国府副総統も同時に訪韓しており、七月二日にはソウルで四者会談が行われた。そのなかで佐藤は「アジアの各国は非核保有国として、経済交流を盛んにし、国民の経済的福祉を向上させ、政治を安定することが重要である」と述べた（「佐藤総理韓国訪問関係〈一九六七・六〉」）。

佐藤は、ベトナム戦争が続くなかで南ベトナムの政局不安を懸念しており、現地情勢について認識を固めるために南ベトナムを訪問すると伝えた。南ベトナムでは一九六三年に多くの問題をはらみながらも一定の安定を維持していたゴ・ジン・ジェム政権がクーデタで倒された後、クーデタが相次ぐ事態となっていた。

他方で国内政治では、七月二五日、佐藤は自民党本部で「組織化、近代化の必要をとき、常時党活動をすゝめる」ことを訴えていた。健保国会と呼ばれた第五六回臨時国会では、健康保険特例法案をめぐる混乱から八月五日、社会党の佐々木更三委員長、成田知巳書記長が辞任する事態となった。

先に構造改革派の江田三郎を破った佐々木であったが、自社両党で申し合わせた国会運営の妥協案が民社党、公明党によって批判され、最後は石井光次郎衆議院議長の斡旋を受け入れた中央執行委員会の方針が、党の国会対策委員会と代議士会で覆されたためであった。佐藤は日記に「多党化時代のむつかしさを文字通り経験した国会だった」と記した（『佐藤栄作日記』一九六七年八月七日条）。

佐藤は一九六七年八月二五日に和歌山市での国政に関する公聴会、いわゆる「一日内閣」に出席した。佐藤はその場で一五日の全国戦没者追悼式に参列したことに触れて、「私は総理大臣として、戦没者の方々に生きておる私どもの責任、責務は何といっても恒久平和の確立にあるんだ。平和国家としてスタートしているこの日本、これを本当に守り抜かなければならない」とあらためて誓ったと紹介した。時は過ぎゆく。敗戦時に大阪鉄道局長をしていた佐藤であったが、大空襲を受けた和歌山市、あるいは大阪市でも、「もはや戦禍の跡をみることができないほど」変わっていた（『佐藤内閣総理大臣演説集』）。

小笠原・沖縄返還への道筋

八月一六日、沖縄問題等懇談会は首相の諮問機関として初会合を開いた。一年前に教育権の分離返還を主張する森清総理府総務長官の諮問機関として発足していたが、一月の佐藤の大津発言で段階的な機能別返還論は否定され、施政権の全面返還を目指す首相の諮問機関として再出発していた。

佐藤は挨拶で二年前の沖縄訪問に言及した。現地の実情を見て沖縄への援助拡大や本土との格差解消に努めてきたが、国民の間に施政権早期返還への政府の具体策を期待する声が強まっており、秋の訪米時には「沖縄および小笠原諸島の施政権返還問題について、米側首脳と率直に話し合うつもりである」と決意表明した。そのために、懇談会には国民各界各層の意見を整理すること、「国民の願望とわが国の安全保障上の冷厳な要請をいかに調和させるか」の知恵を求めた（『佐藤内閣総理大臣演説集』）。

小笠原諸島も第二次世界大戦の激戦地であった。一九四四（昭和一九）年に島民六八八六人が決戦に備えて本土に強制疎開された。なかでも硫黄島の戦いは激しく、一九四五年二月一六日から三月二六日までの戦闘で日本の死者二万一二九人、米軍の死者六八二一人、負傷者一万九二一七人を数えた。小笠原諸島には一八七六（明治九）年に日本が領有を宣言した当時、欧米系の住民がいたという特殊な事情があり、敗戦の翌年には欧米系の島民一二九人には帰島が許された。ところが、他の旧島民は長らく帰島はおろか一時的な墓参も認められていなかった。一九五五年には小笠原諸島に米軍の核兵器が貯蔵され、その後、技術革新によって核ミサイルを水中発射できる原子力潜水艦（ポラリス型潜水艦）が展開する一九六〇年代中頃まで配備されていた。

小笠原問題については、小笠原協会会長を務めた東京選出の自民党代議士福田篤泰らが尽力してきたが、米国の壁は厚かった。一九六一年、旧島民に六〇〇万ドルの見舞金が支払われたが、六四年にソ連が人道的理由から北方領土への旧島民の墓参を認めると、小笠原諸島でも墓参や帰島への要求が高まった。佐藤は一九六五年一月のジョンソン大統領との初の首脳会談でも、小笠原諸島について、施政権返還が沖縄と同様、国民多年の願望であると速やかな実現を希望する一方、その間の旧島民の帰島、せめて墓参について理解を求め、大統領の好意的な反応を得ていた。

故郷から切り離されて暮らす旧島民の思いはいかばかりか。一方で、沖縄問題が重視される理由は、受難者の規模はもとよりであるが、たとえ友好国であろうとも外国の支配下に生きる自国民がそこにいることである。他方で小笠原返還は沖縄返還と比べて実現可能性が高く、一九七〇年のいわゆる安保再検討期までに結果が出しやすいとも見られていた。

先に下田武三新駐米大使が、赴任前の六月一五日に、記者会見で「沖縄問題は、半分は対米折衝だが、残り半分は国内問題だ」と述べ、現在の国際情勢から見て米軍の核基地をなくすことには無理があり、現地「沖縄の同胞」がこの線でまとまれば交渉しやすいと語り問題となっていた（『読売新聞』一九六七年六月一六日付）。「下田発言」と言われ、現地沖縄や野党の強い反発を受けた。下田は小笠原諸島についても発言しており、帰島だけを求めると返還問題がなおざりになりかねないと慎重な対処を語っていた。

下田が問いかけた沖縄現地の状況は、第二次佐藤政権の成立に前後して教公二法問題で大きく揺れていた。教公二法とは地方教育区公務員法と教育公務員特例法であり、本土と同様、沖縄でも政治的行為の禁止や争議行為の禁止、勤務評定を定めようとするもので、法案の取り扱いをめぐって沖縄政界は保革に分かれて対立を深めた。「教育的配慮をもっての闘い」を指導してきた屋良朝苗会長率いる教職員会も内部批判から闘争色を強め、ハンガーストライキや強行採決が行き交うなかで、二月二四日には座り込みをしていたデモ隊と警官隊とが衝突する事態となった。主席の与党民主党に理解を示すアンガー高等弁務官は「民主主義や多数決のルールに従うのか、それとも暴徒のルールに従うか」という問題で、「沖縄における民主主義の存続がかかっています」と松岡政保行政主席に語った（『一条の光』上巻）。

佐藤首相は沖縄問題等懇談会に外国訪問時を除いて毎回出席したが、秘書官の楠田にはすでに七月二九日の段階で、沖縄の核付返還は考えていないと話していた（『楠田實日記』）。首相は次々と判断を迫られる。先の教育権分離返還論も沖縄で支持・反対とさまざまな立場があったが、佐藤は一括返還論に舵を切った。沖縄での教公二法案は大きな溝を残して一一月に最終的に廃案となった。

米国内の隠れた検討――沖縄全面返還に向けて

佐藤政権が沖縄の施政権全面返還に向けて突破口を探しあぐねていたこの頃、米国側でも大きな動きがあった。

ケネディ政権は日本の沖縄への潜在主権を再確認した一方で、「ブルー・スカイ・ポジション」、つまり地域の安全保障環境の改善を返還条件としていた。そのためにはベトナム戦争だけでなく朝鮮半島情勢や中ソとの軍事的対峙が解消されなければならない。ライシャワー前大使の努力によっても米国の安全保障上の利益に固執する国防省の壁は厚かった。そのドアを再び叩いたのは国際安全保障担当の国防次官補代理モートン・ハルペリンと、国務省日本課長のリチャード・スナイダーである。

一九六七（昭和四二）年三月頃、ハルペリンはスナイダーに「もし日米安保条約の二一周年、一九七〇年までにアメリカが沖縄の本土復帰を確約していなかったら、日米関係は重大な危機を迎えるだろう。それは冒すに価しないリスクだ」と述べて「もちろん、私もそう思う」と決意を確認し合った。

ハルペリンはマクナマラ国防長官宛の覚書を作成し、上司であるジョン・マクノートン国際安全保障担当国防次官補にサインを求めた。

ハルペリンは「沖縄の人々がアメリカの占領下で不安定な生活を強いられることを代価として、今後も日米安保体制を維持していくことは、もはや無理であり、一九七〇年までに返還の合意に達しなかった場合には、大きなリスクを冒すことになりかねない。今こそ返還を開始すべき時である」と説いていた。自身沖縄戦に参加したマクノートンは、「誰もが知っているように、あの島を取るために、米国の多くの若者が戦死した。我々は本当に、あの島をただ返してやろうとしているのか」と問い直した。

ハルペリンが「それが本当に正しいことなのです」と返答すると、マクノートンは「君が正しい。作業を続けよう」とサインした。八月にマクナマラ国防長官に送った覚書は許可と説明のための協議の場を求めていた。しかし、返答は「会議は不要。ただ実行せよ」だったという（「沖縄返還への長い道のり」『沖縄返還の代償』）。マクナマラは施政権の全面返還に頭から反対するのではなく、事前のコミットメントに重点を移していた。条件付きとはいえ、「ブルー・スカイ・ポジション」とは異なる考え方が米国内で検討されていたのである。このことを佐藤らはまったく知らなかった。

九月一四日から一七日まで日米関係民間会議、開催地の名前をとって通称下田会議が開かれた。そこではマイク・マンスフィールド上院議員が、小笠原諸島および沖縄諸島の返還を訴えた。

日本では沖縄問題等懇談会が一〇月に中間報告を出していた。沖縄に加えて小笠原についても両三年内に返還時期を決定すべきとするこの中間報告は、下田会議での討議を踏まえたものと、参加者であった沖縄出身の国際政治学者宮里政玄は推測している。

東南アジア歴訪と羽田事件

佐藤は先の韓国訪問をはじめとしてアジア外交を推進していく。九月七日から九日まで台湾を訪問し、八日には蔣介石中華民国総統と首脳会談を行った。蔣介石は米国の消極的な中国政策に不満を持ち、文化大革命で混乱する中国大陸反攻への意欲を示した。佐藤は聞き役に徹し慎重なうえにも慎重な対応を求め、また沖縄返還への熱意を伝えて返還が米国による東アジア防衛体制の弱体化を招くものではないと理解を求めた。佐藤は台湾行きの前後にも三木外相と沖縄問題について打ち合わせを重ねた。

さらに第一次東南アジア歴訪として、九月二〇日から三〇日までビルマ、マレーシア、シンガポール、タイ、ラオスの五ヵ国を訪問する。佐藤はそれぞれの指導者たちとベトナムや核武装した共産党中国について意見交換し、現地に進出している日本企業の視察や在留邦人との面会を重ねた。

一〇月八日からは、佐藤はオセアニア諸国を加えた第二次東南アジア歴訪に出発した。訪問予定国はインドネシア、オーストラリア、ニュージーランド、フィリピン、そして南ベトナムである。八月八日にはタイ、インドネシア、シンガポール、フィリピン、マレーシアの五ヵ国で東南アジア諸国連合（ASEAN）が結成されたばかりであった。オーストラリア、ニュージーランドは英連邦に属していたが、イギリスがEECへの加盟を申請するなどヨーロッパ回帰を進めるなかで地域への関心を高めていた。岸内閣でも岸がオーストラリアを訪問しているが、日本にとってはアジア外交を地域外交として太平洋地域にまで広げる意味を持った。佐藤の訪問先はのちのアジア太平洋経済協力閣僚会議（APEC）につながる国々である。

ところが、第二次東南アジア歴訪に際して、一〇月八日、最初の訪問国インドネシアに到着した佐藤を待っていたのは羽田のデモで学生に死者が出たという一報であった（第一次羽田事件）。当初、情報に乏しかった佐藤官邸は内閣退陣をも覚悟したが、学生の奪った給水車に他の学生が轢《ひ》かれたものであった。社会党は学生支持の声明を出したが、新聞はおおむね学生に批判的で、失われた若い命を惜しみ学生運動の行き過ぎを批判する声明を発した佐藤もホッとした様子であった。「党内には右寄りの人もいるから、こういうとき中正な道を歩むことはなかなか難しいものなんだ」と記者団に述べた佐藤は、日本に残る木村官房長官とやりとりをして冷静な対応に努めた（『楠田實日記』）。

佐藤はインドネシアではスハルト大統領代理、オーストラリアではホルト首相、ニュージーランドではホリオーク首相、フィリピンのマルコス大統領らと次々と面会し、意見交換した。話題は北ベトナムや共産党中国の動静、他に通商や援助についてであった。

吉田茂の死と国葬

佐藤は予定通りフィリピンまで訪れたところで恩師の訃報に接した。一〇月二〇日に吉田茂が死去したのである。

佐藤は外遊日程を一日繰り上げ、最後に予定されていた南ベトナムでの宿泊を取りやめて二一日に帰国する。ベトナム戦争の最中での南ベトナム訪問は日本の協力姿勢を米国に強くアピールする一方、国内では強い批判を浴びていた。妻の寛子は佐藤が宿泊せずに帰ることになったことについて、吉田に感謝した。

東南アジア歴訪に同行していた楠田は、次の訪米に向けてアジアの指導者とひざを交えて話し合った佐藤に成長を感じていた。機中で佐藤は楠田に「吉田さんが死んで、心の支柱を失ったような気がする。吉田さんの存在は大きかった。こうなったらやはりオレがしっかりせにゃいかんのかな」としみじみ語ったという（『楠田實日記』）。

一八七八（明治一一）年に生まれた吉田は、「日本人はよくがんばってきた」が、「同時に、たいへん幸運にも恵まれてきた」と感じていた。日本が「太平洋戦争という大失敗」も犯したが全体としては激しい国際政治の荒波を巧みに舵取りできたのは、「すぐれた歴史の感覚

吉田茂死去による戦後初の国葬，1967年10月31日
別れを告げる佐藤，日本武道館．佐藤は吉田愛用のステッキを譲り受けた

をもち、勤勉に働く国民に与えられる一種の贈り物」である優れた「勘」によると考えており、成功に酔ったり実力を過信することがないよう諫めた（『日本を決定した百年』）。享年九〇であった。

佐藤は台湾から帰ると第一次東南アジア歴訪の前の九月一六日に大磯を訪れ、吉田に中国の報告や沖縄返還と防衛態勢について話をしていた。吉田はもっぱら聞き役に回ったようで、佐藤は「一寸《ちょっと》淋しい」と日記に記していた（『佐藤栄作日記』一九六七年九月一六日条）。

一〇月三一日に日本武道館で吉田の戦後初の国葬が行われ、佐藤は葬儀委員長を務めた。国葬扱いについては佐藤の指示を受けた園田直衆議院副議長が社会党を説得したのだという。

佐藤は、「今日ではもはや想像だにつかない国土の疲弊」のなかで、「平和条約の締結とわが国の独立回復は、民主主義国家に生れ変った新しい日本の門出を意味するもので、戦後史上最大の治績であり不滅の功績であります」と吉田の事績を評価し、「先生の薫陶をうけたわたくしは、これを心の糧として、困難な諸問題に取り組み、いやしくも国家の前途に過ちなきよう心魂を傾ける決意であります」と追悼の辞を捧げた（『佐藤内閣総理大臣演説集』）。

密使若泉敬——情報ルートから非正式交渉者へ

吉田の死が沖縄返還への佐藤の決意をさらに強固なものにしたようである。訪米時のスピーチを考える楠田らに佐藤は「沖縄をもっと言うべきだ。返還と極東の安全問題は両立する。これが俺の政治的使命だ」と語っている（『楠田實日記』）。楠田は、佐藤がそもそも沖縄返還に取り組む決意を固めたのは吉田に相談した結果ではないかと考えていた。

佐藤は、秋の外交日程の総仕上げとして一一月一二日から二〇日まで訪米する。アジア外交は対米外交の布石として意識していた。また、日米首脳会談への詰めの作業では米国政府内に人脈を持つ国際政治学者の若泉敬を渡米させている。

若泉は一九三〇（昭和五）年に福井県で生まれ、東大法学部を卒業して五四年に保安庁保安研修所、のちの防衛庁防衛研究所の教員となった。福井高等師範学校時代には福井大空襲も経験している。核時代の安全保障について研究を行い、英国ロンドン大学大学院に留学、

若泉 敬（1930～96）

米国ジョンズ・ホプキンズ大学高等国際問題研究所研究員も務めたことで人脈を広げた。一九六六年には京都産業大学世界問題研究所で研究を続け、マクナマラ国防長官との単独会見記を『中央公論』に載せていた。

一九六七年初夏に、若泉は訪米して旧知のウォルト・ロストウ大統領特別補佐官とも会っていた。若泉は、沖縄について共産主義の脅威がある限り米軍基地は不可欠であるが住民の生活条件改善のためにあらゆる努力が必要だと考えていた。

帰国後、政府・野党関係者にも米国政府の様子を報告すると、福田自民党幹事長の関心を引き、七月二六日には首相官邸で佐藤に直接報告する機会を得た。若泉は、米高官の様子としてベトナム戦争で頭がいっぱいで沖縄返還が容易でないことを異口同音に強調していたと報告し、関心を示した佐藤に今後も直接情報を伝えたいと自ら申し出ている。

若泉は八月にも訪米し、親友のモートン・ハルペリンにも会って沖縄返還について米政府側の情報収集に努めた。先に触れた下田会議にも参加している。九月二九日には、佐藤の意を受けたという福田からホワイトハウスの意向を打診するよう求められる。若泉は意欲的で、自ら極秘裏に進めることを求め、一〇月には再び訪米する。

一一月六日、佐藤は東京で若泉と約一時間打ち合わせをし、特使としての派遣を考えた。

米国務省と外務省との間では訪米時の共同声明案のやりとりがまだ続いていた。八日、佐藤は再度若泉と会い密使として訪米を依頼する。

若泉は佐藤を「さまざまな情報を誰よりも早く入手するのに人一倍熱心であった」と評する（『他策ナカリシヲ信ゼムト欲ス』）。佐藤は判断の前に可能な限り情報を集めようとした。他にも密使がいたと言われるが、一九六五年一二月には、米国で安全保障を研究していた高瀬保を官邸に呼んでいる。高瀬は米国政府から調査依頼を受けて一九六三年から毎年沖縄を訪れていた。通常三ヵ月かかるビザがすぐ下りることに不審を抱いた佐藤に、高瀬は近い将来沖縄が復帰した場合に本土と経済格差があってはいけないので調査を依頼されたと説明し、佐藤は手を叩いて喜んだという（『星条旗と日の丸の狭間で』）。佐藤は調査のたびに官邸に立ち寄るよう高瀬に求めた。

一九六七年一一月の段階で若泉に協力を求めた背景には、返還に何としても時期的目処を得たいという佐藤の強い意思があり、三木外相率いる外務省の交渉がうまく進んでいないという実情もあった。外務省は共同声明案に「できるだけ早い時期に」という言葉を入れて問題を前進させようと努力する一方で時期的目処にまでは踏み込めておらず、それすらも国務省の消極姿勢にあっていた。

訪米に向けた最後の詰め

一一月七日、佐藤は、八月に社会党委員長に就任した勝間田清一、六月に民社党委員長に就任した西村栄一、二月に公明党委員長に就任した竹入義勝と相次いで会見して協力を求めたが、社会党は、米国の軍事体制強化を警戒し、沖縄の即時全面復帰と県民生活向上を求めて佐藤訪米に反対した。

沖縄では、これまで幾度となく施政権返還要請決議をしてきた琉球立法院が、佐藤訪米に際してあらためて決議案を賛成多数で可決した。決議は、一九七〇(昭和四五)年四月までになされるよう施政権返還の時期を明確にすること、民主的平和憲法の下に他の都道府県と差別なき平等の地位に沖縄を回復する全面返還であること、返還に際して基地の現状を是認したり新たな禍根を作らないことを求めていた。一一月八日には沖縄からの直訴団が官邸に座り込み、佐藤は団長と会見して直訴状の読み上げを聞いている(『政治を人間の問題として』)。

出発に際して、羽田空港周辺では再び騒乱が起きた(第二次羽田事件)。その前日にもエスペランチストで反戦活動家であった由比忠之進《ゆいちゅうのしん》がベトナム戦争での北爆支持をめぐって官邸前で焼身自殺を図っていた(翌一二日午後死亡)。

戦後日本には反基地運動・反戦運動の伝統があったが、政府への異議申し立ては、地域ごとの問題を超えて、米国での反戦運動とも連帯するグローバルなものへと展開していた。

先にライシャワー大使は日米の「断たれた絆」を結び直すために米国大使館と多様な日本社会との対話に努力したが、活動家は米国の新聞に意見広告を出したり、国境を越えて移動し、ともに歌を歌った。池田政権末期に海外渡航が自由化されたことで、人の移動も含めて日米両国で多様な結びつきが増え、国際社会の一部としての日本社会を成立させていた。

もとより民主主義国家である日本で、デモをはじめ政府への通常の異議申し立ては歓迎されているが、運動は次第に非合法の領域にまで及んでいく。佐藤一行出発後の一一月一三日、ベ平連は米兵脱走を手引きしたと発表した。

若泉は一一月一二日にロストウのもとを訪れ、「佐藤氏は日米安全保障条約の十年毎《ごと》の更改にあたる（もちろん我々は安保条約をもっと長期に継続させるつもりではあるが…）一九七〇年六月より前に、お互いにとって満足のいく期日に達することに同意することを望んでいる」と話した（『星条旗と日の丸の狭間で』）。

若泉はさらに、佐藤が一九七〇年一一月まで政権の座にあること、佐藤が「日本でどうしようもなく必要としていること」をジョンソン大統領一人が決定できると感じており、「お返しに佐藤氏は、彼が日本で支払わなければならない政治的代償にも拘わらず、大統領を助けることが可能なあらゆることをやる決意である」と述べた。

若泉の独走気味な交渉は使命感によるものであるが、返還時期の目処を得たいという佐藤の固い意思を支えていく。

第二回佐藤・ジョンソン会談――沖縄と小笠原

訪米した佐藤はジョンソン大統領と二度会談する。一一月一四日が政治問題、一五日が経済問題の心づもりであった。

だが、イギリスのポンド危機が浮上し、一度目の会談冒頭、ドルとポンドの防衛に向けて両首脳の意思統一が図られた。すなわちイギリスのEEC加盟をめぐってフランスはポンド切り下げを求め、ヨーロッパでもイギリスへの冷淡な対応が広がるなかで、ジョンソン大統領は佐藤にポンド救済や自国通貨の価値の維持について共同歩調を求めたのである。佐藤は「国際通貨の維持は当然」と応じたが、援助には「その範囲は狭い」と答えている。なお、一一月一八日、ウィルソン英首相はポンド切り下げを発表する。

次いでこの一度目の会談で佐藤は、共産党中国の影響など東南アジアの緊迫した情勢について歴訪結果を報告した。日本については「日本国民は左翼勢力が無茶であることについての認識を深めている。マス・メディアも政府に批判的ではあるが、こういう行き過ぎにも批判的になっている」と述べている。

ここで佐藤は沖縄、小笠原問題を「今や国民的願望」として持ち出す。「一〇〇万近い日本人が日本に復帰したい気持ちは尊重せねばと思う。一方、総理として、日本、極東の安全を考えるのは当然である」と何らかの解決方法が絶対必要で、「今日のようにヴェトナムの戦いがあり、中共が核武装している最中に沖縄の基地をなくすことが考えられないのはもちろんである。しかし、適当な時期に復帰できないものかと思っている」と述べ、日本国民に期待を持たせる何らかの表現、「target date」を共同声明に入れられないか、「この二、三年のうちにいつ返せるかとの目途をつけられないか」と迫った（『楠田實日記』）。

ジョンソン大統領は、佐藤がこの問題をラスク国務長官、マクナマラ国防長官と話すことになっていることを確認したうえで、「われわれは欧州で疲れている。朝鮮、ヴェトナムでも戦った。米国民はその責任から get out するのを歓迎するであろう」と、日本が地域の防衛責任を引き受けるのであれば歓迎すると述べている。

佐藤は「沖縄、小笠原より全体の安全保障体制はもっと大切である」と述べながら、「日本は核能力を持っていない。そこで、米国の核の傘の下に安全を保障されている。長期にわたる日本の安全がどういう形をとるかは研究する。現在の安全保障の取決めが長く続くことは絶対必要である」との基本的考えに立って、沖縄、小笠原返還までに「軍事基地、その他の問題で何ができるか国民を教育することを考えている」と述べる。

最後に、佐藤はジョンソン大統領に、「in the few years に、両国の満足しうる返還の時期に合意することを目的として（with a view to）」と書いた紙片を手渡し、考えてほしいと要望した。

日米共同声明――早期返還と「両三年内」合意

午後に面会したマクナマラ国防長官から佐藤は自由世界の防衛に対する日本の参加を求められ、「日本は軍事的援助は一切出来ない。これは米国政府も理解されていると思う。そこで経済財政的役割を果たしたい」と答えた。対してマクナマラは「日本が、今後とも経済的、政治的な、そして究極的には軍事的な役割をも増大していくことは、両国の利益に合致する」と述べている。

また中国の核武装への対応を問われて佐藤は、「自分は、日本の安全確保のため、核をもたないことははっきり決心しているのだから、米国の核の傘の下で安全を確保する」とあらためて立場を明確に伝えた。

話は沖縄問題となり、マクナマラは「これら諸島はいずれ返還されることとなっている」と日本国民の希望に理解を示し、問題は返還ではなく基地にあり、「核、琉球、安保体制は相関関係にある」と従来のブルー・スカイ・ポジションから踏み込んだ発言を行った。佐藤はその話を受けつつ「四半世紀、沖縄が他国の支配の下にあることは住民、国民に我慢できない点もある」とし、即時返還とは言わないので、「真の日米友好親善関係のため」にも、基地の維持のためにも、一定の返還目処を求めた（『楠田實日記』）。それに対してマクナマラは、「日本国民の願望、政治的圧力は分かっている」と理解を示した。

翌朝、面会したラスク国務長官にも佐藤は沖縄返還を訴えた。「ヴェトナムが進行してお

日米共同記者会見，1967年11月15日　ジョンソン大統領とホワイトハウスで

り、中共の核武装もあるので、〔沖縄返還の〕時期が適当でないことは承知している。しかし、ヴェトナムも両三年のうちには片付くのではないか。選挙はジョンソン大統領が勝つと確信しているが、自分も来年は任期が切れる。しかし、問題は、個人的なことではなく、国家的なことであり、一歩前進を望んでいる」と迫った。

ラスクは会談と並行して共同声明案についてマンスフィールド上院議員やジェームズ・フルブライト上院外交委員長など米議会との調整を行っていた。

日米間で共同声明案がまとまるなか、二度目の首脳会談で、ジョンソン大統領はアジア開発銀行への日本の取り組みを評価した。そのうえで日本にさらなる貢献を求めた。ベトナムに派兵している韓国を引き合いに出して、「兵力を派遣出来ない国は、国際収支問題で援助できるはずである」と迫った。「われわれを助けて欲しい。われわれを助けるために五億ドル出してほしい。もし、米国に戦争を今後二、三年間継続してほしいなら、五億ドル位の援助はしてほしい」と述べ、米国の諸都市で暴動が起こるなか、西ドイツ、韓国、タイ、ベトナムなど世界に兵を送っている事実への理解を求めた。

佐藤は「自分としては、Yes という返事をすることは容易であるが、私は履行できない約束はしたくない。うそをつくことになるから」と約束はできないが最善を尽くす姿勢にとどめた（「佐藤総理訪米〈一九六七・一一〉会談関係」、『楠田實日記』）。

一一月一五日に発表された日米共同声明では、「沖縄の施政権を日本に返還するとの方針」が確認され、佐藤首相が「ここ両三年内（within a few years）」に双方が満足する返還時期について合意すべきことを強調し、ジョンソン大統領もこうした日本国民の要望を十分理解していると記され、小笠原諸島については、早期返還が合意された。

アレクシス・ジョンソン駐日大使は、アジア開発銀行への日本の出資額、インドネシアへの援助増額が、小笠原、沖縄返還交渉に寄与したと考えていた（『ジョンソン米大使の日本回想』）。

アーリントン墓地にて

佐藤は同日、アーリントン墓地にあるケネディ大統領とダレス国務長官の墓を訪れている。

寛子は、米国で流行中と聞いたミニスカートで同行していた。佐藤とともにアーリントン墓地を訪れたが、ベトナム戦争の戦死者であろうか、墓石をさすりつつキスをしている老女や、十字架の墓を抱きかかえるように泣き濡れる若い夫人を目にして胸が詰まった。佐藤もつくづく「ああ、戦争はぜったいするもんじゃない」と述べたという（『佐藤寛子の宰相夫人秘録』）。

佐藤のこの日の日記は珍しく感傷的で、「吉田、ダレスの二人で桑港《サンフランシスコ》条約が出来、更に二人のお芝居で沖縄を第三条で占領を認め、その結果が今日の交渉となったのだ。その二人今やなし。天国で何を語りおるか。今日の地上の共同コムミニケを何と見るか。誠に感無量」と沖縄問題を潜在主権という形で解決した二人を偲んだ（『佐藤栄作日記』一九六七年一一月一五日条）。

共同声明についても、「まずまずの処か。もともと『きよほうへん』を度外視して只《ただ》最善を尽したのみ。出来栄は後世史家の批評にまつのみ。陛下への報告が出来る事を悦《よろこ》ぶ」と記した。

佐藤は帰国後の一一月二一日、昭和天皇に内奏し、一時間あまりにわたって訪米について説明し、質問に答えた。また、皇太子のもとに帰国の記帳に訪れたところ、求められて沖縄問題を中心に一時間程度の報告を行った。

3 激動の一九六八年——ベトナム戦争と大学紛争

内閣改造と内政の展開

一九六七（昭和四二）年一一月二五日、佐藤は一連の外遊を終えて第二次佐藤内閣を改造した。

三木外相と水田蔵相は引き続きその職を担った。注目したいのは衆議院副議長を務めていた園田直を厚相として初入閣させたことである。園田は防衛庁長官を希望していたが、佐藤が「これからは社会保障とか社会開発ということで人間を大事にする時代になるから」と説得したのだという（『平野貞夫オーラル・ヒストリー』上巻）。園田は水俣病の地元、熊本県天草出身であった。園田は現職厚相として初めて水俣に入り、宮澤喜一経済企画庁長官ともはかって水俣病を公害認定することになる。内閣官房長官には副長官であった木村俊夫が就いた。党の陣容では副総裁に川島正次郎が復帰し、福田幹事長が留任、橋本を総務会長、大平を政務調査会長にした。

公害問題への対応とともに、第二次佐藤政権は行政改革に取り組んでいく。すでに一一月一〇日の閣議で一省一局削減を指示していたが、二二日には木村官房長官が国家公務員の定員削減方針を政府の目標として発表した。これが国家公務員の総定員の最高限度を定める総定員法制定につながっていく（一九六九年五月制定）。

小笠原返還交渉と非核三原則

一二月の所信表明演説で佐藤は、沖縄について両三年内に返還の時期について合意できると確信し、小笠原については一年以内に返還が実現すると述べた。

小笠原諸島返還は沖縄の即時返還を求める圧力を緩和し、一九七〇（昭和四五）年に向けた日米協調のモデル・ケースとなることが期待されたが、沖縄返還の事実上のテスト・ケースでもあった。

三木外相とジョンソン駐日大使との間で進められた具体的な交渉では、すでに述べた欧米系島民との再統合の問題と、米海兵隊員のための硫黄島摺鉢山《すりばちやま》の記念碑をめぐる問題があった。激戦地に建てられ、星条旗を常時掲揚する摺鉢山の記念碑を維持することはジョンソン大使が返還と引き換えに米議会関係者に約束したものであったが、三木は不快な思いを禁じえなかった。

さらには防衛問題、なかでも核兵器の問題があった。日本国内の関心もこの問題に寄せられていた。一九六七年一二月八日、国会で竹入公明党委員長から「小笠原の返還にあたって、製造せず、装備せず、持ち込まずの非核三原則を明確にし得るかいなか」と問われた佐藤は、「小笠原の返還と関連して核兵器の保有をせず、その持ち込みを認めないとの従来の方針を変更する考えはありません」と答える。一一日には、成田知巳社会党委員長にも、小笠原の本土並復帰に関連して「いまのような本土も核の装備はしない、核の持ち込みもしない」と非核三原則につながる答弁を行った。

一二月二八日、ジョンソン大使は三木外相に、小笠原諸島の核抜き返還に向けて、米国政府が小笠原諸島への核兵器の貯蔵が必要となった場合には日本政府が他地域とは違う特別扱いで検討し、好意的な回答を行うことを期待している旨の文書を渡したいと提起した。文書への日本側の返答は期待しないという。

三木は核貯蔵が必要になるような危機は日本の領土全体に関わり、地域ごとの使い分けは難しいと反駁した。さらに「日本政府がこの二、三年、直面する最大の内政問題は沖縄の核問題なんだ」と述べて、小笠原返還をめぐる文書のやりとりがリークなどで仮に明らかになったときに沖縄問題に傷が付くことを恐れ、文書の受け取り自体に強く抵抗した（『盟約の闇』）。

また三木は、核抜き返還など小笠原返還が沖縄の前例とならないことを確認するよう求められると、これにも激しく抵抗した。交渉は始まったばかりであったが、ジョンソン大使と三木外相の間ではすでに暗雲が垂れ込めていた。

大晦日、佐藤は「兎も角一九六七年は終った。後半は忙しい年であったが、国の為国民の為働き甲斐のある年だった。来る年でこのトレースを忘れぬ事。沖縄問題の解決が来年の一番大事な仕事か」と日記に記した。

一九六八年の幕開け

年を越えて一九六八（昭和四三）年を迎えた。明治改元から一〇〇年にあたり、佐藤政権の旗振りで過去を顧み未来を展望するさまざまな行事が予定されていたが、この年は世界が揺れ動く特別な一年となる。

一月一日、ジョンソン米大統領は赤字削減とドル防衛の強化に関する特別教書を発表した。これを受けて三日には、急遽、大統領の特使として来日したユージン・ロストウ国務次官、ジョンソン大使らと、日本側は佐藤首相、三木外相、宮澤経企庁長官、木村官房長官らが佐藤の鎌倉別邸に会して説明を受けた。佐藤は、「沖縄の早期返還は是非実現したいが、大統領選挙前に公けにものをいったり、措置をとることは差し控えたい」と大統領を気遣った（『楠田資料』I）。一六日には、今度はイギリスのウィルソン首相が、財政支出削減のため一九七一年末までにスエズ以東の英軍を撤退させる方針を明らかにした。

こうしたなか、一月一九日に米国の原子力空母エンタープライズが佐世保に入港した。佐藤は先の日米首脳会談で「原潜、エンタープライズ等も今後は心配をかけることはあるまい」と請け合っていたが、大規模な衝突事件に発展する。三派全学連が九州大学を拠点に大規模なデモを行い、入港前の一七日に多数の逮捕者を出した。さらには、催涙ガスや放水を用いて鎮圧に当たった機動隊の暴力がメディアで流れ、市民のなかに活動家への同情が見られた。

北東アジア情勢も不穏であった。一月二一日には北朝鮮軍特殊部隊が韓国大統領府襲撃を狙った青瓦台《せいがだい》事件が起き、二三日には米偵察船プエブロ号が北朝鮮によって武力拿捕された。

非核三原則の国会宣明と決議問題

一月二七日、佐藤は、核時代に生きる人類をテーマに施政方針演説を行った。「二十世紀後半の人類は核時代に生きております。この核時代をいかに生きるべきかは、今日すべての国家に共通した課題であります。われわれは、核兵器の絶滅を念願し、自らもあえてこれを保有せず、その持ち込みも許さない決意であります」（『佐藤内閣総理大臣演説集』）。

楠田らが若泉敬にも知恵を求めつつ準備した演説原案では「作らず、持たず」であったが、佐藤から、福田幹事長への確認を求められた。

施政方針演説を前に福田は、日本の核政策の文章化であり、自民党の総務会に諮った。すると池田勇人内閣で科学技術庁長官を務めた池田正之輔が、「なんで二つなんだ、持ち込ませずもちゃんと書けばいいじゃないか」と議論して会の総意となった。これを受けて一月二六日に閣議をやり直したところ、「保有せず」ですべてが尽きていると考える佐藤に対して、「中曽根氏は、核保有せぬだけではなく、持ち込みなど非核三原則をはっきり書くべきだと強く主張」し、「結局、閣議、党とも非核三原則を強く打ち出すことを要望」した。佐藤も「皆がそう言うならそうしよう」と折れた（「楠田實オーラルヒストリー」『楠田實日記』）。

非核三原則は評判が良く、社会党はこれを国会決議とすることを求めてきた。竹下登から聞いた楠田は慌てたという。「これは佐藤内閣の政策なんであって、あとの外交を縛るもんじゃない。やっぱりその都度ある程度フリーハンドを持たなきゃいかんだろう」との考えから決議化に反対で、それは佐藤の考えでもあった。結局、国会決議は回避されることになる。

そもそも非核三原則については、日米安保条約との関係で与野党の理解に隔たりがあった。佐藤にとって日米安保条約あっての非核三原則であった。佐藤は、一月三〇日の大平自民党政調会長への答弁で、あらためて政府の核政策の全体像を述べる。

「核兵器の開発、これは行なわない。また核兵器の持ち込み、これも許さない。また、これを保持しない。いわゆる非核三原則でございます」と答えたうえで、核軍縮の推進、日米安保条約に基づく米国の核抑止力への依存、核エネルギーの平和利用の推進からなる核四政策を説いた（『日米関係資料集』）。

佐藤は非核三原則が一人歩きすることを危惧し、核時代の一つの行き方として、非核三原則が日米安保条約と不可分であることへの覚悟を求めていた。

なお、持たず、作らずについては、すでに一九五五（昭和三〇）年一一月に結ばれた日米原子力協定で核エネルギーの非軍事利用が謳われ、一二月の原子力基本法でも定められている。また、外交史家の河野康子が指摘するように、一九六七年一〇月六日に増田甲子七防衛庁長官が「日本の政策として、日本の行政府の方針として、核は製造せず、保有せず、持ち込ましめずという三原則が岸内閣以来の行政府の方針としてある」と国会答弁していた(「非核三原則」)。非核三原則は、実は一九五〇年代後半からの蓄積のなかで次第に形成されてきたのである。

一九六三年の「暗黙の合意」

核政策には他にも歴史の重みが横たわっていた。

佐藤の施政方針演説の前日、ジョンソン米大使は、牛場信彦外務次官と東郷文彦北米局長に対して、核兵器の搭載艦船・航空機の一時立ち寄りを「持ち込み」に含めるかどうか、一九六三(昭和三八)年の大平・ライシャワー会談で含めないという米国政府の立場を知らされながら日本政府が異議を唱えなかったという「暗黙の合意」があることを伝えた。

二人は日米双方の解釈の違いに驚いたが、申し送り以外に方法がないと考え、翌一月二七日付で、「装備の重要な変更に関する事前協議の件」、いわゆる「東郷メモ」を作成し、一月三〇日には三木外相、二月五日には佐藤首相の閲覧に供している。この日、佐藤は衆議院予算委員会で非核三原則や核の持ち込みに関する質疑を行っていたが、日記にはメモに関連する記述はない。

一月三〇日、南ベトナムでは南ベトナム解放民族戦線軍と北ベトナム軍が首都サイゴンなど都市部を一斉に攻撃するテト攻勢を開始した。米国は防衛に成功したが、ベトナム戦争で米国が勝てないのではないかという憶測が広がった。

防衛問題をめぐっては、二月六日、福田派の倉石忠雄農相が記者会見でプエブロ号事件に絡んで日本海での漁船の安全操業をめぐって外交の背景となる軍事力の必要性に言及し、「こんなバカな憲法をもっている日本は、アメリカのメカケみたいなものだ」と述べたことが記事になり、国会審議が止まる。世論と野党の強い反発に、福田幹事長はかえって「倉石問題は一倉石の問題でなく、きたるべき七〇年問題につながる」と辞任に反対したが、佐藤を支える田中角栄を中心に事態の解決を優先して辞任となった。当初佐藤も強気の姿勢で、解散も考えたが、国会が空転を重ねるなかで「やっぱり政治の分かるのは田中ぐらいのもんだ」とあらためて田中への評価を高めた（『楠田實日記』一九六八年二月二一日条）。

三月一八日、衆議院に沖縄及び北方問題等に関する特別委員会が設置され、沖縄問題、北方問題、小笠原問題などの解決のための対策の樹立が図られた。これは一九六七年二月二一日に沖縄問題等特別委員会として設置されていたものを北方領土も名称に入れて活動していくものであった。若手議員小渕恵三の動議で床次徳二が委員長に選ばれ、小渕も理事の一人に指名された。参議院も同様の特別委員会を設置した。佐藤はこの時期、まだ沖縄返還交渉に臨む基地の態様は「白紙」であると言い続けていた。

小笠原返還協定の調印

ところが、沖縄返還に向けた佐藤の思惑は大きな変更を迫られる。米国ワシントン時間の三月三一日夜、ジョンソン大統領はベトナム戦争での一方的な緊張緩和措置として北爆の停止を発表し、さらに米国社会が分裂するなかで一一月の大統領選挙に再出馬する意思がないことをテレビを通して発表したからだ。

これは日本時間四月一日正午のことであったが、佐藤が知らされたのは発表の直前であった。佐藤は「何と云おうが和平への途が開けた事は幸と思う」と基本的に好感した（『佐藤栄作日記』一九六八年四月一日条）。日本では同日、東京北区に開設された王子野戦病院をめぐる全学連のデモで群衆に死者が出ていた。この頃、成田空港建設をめぐる反対運動で角材を用いるなど支援学生を中心に暴力化し、学生と警官隊の衝突が繰り返されていた。

四月五日、小笠原返還協定が三木外相とジョンソン大使の間で調印され、六月の返還が決まった。

核兵器の貯蔵をめぐる問題は、結局、ジョンソン大使が求めた線で口頭声明がつくられることになったが、三木の主張も入れて特別扱いという文言もなく、ジョンソン大使が小笠原諸島への核兵器貯蔵が必要な非常事態に際しては日本に提起して好意的な対応を期待すると述べ、対して三木外相がそのような場合には事前協議に入ることを述べるという内容であった。三木はさらに土壇場になっても煩瑣《はんさ》な文言修正を求め、国務省に強い不快感を与えた。

ジョンソン大使は調印式での三木の声明にも不満を持った。ジョンソン大使は、小笠原返還という米国の善意の証《あかし》によって日本政府が国民の沖縄返還圧力を軽減することを期待していたのだが、三木は「残りの懸案も、日米協力関係を深めるという精神で、早く解決をはかりたい」という趣旨の挨拶をしてかえって煽っているかのように見えたからである（『読売新聞』一九六八年四月六日付）。

四月七日に佐藤の鎌倉別邸で夕食を共にしたジョンソン大使は、米国の善意と誠意を説かない三木への不満を直接佐藤に伝えた。ジョンソン大使は回想でも三木の不決断な態度を「極めて悪意に満ちていた」と記した（『ジョンソン米大使の日本回想』）。

ジョンソン大使は三木が佐藤との政治的競争で優位に立とうとしていると考え、先の日米首脳会談で密使若泉を用いたことで佐藤が三木をまったく信用していないと受け止めていた。三木の態度にも問題はあろうが、社会的圧力にさらされながらの沖縄返還は政府一体の悲願であり、両三年内の挿入に佐藤の跳躍という側面があったことを思えば、この時点では三木に気の毒な低評価と言えよう。

大学紛争の激化

当時、米国社会の混乱も深刻で、四月四日、黒人解放運動に尽力し、一九六四年のノーベル平和賞を受賞したキング牧師が暗殺された。さらに、体制批判と社会の騒乱状況は米国だけではなかった。五月三日、フランスのパリで学生と警官隊が衝突し、その後も労働者のストライキが続く五月革命が起こった。西ドイツでも学生暴動が起き、イタリアでも大規模なストライキが生じていた。

日本でも学生運動が騒乱化しており、大学がその現場となりつつあった。慶應義塾大学や早稲田大学などでの授業料値上げをめぐる紛争など、一九六五（昭和四〇）年頃からすでに個別の予兆はあった。一九六八年一月二九日には、東京大学医学部で登録医制度反対運動が起こり、大学全体での紛争の発端となる。五月二三日には、日本大学で使途不明金をめぐる大学当局への憤懣《ふんまん》からデモが行われ、二七日に全学共闘会議が結成された。それがあらためて東大に飛び火し、東大でも全共闘が結成されていた。

一九六八年四月二八日、沖縄と本土と海上で大々的なデモが行われた。「沖縄デー」と呼ばれる。これは対日平和条約が発効した一九五二年四月二八日がすなわち沖縄が分離された日であるとして、この年、初めて沖縄祖国復帰運動のなかで本土との連帯など活発な運動が行われた。

運動を刺激する事故も相次いだ。五月六日には米原子力潜水艦ソードフィッシュが佐世保入港時に放射能漏れを疑われ、六月二日には、九州大学構内に戦闘機F４Cが墜落した。海の向こうでも六月五日、再び米国で衝撃が走る。先のキング牧師に続いて、今度は民主党の大統領予備選挙を優位に闘っていたロバート・ケネディが暗殺されたのである。佐藤は選挙応援で岩手県を訪れ、戦前、政友会の総裁であり首相を務めた原敬の墓所に参拝していたが、この報を聞くと険しい表情を見せて、「アメリカは一体何をやっているんだ」とつぶやいたという（『佐藤政権・二七九七日』上巻）。

日米安保条約自動延長方針と小笠原諸島返還

一九六〇（昭和三五）年に結ばれた日米新安保条約、すなわち日米相互協力及び安全保障条約が再び問われる一九七〇年は近づいてくる。佐藤はこの頃、「民社党や公明党は、政府とニュアンスは違っても、安保条約を認める方向をとっているから、話はつくと思う」と語っている（『佐藤番日記』）。大学紛争に参加した学生も一九七〇年を意識しており、その一人は「七〇年を思わぬ学生は学生ではないといった気持さえ持っていました」とのちに語っている（『１９６８』上巻）。

六月一一日に政府と党の連絡会議が開かれ、日米安保条約の自動延長などについて意見交換を行ったが、「まだ最終的にはきまらない」（『佐藤栄作日記』一九六八年六月一一日条）。あらためて固定期限を設けるかどうか。情勢が不安定であるがゆえに固定期限を設けるべきという側面と、固定期限を新たに議論することでさらに情勢が不安定化するという側面があった。固定期限を必要としない関係こそが望ましい関係であり、したがって佐藤政権としては

アメリカに対する「好き・嫌い」(1960〜80年)

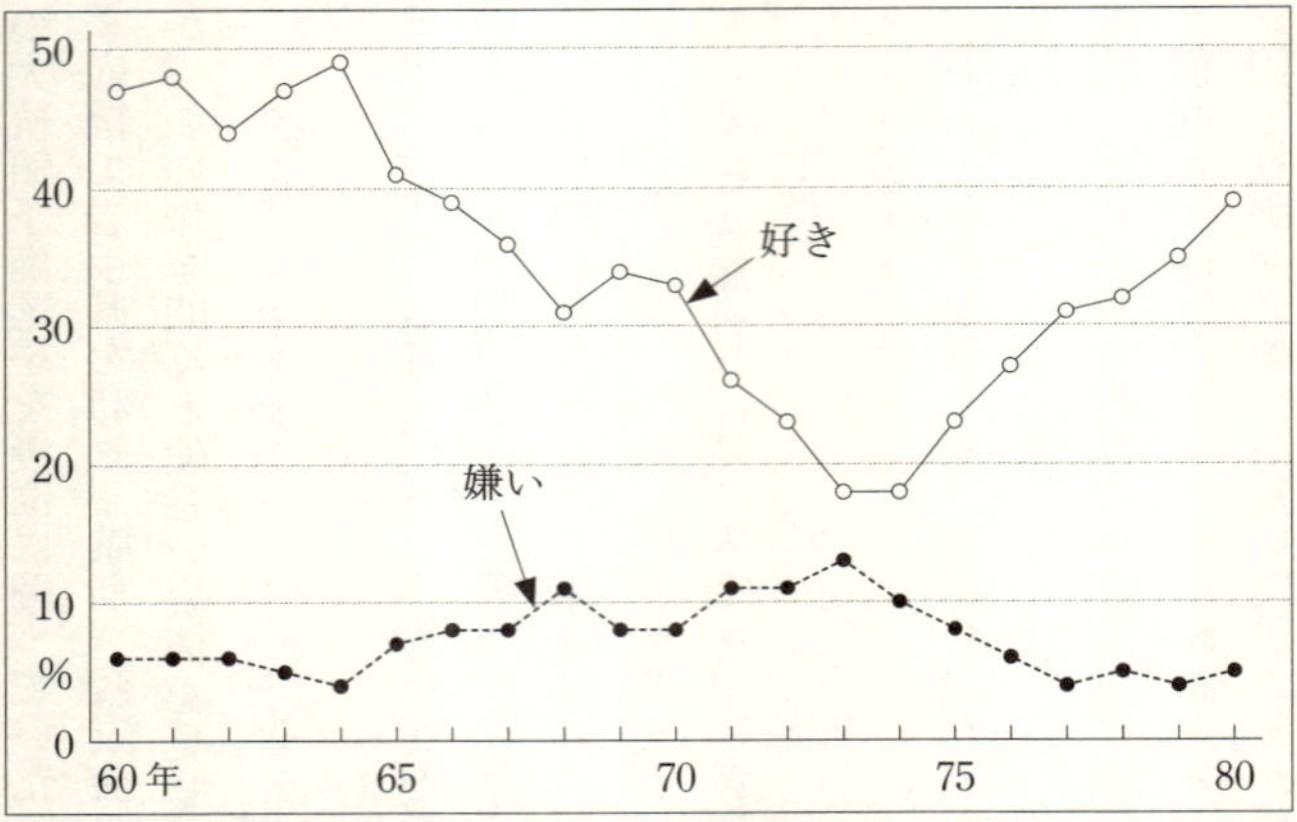

出典：NHK放送世論調査所編『図説 戦後世論史 第二版』(NHKブックス, 1982年) を基に筆者作成

一九七〇年までに日米安保条約の利益を国民に理解させる必要があった。ところが、ある世論調査では、米国を「好き」と答える数字がベトナム戦争への米国の介入が本格化した一九六五年から顕著に低下していた。このようななかで、六月一七日、参議院選挙を前に、自民党は安全保障調査会と外交調査会の正副会長会議を開き、新たな条約を結ばずこのまま自動延長する方針を確認した。

六月二六日、二三年ぶりに小笠原諸島が日本に復帰し、父島で返還式が行われた。世界史にもまれな平和裏の歴史的復帰として祝福に包まれた。他方で、沖縄では小笠原の祖国復帰を祝う一方で、沖縄の施政権返還が小笠原の復帰ですり替えられたのではないかとの疑念の声も聞かれた(『毎日新聞』一九六八年六月二六日付夕刊）。

七月七日、第八回参議院選挙が行われた。一九七〇年安保再検討期の参議院構成が明らかになる選挙である。佐藤は選挙前の七月三日、自民党総裁として新聞に意見広告を行った。佐藤は「二十一世紀は日本の世紀だ」とも言われているが「私の念願は、この〈日本の世紀〉を実現することであり、これを次代の青少年に引き継ぐこと」であると訴えていた。また、「〈自由と平和〉に名をかりた暴力・破壊活動」を許さず、自民党が「日米安全保障条約の継続を望む」ことを明確にした。佐藤は「日本ほど自由な国があるでしょうか」と問いかけ、自由と平和の支柱としての自民党への支持を求めた。

佐藤は五月に外国人記者との会見で、「今度の参議院選挙では安保条約不要論に対しては徹底的に戦うつもりだ。日米安保条約なしで裸になった日本を考えた場合その防衛を一体どうするのか、どんなにこれが危険なことかを選挙戦を通じ国民に十分理解させるつもりだ」と語る。佐藤は防衛問題について国民の声に耳を傾ける一方で、政治が国民を教育する作用に期待していた。

参院選の結果は、自民党は全国区五一議席中二一議席、地方区七五議席中四八議席を占め、得票率はそれぞれ四六・七一%と四四・八六%となった。これに対して第二党の社会党はそれぞれ一二議席（一九・八三%）、一六議席（二九・一七%）で、特に地方区で八議席減らしていた。

信任を得た佐藤は、選挙直後に行われた『ニューヨーク・タイムズ』紙記者との会見で「野党は批判勢力としては重要であるが、野党が近い将来政権をとる可能性はほとんどない」と述べた。佐藤は九月にモースＩＬＯ事務局長と会見した際に、労働組合幹部のイデオロギー性も民間労組を中心にだいぶ薄らいだと語っている。

佐藤が重視するのは対米交渉であり、沖縄住民の意向であった。佐藤は「日本人である沖縄住民の意思をたえず尊重すべきであり、彼等を恐怖と不安の犠牲者とすべきでなく、沖縄の早期返還の実現」が念願であると強調した（『楠田資料』Ⅰ）。

プラハの春と「国を守る気概」

外務省の村田良平は一九六八（昭和四三）年四月に外務省国際資料部調査課長となると岡崎久彦分析課長とともに「安保ＰＲ作業」のための理論武装作業に着手した。「七〇年安保の体制側の行動部隊として、佐藤栄作総理の首席秘書官、楠田實氏と協力して、愛知揆一外務大臣、牛場信彦外務次官の下で、二人でコンビを組んで、安保条約擁護のキャンペーンに従事した」と言う（『村田良平回顧録』上巻、「戦後とは何であったか」）。国内宣伝戦である。

七月一日には核兵器不拡散条約（ＮＰＴ）が米国、ソ連、イギリスをはじめ六二ヵ国によって署名されていた。これは一九六七年一月一日以前に核実験を行った米国、イギリス、フランス、ソ連、中国を核兵器保有国として限定し、核軍縮への誠実な交渉を求めるとともに、それ以外の国への拡散を禁止するものであった。ただし、中国、フランス、さらには日本と西ドイツは署名していなかった。

翌年五月の発言だが、佐藤はクルト・ゲオルク・キージンガー西ドイツ首相に、「わが国は世界唯一の被爆国として核軍縮の精神にはもとより賛成であるが、独自の核開発を進めつつある中共は日毎《ひごと》に日本に対する脅威となっており、中共やフランスの参加しないNPTに何程の価値があるか疑問視されるので、わが国としてはドイツ等とも十分協議した上で最終的態度を決定したい」旨を述べている（『楠田資料』I）。

社会の騒乱状況は西側世界にとどまらず、チェコスロバキアでは一月に改革派のドプチェク共産党第一書記が誕生し、「人間の顔をした社会主義」をスローガンに自由化への期待が膨《ふく》らんでいた。「プラハの春」である。しかし、八月二〇日、ソ連、ポーランド、東ドイツ、ハンガリー、ブルガリアの五ヵ国からなるワルシャワ条約機構軍二〇万人が侵入し、その流れを押しつぶした。ソ連のブレジネフ政権は「ブレジネフ・ドクトリン」と呼ばれる制限主権論を唱えた。すなわち社会主義諸国の脅威は共通しており、ソ連が必要と判断したときには軍事介入が正当化されるという考えであった。これに警戒を強めたのが中国である。その中国でも文化大革命による国内の混乱が続いていた。

九月一三日、佐藤は岐阜県で開かれた「一日内閣」でチェコスロバキア事件を取り上げ、再び「国を守る気概」を説いた。佐藤はチェコスロバキア問題に「自由の貴《とうと》さ」を感じ、国民が自らの手で国の安全と個人の自由を守る「自主防衛」の重要性を説いた。佐藤の言う「自主防衛」には意思と能力が必要である。すなわち、国民の国を守る意思とともに、非核三原則を「国民的総意」とするなかで足りない能力を日米安保条約で補う必要があり、それは軍国主義に回帰したり、核武装によって国の威信を高めることではないと強調した。

佐藤は楠田のまとめたこの演説原稿に満足した。数日後、楠田が車中で佐藤にこの一年での国民の国防意識の高まりに言及すると、佐藤は「岐阜であれだけの話をしたのだから、一人ぐらい核を持てというものがあってもよさそうなものだな。いっそ、核武装をすべきだと言ってやめてしまおうか」と語り、楠田は「それはちょっと早いですよ」と答えたという(『楠田實日記』)。

佐藤と昭和天皇

一九〇一(明治三四)年四月生まれの昭和天皇と、その一ヵ月ほど前に生まれた佐藤は言わば同級生だったが、一九二一(大正一〇)年に摂政となり、二六(昭和元)年に即位した昭和天皇の政治的経験は圧倒的である。佐藤の昭和天皇への姿勢はしばしば日記に登場する「感激」という言葉に表れている。妻の寛子によれば、吉田茂の佐藤への薫陶の最も大きいものは「皇室を大切にせよ」ということであったという(『佐藤寛子の宰相夫人秘録』)。

昭和天皇は新憲法下で国民の象徴となっても内奏を求めた。佐藤は一九六六年の天皇誕生日に、天長節と呼ばれた「昔がなつかしい」と思いながらも、外交官らを接見する様子にはもう戦後を感じなかった（『佐藤栄作日記』一九六六年四月二九日条）。敗戦で揺らいだ立憲君主制も新憲法の下で広く国民との結びつきを強め、新たな安定に向かいつつあった。一九五八年の皇太子明仁親王と正田美智子との婚約、翌年の結婚記念パレードは一大ブームを巻き起こし、皇太子夫妻は再生に向かう若き日本を象徴する存在であった。

佐藤政権期の昭和天皇は、植樹祭と国民体育大会で全国を回る。宮中の関心の一つは高齢化した天皇の公務削減問題であり、もう一つがデモであった。

九月二六日、佐藤は昭和天皇に「学生運動の動向などを中心に一般の政情」について説明を行った（『昭和天皇実録』一九六八年九月二六日条）。一〇月二一日は一九六六年のこの日に総評がベトナム反戦ストライキを行ったことを記念する「国際反戦デー」であったが、新宿で大規模な騒乱が起こり、騒乱罪が適用される事態となった。

明治一〇〇年記念式典——「文化国家」を求めて

一〇月二三日、政府は明治一〇〇年記念式典を行った。佐藤は、新聞広告で、「われわれ日本民族は、過去百年の貴重な経験を省み、新しい百年に向かって、新しい歩みを進めようとしています。明治初年に小さい藩の意識から国家への意識に発展した視野を、今こそ世界と宇宙の意識にまで拡大させる時代であります」と説いた。一〇時半、式典は昭和天皇皇后臨席のなか近衛秀麿が指揮するNHK交響楽団の演奏する「越天楽《えてんらく》」で幕を開けた。

明治一〇〇年を記念する催しは、一九六六（昭和四一）年三月の閣議了解を経て五月から検討が始まった。政府による世論調査も行われ、日本的なよさの再評価や国際的視野が強調されている。記念行事は官にとどまらず企業など民にも広がり、また東京に限らず全国で行われた。青年が東南アジアや、沖縄も訪れる「青年の船」も企画された。

佐藤は明治一〇〇年を記念することの意義を「総理と語る」の対談で、「ケネディ大統領ができたときにニューフロンティアということを言ったね。新しい開拓精神、これやっぱり必要だろうと思うのですね。精神的な支柱、それをやっぱり明治百年に求めるのではないだろうかと思うのですよ」と語っている（『楠田資料』K）。

佐藤は文化行政にも高い関心を持ち、一九六八年六月一五日には文部省外局として文化庁を新たに設置した。初代文化庁長官には小説家で終戦直後に文部省で文化課長を務めた今日出海《こんひでみ》が就任した。佐藤の肝いり人事で、「おれの居る間文化庁をやってくれよ」という約束を守って今は佐藤退陣まで務めたという（「文化と文化庁のあいだ」）。

佐藤政権下の一九六六年には、佐藤が蔵相を務めていた一九五八年に米軍から返還されたパレスハイツ跡地に、伝統芸能の保存・振興の拠点となる国立劇場も開場していた。文化庁は戦後の混乱下で放置され高度経済成長下で失われつつある文化財の保護にとどまらず、環境庁ができるまで尾瀬など自然保護にも関与した。

他方で、明治一〇〇年を祝うことには懸念もあり、批判も強かった。法相は国会で「記念事業をどのような角度からも右傾化することは好ましくない」と答弁し、公安調査庁長官は、右翼団体が一〇〇年記念事業を期に「明治維新百年祭」と称して「国家維新を断行し、旧憲法にかえれ」と主張しているが、非合法な手段で行おうとしていることはなく監視も怠っていないと説明した。

社会党、共産党は式典に参加せず、日教組も反対していた。明治一〇〇年よりも日本国憲法二〇年を祝うべきであるとの主張であった。式典が準備されてから実施されるまでのわずか二年間でも状況は変化していた。第一次羽田事件以降、学生運動は過激さを増し、一〇月二三日当日の新聞は二一日の国際反戦デーに起こった新宿騒乱について続報していた。

日本国憲法二〇年を祝うべきと考える批判者から、佐藤政権はずいぶんと保守的に見えただろう。しかし、この祝典を一九四〇年の紀元二六〇〇年祭と対比すればその狙いは明らかである。紀元二六〇〇年祭では民間でオリンピック誘致と万国博覧会などが予定され、政府で準備委員会を設けたのは一九三五年、当時の岡田啓介内閣であったが、一年後の二・二六事件を経て日本の政治体制は大きく変化した。オリンピックと万博は中止・延期され、式典当日に発せられた大詔では「非常ノ時局」を前に時艱《じかん》克服、国威昂揚が求められた。

その意味で、明治一〇〇年祭は近代性と国際性からの明治理解であり、日本国憲法につながる伝統を形成している。同じ年に、政治思想史家の丸山眞男は、伝統とは「現在におけるチョイスの問題」であり、「幕末以来輸入してきたヨーロッパの文明や思想」は現代の日本人にとって十分に「伝統」と呼びうると述べている（『丸山真男集』一六巻）。

一一月に実施された三つの重要選挙

一一月に入ると、六日、一〇日、二七日と佐藤政権にとって重要な選挙が相次いだ。米大統領選挙、琉球政府行政主席選挙、そして自民党総裁選挙である。

まず一一月六日に米大統領選挙が行われた。出馬を断念したジョンソン大統領は一〇月三一日にすべての北ベトナムへの攻撃を停止し、和平交渉を進める演説をしていた。これは沖縄返還に大きな意味を持つ。米国は韓国、台湾、ベトナムに対する在沖縄基地の自由使用を最重要視していたからである。

佐藤は五月に外国人記者から沖縄返還早期実現のために誰が次期大統領となったら好ましいかを問われ、誰がなっても特に問題ないと思うがハンフリー副大統領なら一番やりやすいかと応えていた。しかし、僅差で勝利を収めたのは民主党候補のハンフリーではなく、かつてアイゼンハワー政権で副大統領を務め、一九六〇年の大統領選挙でケネディに敗れた共和党のリチャード・ニクソンであった。

次に一一月一〇日、沖縄で琉球政府初の行政主席選挙が行われた。一九四五（昭和二〇）年六月の沖縄戦終結以来、五〇年一二月に米軍政府が米国民政府に改編され、五二年四月に琉球政府が発足してからもなお事実上の米軍統治が続き、高等弁務官が四代の行政主席を任命してきた。しかし、長らく沖縄住民には主席公選の希望があり、二月、ついにフェルディナンド・アンガー高等弁務官が公選実施を発表していた。

保守候補には、一九五九年に結成された沖縄自由民主党総裁で那覇市長を務める西銘順治が立った。佐藤は西銘を「沖縄の施政権返還は遠くない。ぜひとも最後の行政主席になって、君の手で困難な復帰事業を担当してくれ」と激励した（『自由民主党党史　証言・写真編』）。対して革新候補には教職員会会長で沖縄県祖国復帰協議会（復帰協）会長の屋良朝苗が立った。沖縄三野党と呼ばれる地域政党の沖縄社会大衆党、共産党系の沖縄人民党、社会党系の沖縄社会党が支持し、美濃部亮吉の選挙運動を参考に本土の革新自治体と連携した。

西銘は復帰に向けた一体化政策を唱えたが、アンガーの演説をもとに「基地の撤去を掲げる革新が勝てば、芋を食い、はだしで歩く生活に戻る」と宣伝したことが「イモ・はだし論」と批判を浴びる。革新共闘候補となった屋良は基地の即時無条件全面返還を打ち出していた。結果は屋良が二三万七六四三票を獲得し、二〇万六二〇九票の西銘を破った。佐藤は「復帰問題は一寸むつかしくなるか」と記した（『佐藤栄作日記』一九六八年一一月一一日条）。

そして一一月二七日、自民党総裁選挙が実施された。佐藤三選に挑戦したのが外相だった三木武夫と前尾繁三郎である。三木は前尾と連携して佐藤と対峙した。三木は立候補表明の前日一〇月二九日に外相を辞任し、前尾も一一月一日に立候補を声明、佐藤は八日に出馬を声明した。三木と前尾は対話と信頼の政治姿勢を求め、沖縄返還について「本土なみを期する」と述べた(『朝日新聞』一九六八年一一月二六日付)。さらに三木は、「佐藤首相は沖縄返還は自分の手で、とあたかも佐藤さんでなければ解決できないようにいう、そのいきごみは壮とするが、実情を知っているものからすれば、それはいい過ぎである」とも述べた(『朝日新聞』一九六八年一一月一九日付)。

三木と前尾はアジア安定のために日中関係改善への前向きな取り組みを求め、三木は「アジア太平洋構想」の推進を強調した。佐藤政権前期のアジア外交は、池田政権から引き継いだ椎名悦三郎外相が日韓基本条約を結び東南アジア援助を進め、三木外相がオーストラリアやニュージーランドを視野に対象の拡大を模索してきた。それは対米政策、すなわち沖縄返還への足がかりや冷戦時の分断外交として理解されがちであるが、アジア外交それ自体の性格も持ち、対中姿勢も含めて佐藤外交のもう一つの側面でもあった。

三木と前尾の挑戦に佐藤は、愛知揆一を中心にまとめた十大政綱を周山会の総会で決定した。日米安保体制を堅持し、「非核三原則を守り、徴兵や海外派兵をしない現行憲法の原則のもとで、自主防衛を充実すること」、「沖縄主席選挙の結果に示された百万県民の願望を十分くみとり」沖縄の祖国復帰を実現すること、そして、沖縄復帰実現に「残された二年間の政治生命をかける」と佐藤は決意を示した(『朝日新聞』一九六八年一一月一九日付夕刊)。

「本土なみ」については、そうなるかもしれないが、すぐに「本土なみ」ということは無理であり、交渉に臨む先から掲げては難しい問題にぶつかる。「つい最近まで外相としていたことは私の不明だった」と三木を批判した。岸は、先に三木外相人事を佐藤から相談されたときに安保改定時の議場欠席をあげて反対していた。それにもかかわらず外相に指名してここに至ったこの結末に、「人間はやけどをしないと火が熱いということは分からないんだな」と辛辣《しんらつ》な感想を残している（『岸信介回顧録』）。

結果は、佐藤二四九、三木一〇七、前尾九五、藤山一で、佐藤は第一回投票で過半数を得て三選を果たした。この結果、二位の三木が存在感を増すとともに、後塵《こうじん》を拝した前尾は宏池会内での影響力低下を招いて大平の台頭につながる。

4　沖縄返還への最後の奮闘――ニクソン会談と交渉の帰結

核抜き本土並みの進展――沖縄返還チームの始動

一九六八（昭和四三）年一一月三〇日、第二次佐藤内閣第二次改造内閣が成立した。目玉は保利茂官房長官と木村俊夫官房副長官であった。保利の官房長官就任は吉田内閣以来一七年ぶりであり、木村官房長官が副長官に下がって支える異例の人事であった。

保利は自らの職責を、多くの大学で紛争の火が燃えさかっているなかで、「この大学紛争を鎮静化して沖縄を片づけなければならない」、「大学問題を鎮静化しつつ、首相を米国へ送り、〔沖縄問題について〕大統領との会談に持ち込まなければならない」と考えていた(『戦後政治の覚書』)。

改造内閣の中心課題は沖縄返還の成就であり、外相には愛知、蔵相には福田赳夫が就き、総理府総務長官には長らく沖縄問題に取り組んできた床次徳二が選ばれた。

一二月九日、屋良琉球政府行政主席が首相官邸を表敬訪問し、佐藤は保利、木村とともに面会した。佐藤は屋良に好感を抱いた。佐藤は屋良に「いっしょにやろう」と述べて復帰問題について強い決意を語ったという(『佐藤栄作日記』一九六八年一二月九日条、『屋良朝苗回顧録』)。

年が明けて一九六九年一月六日、佐藤は保利が同席するなか官邸で下田駐米大使と会い、「下田君、やはり核付きの返還なんて考えられんよ。あくまでも核抜きでいこう」と裁断した(『戦後日本外交の証言』下巻、『正伝佐藤栄作』下巻)。また、一三日には、政治担当国務次官としてニクソン政権入りするジョンソン大使との離日会談が行われ、佐藤は、「日本の『非核三原則』はナンセンスだ。しかしながら、これをもって日本が核兵器を持ちたがっていると解釈すべきではない」と述べたという(『盟約の闇』)。

一月二〇日、ニクソン政権が発足し、対日政策の再検討も始められた。他方、日本では一月二八日から三一日まで沖縄問題等懇談会の下部組織である基地問題研究会主催で「沖縄およびアジアに関する京都会議」が開かれた。参加していた猪木正道は米国の核戦略理論家アルバート・ウォールステッターとトマス・シェリングがともに技術の進歩を踏まえて沖縄の核はもはや撤去した方がよいと論じたことに驚いている。官邸で参加者から会議結果の説明を受けた佐藤は、自身の国会答弁についても感想を求め、もっと話を進めておかなければ間に合わないのではとの率直な意見にうなずいた。

B52爆撃機爆発事故

沖縄では、初の行政主席直接選挙から一〇日と経たない一九六八（昭和四三）年一一月一九日に、嘉手納基地でB52戦略爆撃機が離陸に失敗して基地内で大爆発する事故が起こっていた。基地反対運動はさらに高まり、一九六九年二月四日に向けてゼネストが計画される。沖縄での県民総決起大会では「七〇年安保」に向けての闘いも強調された。

屋良主席の与党は、ゼネストを支持する人民党、社会党と、回避への努力を求める社会大衆党で温度差があった。琉球政府の局長会議はゼネスト回避を求めていた。屋良はゼネストを回避したいと考え、説得材料としてB52撤去の目処を政府に求めた。

屋良は、一月二九日、再び佐藤に面会してB52の撤去を強く要求した。佐藤は、「政府は、沖縄県民の意を体してギリギリ折衝を続けるが、ただちに効果があるとは思えない。根本問題は施政権の返還だから、十一月の渡米の際にはメドをつけるよう決意している」と努力を約束し、ゼネスト回避を求めた（『屋良朝苗回顧録』）。しかし、目処は得られない。

このとき屋良は、旧知の新聞記者から木村副長官との面会を勧められた。面会した木村は革新主席である屋良の方が沖縄復帰にとってプラスと考えており、国際情勢などから六、七月には撤去されるのではとゼネスト回避への言質《げんち》となるような楽観的な見通しを伝えた。最終的にゼネストは回避されたが、一九六〇年の結成以来超党派で祖国復帰運動を行ってきた復帰協は三月、「基地反対、核基地撤去」の姿勢を「基地撤去」「安保条約の廃棄」に転換した。なおB52の撤去は約一年後の一九七〇年九月だった。

ベトナム戦争への新しい異議申し立てを実践してきたベ平連もまた、一九六九年二月、「日米安保条約廃棄」を運動目標の一つに加え、『ベ平連ニュース』と並行して沖縄問題と安保条約の問題を論じる隔週刊の『週刊アンポ』を刊行した。こうして焦点は七〇年安保に向かいつつあった。

「核抜き本土並み」を明言

佐藤にはこのような対立の厳しい社会情勢は、敗戦以来の思想的混乱に見えていた。三月、佐藤は公邸で般若心経を写経し、「昭和三十九年十一月より首相の重責を負い国政に心血を注ぐ。幸に産業の発展は世界各国を驚かしむるに足るものあれど敗戦以来の思想的混乱なお甚だしくして前途の容易ならざるを想う」と記した（『佐藤寛子の宰相夫人秘録』）。楠田は、「大学紛争のさ中、国会審議をはじめあらゆる行事がストップしているとき、佐藤さんはよく一人で机に向かって般若心経を写経していた」と回顧している（『首席秘書官』）。

国会審議も先鋭化し、二月二二日の参議院審議を終えた佐藤は「質問は相も変らず沖縄、大学、それに予算の総合予算主義が崩れたと云うのみ。実質的論議でないので、観念論や抽象的法理論でほんとにうんざりする。これでは国民に何も判らさぬ事となる」と慨嘆した（『佐藤栄作日記』一九六九年二月二二日条）。

三月八日、沖縄基地問題研究会は沖縄問題等懇談会座長に報告書を提出した。佐藤は、一〇日、参議院予算委員会で社会党の前川旦《まえかわたん》の質問に答えて沖縄基地の態様について、従来の「白紙」論から踏み出して、ついに「核抜き本土並み」で交渉する姿勢を示した（『正伝佐藤栄作』下巻）。佐藤は社会党議員でありながら前川と羽生三七《はにゅうさんしち》の二人を柔軟で良識のある政治家だと評していたという。保利官房長官は、記者にも十分に真意が伝わっていないことを受けて、あらためて記者会見で非核三原則の沖縄への適用の趣旨であることを説明した。

三月二日に中ソ国境地帯ウスリー川のダマンスキー島（珍宝島）で衝突した中ソ両軍は、一五日に再び大規模な衝突となった。三月二八日にはアイゼンハワーが死去し、四月一日には岸が特使として葬儀に出席し、ニクソン大統領とも政府特使として会談した。ニクソンと旧知の岸は、あらためて沖縄返還の重要性を示唆する役割を果たした。

東大安田講堂の攻防から大学立法へ

改造内閣が直面するもう一つの大きな課題は、保利官房長官が意識し、佐藤自身が「内政においては、学生問題を当面の最重点」と述べたように、大学紛争への取り組みであった。佐藤は熊本県選出の坂田道太を文相に据えた。坂田は中曽根派に属していたが、自由党出身で、父は佐藤や池田が通った旧制五高で教授を務めていた。佐藤はまた、警察を管理する国家公安委員会委員長に五高出身で文相経験のある荒木万寿夫をあてた。

一月一九日、学生運動家たちによって封鎖されていた東大安田講堂が機動隊によって正常化された。佐藤は翌二〇日、坂田文相とともに封鎖解除後の現場に立って視察している。そして三月の東大入試は中止されることになった。

大学内は革命前夜の様相を呈し、一歩外に出れば繁栄が広がっていた。なぜ高度経済成長を果たした国々でこのような学生反乱が起こるのか。佐藤は「大学問題では私自身悩みぬいているが、仲々解決の名案が見つからない。〔中略〕過激学生の一部には、マルクーゼやその他の新しい思想なり理論もあるようだが、学生運動の実態を見ると本来教育の場であり、研究の場であるべき学園が、反体制的活動、政治闘争の場になってきている」と嘆いた（『楠田資料』I）。

東大安田講堂をめぐる攻防はテレビを通じて社会の耳目を集めたが、これで学生運動が山を越えたわけではなかった。四月二八日の「沖縄デー」は大荒れで学生と警官隊が衝突した。

前年に続いてこの日も沖縄代表団が上京するなか、都心で一大騒擾に発展し、北ベトナムからはメッセージが届き、政府は運動の拠点潰しに奔走していた。

昭和天皇はこの日、学生の動向についてしばしば侍従に問い、佐藤も秘書官を通じて特に状況報告を行っている（『昭和天皇実録』一九六九年四月二八日条）。

東京大学封鎖解除後の視察，1969年1月20日　左から3人目より加藤一郎学長代行，坂田道太文相，涙をぬぐう佐藤

佐藤の私邸にも学生が押し寄せ、以後、公邸で生活するようになった。寛子も自宅付近の緊張はこの頃頂点に達したと回顧している。五・一五事件など政府要人暗殺の現場となった首相公邸に移ることを渋る寛子に、佐藤は「まあ、せいぜい一年

くらいの辛抱だから」と説いたという。一九七〇（昭和四五）年の夏までには退陣の気持ちがあったということであろうか、それとも日米安保条約の延長が済めば再び平穏に私邸に帰れると考えていたのだろうか。のちに寛子は公邸生活のハイライトとして、一九六九年一月の東大での視察、八月の大学立法の朝、そして一一月の沖縄返還交渉に向けた訪米をあげている。

当初、高度経済成長と戦後のベビーブームに大学の制度や施設が追いついていかなかったことから始まった大学紛争であったが、次第に大学ごとの事情を超えて時代の問題に対する政治的主張を強めていた。

佐藤は四月二九日に官邸で川島正次郎と会い、大学問題解決に向けた党内調整を行った。岡山大学では捜査に入った機動隊の警官が学生の投石により死亡する事件が起こり、自民党は政府に、より強い対応を求めていた。衆議院本会議で緊急質問を受けた佐藤は事件に哀悼の意を表し、「戦争経験を経た世代と、戦後に育った若い世代の間には、いわゆる意識的または感覚的な断絶があるという事実はよく認識しております。しかしながら、日本民族が長い歴史ときびしい試練の末つかみ取った民主主義体制こそは、あらゆる年代の差を乗り越えて、国民全部で守り抜かねばならないものであると確信いたしております」と答えた（国会会議録検索システム）。佐藤政権は「調和」を繰り返し強調したが、それは東西両陣営の調和にとどまらず、国内における左右の調和、さらには経験の異なる世代間の調和をも意味していた。

佐藤は中央教育審議会の答申を踏まえて大学臨時措置法に取り組んだ。大学臨時措置法は五年間の時限措置として、大学紛争が起こった場合に学長・教職員に紛争収拾への努力を求め、長期化した場合には文相が閉校、さらには廃校措置も取り得ることを定め、大学ごとの自主解決を促すものであった。

大学の自治を損なうとの強い反対を受けて審議は難航し、衆議院通過が会期末、参議院では重宗雄三議長を通じた強行採決が行われた。佐藤自身が、「一旦混乱におとし入れ、然《しか》る後強行採決の国会法の規定通り本会議の強行採決をして幕」(『佐藤栄作日記』一九六九年八月三日条)と書いている。このような混乱のなかで成立した同法案であったが、その後、大学紛争は目に見えて下火になっていった。

沖縄返還交渉の夏——愛知外相訪米から密使若泉の再派遣へ

四月二八日には、ジョンソン駐日大使の後任に中東での長い経験を持つ職業外交官アーミン・マイヤーが任命された。一九一四年にインディアナ州で生まれ、第二次世界大戦での中東経験から外交官となり、レバノン、イランで大使を務めていた。

ニクソン政権は成立当初から対日政策の再検討を始めていた。四月三〇日の国家安全保障会議（NSC）に提出されたメモ（NSSM5）は一九七〇年に固定期限を迎える日米安全保障条約の存続と沖縄返還の問題を取り上げ、返還合意が日米安全保障条約の破棄や大幅修正を求める日本人の感情を抑制できると分析していた（『検証米秘密指定報告書「ケーススタディ沖縄返還」』）。

A・マイヤー（1914～2006）

ニクソン政権は五月二八日、国家安全保障会議で「日本に対する政策」と題する政策文書NSDM13（国家安全保障決定メモランダム第一三号）を決定した。そこでは日米安保条約を一九七〇年以降も現行のまま継続すること、詳細の合意などを条件としながらも沖縄の施政権返還に踏み切ることが決定された。もちろん日本側には知らされない。

マイヤー大使は六月二三日に日本に着くと、七月三日に信任状を捧呈した。マイヤーは五日、早速、沖縄を訪れ、沖縄問題が日米間の重要な問題として認識されていることを示した。

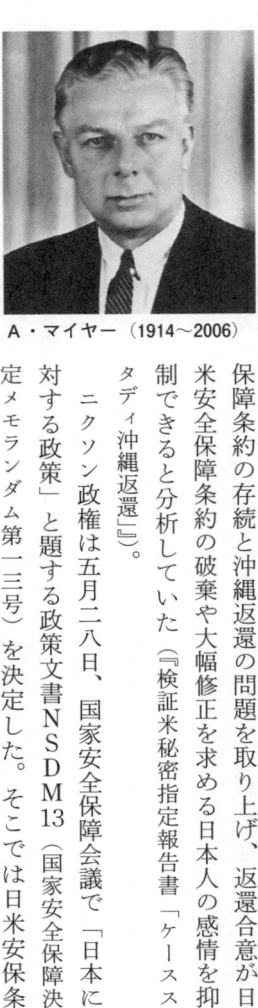

七月二〇日には、アポロ11号が月面着陸を成功させ、アームストロング船長らは月に一歩を刻んだ。「祝人類月到達之偉業」と墨書した佐藤の色紙のマイクロフィルムも月に送られた。その五日後の二五日、ニクソン大統領は訪問先のグアムで、アジア諸国の一層の自助と米国の負担軽減を求めるグアム・ドクトリンを発表した。その重大な意味についてはのちに明らかとなる。

佐藤政権はこの間も沖縄返還交渉に全力を傾けていた。六月に愛知外相を訪米させ、二日、ニクソン大統領と会談して一九七二年の沖縄返還実現を希望した。翌三日にはロジャーズ国務長官と会談して日米安保条約の自動延長を提起した。ここまでの交渉経過は沖縄返還がいかに米国の東アジア戦略にとって望ましいかを訴える日本側のペースで進んでいたとも言えよう。しかし、なおも道のりは厳しく、佐藤は七月一〇日、再び特使若泉敬を派遣する。

若泉は独自の使命感に駆られており、時に独走気味ですらあった。佐藤は帰国後の報告に訪れた若泉に「核抜き返還」で行きたいと意思を伝え、核再持ち込みに関して両首脳間の秘密の了解事項として扱うような何らかの特別協定にも否定的であった。「じつは、岸内閣の安保改定のとき、岸と藤山（外相）とが秘密協定を結んだのではないかという噂が出たが、自分はそういうことはしたくない。どだい、そんなことはいまのわが国では無理な話だ」と「朝鮮議事録」への不快感を述べた（『他策ナカリシヲ信ゼムト欲ス』）。佐藤は先の愛知訪米に際しても、「憲法の建前を崩す訳にはいかない」と秘密協定を避けるよう指示していた（「いわゆる『密約』問題に関する有識者委員会報告書」）。しかし、若泉は核抜き返還を実現するためには秘密協定もやむをえないと考えており、佐藤に不満ですらあった。

七月末にはロジャーズ国務長官が訪日し、三〇日の愛知外相との会談の後、三一日には佐藤と「沖縄問題と核拡散条約とをからませて話合った」（『佐藤栄作日記』一九六九年七月三一日条）。

綱渡りの内政運営

日米交渉を支える国内政治も綱渡りが続いていた。

六月三日の自民党幹部会合で、国会正常化について公明党対策を中心に、社会党と公明党を切り離し、その際には民社党との交渉に注意することが話し合われた。都議選では社会党の後退が見られた。二二二日に及んだ第六一回国会は強行採決や徹夜国会が目白押しとなった。佐藤は、このような状況に、「解散論の出ないのが不思議。野党は勿論の事、与党も解散はいやらしい。今なら勝つのだが困った事だ」と感想を記した（『佐藤栄作日記』一九六九年七月二七日条）。八月二日には医療保険財政の赤字対策に努める健康保険特例法が成立し、佐藤は、「顧みて攻防よく尽した。敵もさるもの、よく攻めた。然し所詮《しょせん》は数が物を云うと云う感じ」と日記に記した。

この年は靖国神社創建一〇〇周年にあたり、日本遺族会による運動を経て自民党議員から靖国神社の国家護持を目指す靖国神社法案が衆議院内閣委員会に付託された。これは占領下に単立の宗教法人となることで存続を許された靖国神社を、宗教色を排することで再び国家で引き受けようとするものであった。だが、先の大戦での記憶と信仰の自由との関係で根強い反対もあり、結局、審議の時間なく廃案となった。

国会閉会後の八月六日に記者会見を行った佐藤は、沖縄返還について語り、明るい希望が持てるとの認識を示した。「私は沖縄が復帰せずして戦争は終結しないという気持を、いまも持っている。私はピリオドを打つ気持で出かけるので、国民の声援を受けるだろう」。また大学臨時措置法については「大学自治を守るため、政府が最小限度必要な措置だと思ってつくった。〔中略〕大学問題を教育の問題として扱うかぎり、あれよりよいものはない」と述べている（『朝日新聞』一九六九年八月六日付夕刊）。

沖縄返還は過去への終止符にとどまらない。八月二六日、佐藤は外国人記者に次のように語っている。

> 核を保有しない日本は米国の核の傘の下にあり、今後も集団安全保障体制によって安全を確保して行きたい。日本国内には矛盾した考えをもつ連中がおり、例えば彼らは沖縄返還に賛成していながら、それが目的である私の訪米を阻止しようとしたり、日本の安全を確保している安保体制を破壊しようとしている。しかし米国の一部にも日米安保体制は日本のみを利するものであると考えているものもあるようだ。我々は日米友好関係の基礎の上に、今後ともこの安保体制を継続していかなければならないと思う。
>
> （『楠田資料』Ⅰ）

そして、二日後のテレビ番組「総理と語る」では、沖縄返還の意義を「戦争で失った領土を平和裡に話し合いで復帰させる」と説いた。軽軍備に努める日本にとって、沖縄返還が問い掛けるのは国際体系における平和的変革の問題であった。九月末に総選挙を実施した西ドイツでは、ウィリー・ブラント社会民主党党首が首相となり、東西の緊張緩和を図る東方外交が展開されていく。

訪米への苦難の秋――核兵器問題と財政問題

一一月の佐藤・ニクソン会談に向けて、沖縄返還交渉は詰めの段階に入っていく。日米関係を信頼し、楽観的な見通しを示した佐藤の言とは裏腹に、秋になっても後述する二つの問題で行き詰まっていた。一〇月二〇日の段階で、佐藤は、同行者の確認など訪米準備を進める楠田秘書官に、「今更言ってはなんだが、大変なことに手を付けてしまったよ。良かったのか、悪かったのか、わからんね」と述べている（『楠田實日記』一九六九年一〇月二〇日条）。

第一の問題は、沖縄での核兵器の撤去と再持ち込みについてであった。

一〇月七日、佐藤は木村官房副長官とともに牛場外務次官や東郷米局長らの報告を受けた。佐藤は、沖縄における核兵器撤去後の再持ち込みに関する事前協議があった場合について「非常事態で必要と云うことならyesと答える」と述べるも、そもそも沖縄にどのような核兵器がどれぐらいあるかもわからないなかで「核の問題は俺が決めなければならぬと云うことは分るが、事実を充分知らなくして下手な決め方もやりようがない」と述べた。

さらに佐藤は、「米国が核を日本に認めさせる余り、逆に日本が自ら核武装しようと言ったら米国も困るのではないか」と米側の主張の理不尽さをなじり、「日本が不完全武装であると云うことは国民にも分かっているだろう。非核三原則の持ち込ませずは、誤りであったと反省している。この辺で不完全武装だからどうすべきかと云うことをもっと明らかにすべきであろうかとも考えている」と語った（『外務省「密約」調査関連文書』）。

自ら核武装しないのであれば米国の核の傘に頼らざるをえないが、「持ち込ませず」は核抑止力を損ないかねない原則であった。佐藤は「むつかしいことが多いが、この苦労は総理になってみないと分らない」と心情を吐露している。

第二の問題は、沖縄返還にともなう財政取り決めについてであった。

九月の福田蔵相とケネディ米財務長官の会談の段階で、米国は沖縄に投資してきた資金を回収し、沖縄返還にともなう財政負担も負うつもりがないことを伝えてきた。小笠原返還では規模も小さく相殺《そうさい》されていた。これを受けて一〇月に入ると柏木雄介大蔵省財務官とジェーリック財務相特別補佐官との間でさらに詰めた議論が続けられた。返還にともなう財政措置については、福田蔵相は佐藤首相と愛知外相のみに伝え米国側と交渉を重ねていった。

支払いの積算根拠を求める日本側に対して、米国側は一括払い方式を要求し、佐藤訪米までに財政問題が片付いていなければ今後の日米間のあらゆる問題に沖縄の財政問題がつきまとうと述べた。結局、一一月一〇日、米国資産の買い取りや基地移転などの費用として米国側の要求をほぼ認める合意に至り（柏木・ジェーリック秘密合意）、一二月二日に覚書が交換された。

戦後平和憲法と東アジアの安全

話を少し戻す。一〇月一四日、佐藤は官邸で西村民社党委員長、竹入公明党委員長と三党首会談を行い、「沖縄返還の実現は民族の悲願であり、政府は全国民の納得できる解決をはかろうと努力している。野党も、それぞれの立場を離れて政府を励ましてほしい」と要望した（『朝日新聞』一九六九年一〇月一五日付）。

この会談は民社党、公明党両党の働きかけで行われたもので、社会党は国会で議論されるべきと参加を拒否した。

この頃佐藤は、表敬訪問したアジア諸国の記者を前に訪米の趣旨を語り、アジアからの米軍撤退について「各国もこれを歓迎していると思う」と述べたのに対して、記者から「総理も歓迎しておられるか」と問われると、「然《しか》り」と答えている（『楠田資料』I）。

米軍後退後の日本の役割について問われると、「日本が、戦後平和憲法を制定し、世界の平和と繁栄を念願してやってきたことは、二〇余年経った今、ようやく各国に理解されて来ていると思う」と述べ、経済的には「アジアの開発途上国に対して協力をし」て「エコノミック・アニマルといわれないようにせねばならない」が、政治的には「日本の平和憲法の下では、他国の安全保障の問題にまでわが国が介入することはできない」と説明した。

一一月一〇日、佐藤は屋良朝苗琉球政府主席と面会した。佐藤は屋良に「佐藤は誠意をもって最後まで最善を尽くす、と県民によく伝えてほしい」と言付け、「沖縄の復帰なくして日本の戦後は終わらないと言った当人が、アメリカへ行って交渉する。はじめは馬鹿ではないかとの声もあったが、いよいよ最後の交渉に入るわけだが、問題が非常に複雑であるので、最後まで安心は出来ない」と感慨めいた言葉を発した（『屋良朝苗回顧録』、『一条の光』上巻）。「当人が」との言葉には一九六五（昭和四〇）年夏の沖縄訪問が、本来、のちの政権への布石として考えられていたことをうかがわせる。

訪米を前にして一一月一一日、佐藤首相はマイヤー大使と会談した。ニクソン大統領が核兵器の貯蔵の問題で佐藤と直接協議するまで何も決定しないという話になると、佐藤は次のように答えた。

核の持込み――「貯蔵」と同義語であろう――につきどういう話が出るか？余計な三原則（ママ）を作ったが、これとぶつからない方法は仲々無いのでは？最後に出て来るのは核問題か――誰にも相談せず悩んできたが、本日の大使のお話しでもあり、外務大臣と相談して肚《はら》づもりを作ろう。これは想像の外の問題ではない…。
（『外務省「密約」調査報告対象文書』）

一〇月七日の政府内での打ち合わせと同趣旨の発言であり、佐藤の懊悩《おうのう》の吐露《とろ》とみられる。

他方でマイヤーはどう受け止めたのだろうか。マイヤーは前日に愛知外相との会談を受けて本国政府に報告を行ったが、そのなかで日本政府は国民的な「核アレルギー」と非核三原則に拘束されており、「愛知の提案する共同声明の文言に加えて、緊急時の核の再持ち込みを可能とする佐藤から大統領への私的な保証（private assurances）が、多分に核の問題について我々が期待できる最高の結果である」と結論づけていた（『世界のなかの沖縄、沖縄のなかの日本』）。

繊維問題の急浮上

佐藤首相とマイヤー大使の会談では、実はもう一つの問題についても切迫した話し合いが行われていた。経済、なかでも繊維問題であった。

この時点での繊維問題は、すでに規制されている綿製品を先例として、毛・化合繊製品についても米国が対米輸出規制を求めていたものである。ニクソン大統領は先の大統領選で公約として取り上げていた。伝統的に民主党が強い南部でニクソンの支持を広げるうえで重要であり、再選を目指すためにも看過《かんか》できなかった。

先の改造で通産相を務めることになったのが政務調査会長から入閣した大平正芳である。

大平通産相にとって繊維問題はニクソン大統領の選挙演説などから意識してはいたが、当初特別な課題とはみていなかった。綿製品の輸出規制は一九五五（昭和三〇）年の自主規制に始まり、岸内閣で政府間の協定となり、池田内閣で国際的な長期取り決めへと拡大していた。大平は池田政権下で綿繊維交渉に関わっていた。

他方、綿製品協定は日本の繊維業界に強い不満を呼んでいた。そこで、五月にモーリス・スタンズ商務長官が訪日する前には、族議員を巻き込んで衆参商工委員会、衆議院本会議で規制反対に関する決議が可決されていた。政府をも拘束しようとするもので、日本の繊維業界には当初から政府への強い不信があった。日本政府は、米国の繊維業者も利益を上げており、被害の事実がないことを理由に強硬な姿勢を貫こうとしていた。

ところがニクソン政権は、この問題に沖縄返還を強引に絡めてきたのだ。一〇月三日には、佐藤は密使若泉敬から繊維問題でも決断を迫られていた。米国政府の求める政府間協定に応じるようにである。若泉は一一月一〇日から一二日にかけて米国でキッシンジャー国家安全保障問題担当大統領補佐官と繊維問題も含めて打ち合わせを進める。

佐藤は一一月一五日、帰国した若泉から約二時間にわたって報告を聞いている。佐藤は若泉の情熱的な交渉ぶりに感激を覚えた。核抜き返還に本決まりの感触を得て佐藤は喜んだが、繊維問題では譲歩を求められ難色を示した。そのうえで佐藤は若泉に「よし、なんとかニクソンを助けよう」「とにかく、核抜きをやってくれたんだから、こっちもなんとかやってみよう」と答えたという（『他策ナカリシヲ信ゼムト欲ス』）。

佐藤訪米――沖縄返還合意と日米安保自動延長

佐藤は沖縄返還を実現すべく、一一月一七日から二六日まで訪米した。沖縄返還の足がかりを得た、先の日米首脳会談から二年。佐藤は出発の前日、青山墓地で吉田茂と松岡洋右の墓参りをしている。米国側が核兵器の問題は大統領が扱うという姿勢を崩さなかったため、佐藤とニクソンの首脳会談でどのような決着に至るのかはわからないままの出発であった。他方、出発の前日と当日、佐藤訪米を阻止しようとする大規模な反対運動があり、再び多数の逮捕者を出していた。

繊維問題をめぐるやりとりは、若泉とキッシンジャーの間でなおも続けられていた。佐藤は訪米直後の事務方との打ち合わせで、「沖縄と経済問題の取引の印象は絶対に避ける要あり」と述べている（『若泉敬と日米密約』）。繊維問題は同時にジュネーブで日米交渉を行っており、問題を切り離したはずであった。

繊維問題について米国側は強硬であった。佐藤は繊維問題が共同声明に入らないことを求めた。だが若泉からは繊維問題の合意内容と一二月末までの達成期限について、キッシンジャーから保証を求められていることが伝えられる。決断を迫られた佐藤は、沖縄返還を目指す日米首脳会談の「すべてがぶち毀《こわ》し」になることをおそれ、「いまの段階では、一応そのとおりにやる」と若泉に指示した。一一月一八日のことである。佐藤は沖縄の核抜き返還をすべてに優先させたのだ。

日米首脳会談は一一月一九日から二一日まで三日間行われた。会談初日、佐藤はホワイトハウス南庭での歓迎式の後、大統領執務室（オーバル・オフィス）で日米両通訳のみをともなうニクソン大統領との一対一の会談に臨んだ。愛知外相や木村官房副長官、下田大使、東郷アメリカ局長らは、ロジャーズ国務長官、ジョンソン次官、マイヤー大使らとともに別室で待機した（『楠田實日記』）。

佐藤はまず日米両国が太平洋を挟む二大国として、その協力を通して地域の安定に寄与すべきことを説き、ニクソンも長期の日米友好関係が地域の平和と繁栄に必要であると応じた。佐藤はさらに日米安保条約の堅持を説き、「自分としては沖縄問題の解決により、社会党の力を減少せしめることを狙っている」と述べている。

ここで話は沖縄に向かう。佐藤は沖縄が返還されたうえは日本の自衛力を強化しなければならないこと、また沖縄が現在、日本の安全を含めアジアの安全保障に重要な役割を果たしていることを十分踏まえていくことを述べる。

ニクソンは憲法上の問題は理解したうえで日本が軍事的により大きな責任を果たし、米国、西ドイツを含む欧州、ソ連、共産党中国に日本を加えて五者での力の均衡を求めた。佐藤は「純軍事的に世界の平和維持に加わることは無理」だが「経済協力等」で努力していると返している。沖縄の財政問題についても確認し、いよいよ共同声明の核をめぐる文言に話題は移る。日本側は核抜き返還と解釈できる文言を求めた。

佐藤はまず次のような文章を提起した。

総理大臣は、核兵器に対する日本国民の特殊な感情及びこれを背景とする日本政府の政策について詳細に説明した。これに対し、大統領は、深い理解を示し、沖縄の返還に当っては右の日本政府の政策に背馳《はいち》しないよう処置する旨を確約した。

ニクソンは事前協議について米国民にもう少し説明する必要があるとし、強い表現を含む米国案を提示する。これに対して佐藤は先の「沖縄の返還に当っては」の次に「日米安保条約の事前協議制度に関する米国政府の立場を害することなく」という文言を入れた第二案を提示。ニクソンも理解を示し双方合意に至った。

これは、外務省と国務省の間での交渉を下敷きに密使若泉敬とキッシンジャー大統領補佐官のやりとりでくみ上げられたシナリオによる。佐藤の提示した第一案はA案、第二案はB案と呼ばれていた。

文言に合意すると、ニクソンは隣接する小部屋に佐藤を誘い、戻るとこれは歴史的な瞬間であると握手を求め、佐藤も応じた。さらにニクソンは日本の総選挙の前に沖縄にあった核ミサイル、メースBの撤去を始めることを伝えて佐藤を喜ばせた。
待機していた閣僚たちを前に部屋から出てきた佐藤は、「話がまとまりました」「B案で話がつきました」と非常に嬉しそうな顔をして外務当局者にメモを渡した。その場は万歳三唱もできるような雰囲気であったという。ところが、佐藤の口をついて出たB案が何を指すのか、愛知大臣ら外務当局者はわからなかった（『沖縄返還と日米安保体制』）。

有事の核再持ち込みをめぐる「核密約」

ニクソンと佐藤は、中座した小部屋で何をしていたのか。キッシンジャーと若泉の交渉による事前の筋書に沿って、沖縄への核兵器再持ち込みに関する秘密合意議事録にサインしていた。

秘密合意議事録は、大統領と首相のやりとりからなる。ニクソン大統領は「日本を含む極東諸国の防衛のため米国が負っている国際的義務を効果的に遂行するために、米国政府は、極めて重大な緊急事態が生じた際」には日本政府と事前協議を行ったうえで核兵器を沖縄に再び持ち込み、もしくは通過させる権利が認められる必要があり、「米国政府は、その場合に好意的回答を期待する」と述べ、これに佐藤首相が、「前記の極めて重大な緊急事態の際の米国政府の諸条件を理解して、かかる事前協議が行われた場合には、遅滞《ちたい》なくそれらの要件を満たすであろう」と応じる内容である（「いわゆる『密約』問題に関する有識者委員会報告書」)。

二人は当初イニシャルを使う予定であったが、ニクソンがフルネームでサインしたため、佐藤もこれにならった。

この会談時に、ニクソンは佐藤に日本の独自の核保有について「理解する」とも述べたという(*Sato, America and the Cold War*)。従来、佐藤には核武装の意思があり、これを日本国民の核アレルギーと米国政府の核不拡散への意思が押さえ込んだと理解されてきたが、少なくともニクソン政権は日本の核武装を容認する考えを首脳会談という公式の場で確認したことになる。ただし佐藤の日記はこの点について何も記していない。

なお、秘密合意議事録について、若泉との事前のやりとりのなかでキッシンジャーは、この合意が佐藤首相の後継者も拘束するものでなければならないと希望を伝えていた。しかし、ニクソンと佐藤の署名が入った秘密合意議事録は日本の外務省や政府にはなく、伝えられることはなかった。

後年知ることになった当時条約局条約課長補佐だった栗山尚一《くりやまたかかず》は、「少なくとも佐藤総理とニクソン大統領の間においては」法的に有効でないと主張することは、国際法的に難しいと述べている(『外交証言録　沖縄返還・日中国交正常化・日米「密約」』)。何を密約と呼ぶかによっても変わってくるが、長期的効力は認めにくく、共同声明の内容を大きく越える負担を約束したわけでもなかった。二〇一〇(平成二二)年の「いわゆる『密約』問題に関する有識者委員会報告書」は「条約は生き物なのである」と述べ、いかなる約束も当事者間の信頼関係や共通の利益に左右されると指摘したように、「密約」それ自体の効果も一義的ではない。

なお、二〇〇九年になって次男佐藤信二によって、佐藤家に持ち帰られていた秘密合意議事録の現物が公表された。佐藤の死後、自宅の書斎机を整理していたら出てきたという。

話を一九六九（昭和四四）年一一月一九日、日米首脳会談に戻す。佐藤は「大成功。本土なみ核抜きが実現、ほんとに有難う」と喜びを日記に記した（『佐藤栄作日記』一九六九年一一月一九日条）。

日米共同声明

一日目に大きな山を越えた佐藤であったが、まだ安心するわけにはいかなかった。二日目に議論される経済問題があったからだ。ニクソン大統領は繊維問題に甚《はなは》だ敏感であった。対して佐藤は、沖縄返還との取引と見えないように全然別個の問題として扱うことを求めた。ニクソンは佐藤を信頼することで「極《ご》くあっさりと片づき」、佐藤は「大変安心した」。その後も事務当局での詰めの作業が続き、東京にいる若泉からも電話があったが、なんとか見通しが立って「めでたし、めでたし」であった。

三日目の一一月二一日、日米共同声明が発表された。そこでは、韓国の安全は日本自身の

日米共同声明の発表，1969年11月21日　ニクソン大統領と会談後，ホワイトハウスで

安全にとって「緊要」であると述べられ、台湾地域の平和と安全の維持も日本の安全にとって「きわめて重要な要素」であると位置づけられた。それぞれ「韓国条項」「台湾条項」と呼ばれる。

ベトナム戦争に関しても沖縄返還までに戦争が終結していることを希望し、そうでない場合には米国の努力を阻害しないよう十分協議することに意見が一致したことが記されていた。

米国は韓国と米韓条約を結び、台湾とは米華条約を結んで防衛の義務があった。事前協議制度は「ノー」もあれば「イエス」もあるという原則であったが、米国側は事前の確約を求め、日本側は長期休戦中の朝鮮戦争に備える国連軍としての米軍の作戦行動と、台湾海峡危機への備え、ベトナム戦争への対応に差をつけたのである。

日米安全保障条約の堅持と一九七二（昭和四七）年中の沖縄施政権返還があわせて謳われ、核抜き本土並みについては「総理大臣は、核兵器に対する日本国民の特殊な感情およびこれを背景とする日本政府の政策について詳細に説明した。これに対し、大統領は、深い理解を示し、日米安保条約の事前協議制度に関する米国政府の立場を害することなく、沖縄の返還を、右の日本政府の政策に背馳しないよう実施する旨を総理大臣に確約した」と記された。

こうして「核抜き、本土並み、七二年返還」を実現した佐藤は、「満点以上、小生としては百二十点か」と喜んだ。ニクソンとの最後の意見交換でも繊維問題が議論となったが、佐藤はすでにジュネーブで会議が始まっているのでそこで取り決めが成立することを願った。

共同声明後の演説と沖縄同胞へのメッセージ

日米共同声明の発表後、佐藤はナショナル・プレス・クラブの午餐会で演説した。佐藤は一九七〇年代を展望し、今回の日米首脳会談によって生まれた新しい日米関係と国際政治の新展開について語った。沖縄返還合意は、戦争の結果発生した領土の状態を、平和裡の話し合いによって双方が満足する形で変更した世界史上まれなことであり、「時代の進展に応じた国際問題処理の新しい方式」を示すとした。

沖縄問題の解決は、日米両国が永続的な相互協力を行うための盤石の基礎を固める意味を持ち、沖縄返還によって名実ともに「戦後の時代に終止符を打つ」ことで、日本が米国と協力してアジア・太平洋地域、ひいては全世界の平和と繁栄に貢献していく「太平洋新時代」を迎える。

佐藤は太平洋の二大国が、同盟関係よりもっと高い次元に立って、世界の新しい秩序の創造に協力していく「世界史的な大実験」と説いた（『佐藤政権・二七九七日』下巻）。

この演説は共同声明を補完するものでもあった。「韓国に対する武力攻撃」では「事前協議に対し前向きに、かつすみやかに態度を決定する方針」を語り、「台湾地域での平和の維持」や「インドシナ半島」の平和にも言及した。

沖縄の施政権全面返還を実現した佐藤は、日記に、「ほんとによかった。後は後世史家の批評にまつのみ」と記した（『佐藤栄作日記』一九六九年一一月二一日条）。

この一一月二一日、佐藤は移動先のニューヨークで「沖縄百万同胞に贈ることば」を発表した。戦後四半世紀におよぶ民族的悲願であった沖縄返還が「核抜き、本土並み」という国民の総意に沿う形で実現することを報告した佐藤は、「政治の最高責任者としての私にとっても最大の課題であった」と感慨を述べた。さらに復帰準備に万全を期すために沖縄援助費を大幅に拡充強化し、沖縄経済の振興に努めることを約束し、対策にあたっては沖縄住民の意思を国会に反映させる重要性を語った（『佐藤内閣総理大臣演説集』）。

またこの日、佐藤はワシントンを去るにあたってジョンソン前大統領に感謝の電報を打っている。ジョンソンとの約束が今回の返還につながったと考えたからである。丁寧な返電をジョンソンから受け、佐藤は「日米国交の為、更には又個人的交友干〔ママ〕係も新にした感あり」と感慨をかみしめた。

帰国後の報告

一一月二六日、羽田空港で佐藤を迎える人波のなかに屋良朝苗の姿はなかった。佐藤訪米に反対した沖縄での革新与党や支持者からの反対に抗して上京したが、結局、出迎えには行かなかった。美濃部都知事も出迎えに反対した一人であった。

屋良が佐藤と会ったのは二日後の一一月二八日である。屋良は、二七日に、沖縄住民の謝意と声を伝えるために首相と外相に会う機会をつくってほしいと申し入れたところ、木村官房副長官からむしろ佐藤が会見を望んでいると伝えられ、救われる思いがしたという。佐藤は出迎え中止を説明する屋良の手を固く握って「屋良君、キミもボクもおとなだ。よくわかっているから気にすることはない。〔中略〕互いに手を携えて、沖縄問題を解決していこう」と言われた（『屋良朝苗回顧録』）。屋良はいよいよ佐藤の約束した豊かな沖縄県づくりが始まると感じた。屋良と面会した佐藤はこの日、昭和天皇に帰国報告を行った。

東郷アメリカ局長は返還合意の背景に「国力の向上した日本と、内外に難問を抱えている米国の相対的関係の変化」を見、「日米関係における『戦後の終わり』とは、ただ沖縄が祖国に復帰すると云うことだけではなく、わが方が両国の相対的関係の変化をよく認識し、日米関係を如何にわが国の利益に則して健全に発展させて行くか、と云う時代の出発点」と回顧した（『日米外交三十年』）。保利官房長官は「沖縄返還はサンフランシスコ体制の補完」だと述べたという。また、佐藤が事務当局を信頼し、思うようにやらせてもらえたことに感謝した。

佐藤は吉田と松岡の墓にも帰国を報告した。佐藤の生涯を通じた特別な敬愛の対象に吉田と松岡があった。もちろん兄の役割を忘れてはいけない。赤谷源一外務省審議官は「じつは岸さん（元首相）とニクソンの親交が決め手だったんです。去年六月の愛知・ニクソン会談が実現したのもそうですし、岸さんの実弟ということでニクソン大統領が佐藤さんに寄せた個人的な親近感と信頼が、今回の成功をもたらした最大の理由でしょうね」と述べたという（『他策ナカリシヲ信ゼムト欲ス』）。

解散総選挙による決着——民意による承認と責任

佐藤は沖縄返還合意を実現し、大学紛争も鎮静化させた。一二月二日、この成果のうえに衆議院を解散し、一二月二七日、第三二回総選挙が実施された。「十年前の経験」から、日米新安保条約の固定期限到来前に国民の信を問うためであった。

解散の翌日、木村俊夫官房副長官は、ジャーナリストや評論家の集まる政策研究会で日米共同声明の解説を行っている。さまざまな批判があるなかで木村は、本土の沖縄化という表現もある意味では正しく、核兵器の持ち込みも将来有事の場合にはあり得ると発言した。ただ、共同声明の字句の解釈に拘泥《こうでい》するのではなく、大事なのは「日米安保条約を取り巻く国際環境について緊張緩和面における今後の日米の協力を強化するという点」であり、有事持ち込みはまずありえないことだが、有事の判断は国民と政府の信頼関係の中で政府が責任を持って判断するという点で国民が判断を求められると説いた（「日米首脳会談を終えて」）。

また、沖縄が含まれ、固定期限が切れて流動的になることで、日本が主体的に日米安保条約の運営を考えられる時期が来たとし、沖縄の核撤去が中国問題解決の第一着手ともなると、建設的な批判を求めた。

選挙結果は、定数四八六議席中、自民党二八八、社会党九〇、公明党四七、民社党三一、共産党一四と自民党が大勝した。自民党は選挙後の入党者を含めると三〇〇議席を獲得したのに対して、社会党は五一議席を減じて九〇議席にとどまった。他方で公明党と共産党が議席を伸ばし注目された。

一二月三一日、一年を終えて佐藤は「選挙がすんで感ずる事、第二党のない現状の責任の重大さを痛感。自らはげみ自ら進む事の難きを知る。何事にもよらずこの注意こそ肝要か」と日記に書き記した（『佐藤栄作日記』一九六九年一二月三一日条）。

佐藤は第二次内閣でいくつもの選択を行った。機能別返還か全面返還か、核付きでも早さ優先か核抜き本土並みか、小笠原返還で満足するか否か、日米安保条約の堅持は固定延長によるか自動延長によるか。いずれの選択にも民意への感性があり、民意により添うための労苦を厭《いと》わなかった。そして一九七〇（昭和四五）年を前に国民からの評価を確かなものとしたのであった。

第六章　一九七〇年を越えて——戦後の次の日本像

1　第三次佐藤内閣——日米安保条約の自動延長

内政の一〇年と引き続く外交懸案

一九七〇（昭和四五）年一月一四日、佐藤栄作は再び国会で首相指名を受け、第三次佐藤内閣が成立する。保利茂官房長官、愛知揆一外相、福田赳夫蔵相、坂田道太文相、荒木万寿夫国家公安委員会委員長ら主要閣僚が留任するなか、返還が決まった沖縄の祖国復帰と伴走する総務長官には鹿児島県選出の山中貞則が初入閣した。山中は屋良朝苗から直接指導を受けたわけではないが、自身卒業した台湾の師範学校の恩師として特別の敬意を持って接する。他に防衛庁長官に中曽根康弘が就任した。

核抜き本土並みでの沖縄施政権返還に合意した佐藤政権は、再び内政に意欲を燃やしていた。自民党もまた一九七〇年を「内政問題解決の年」と位置づけていた。愛知揆一は「時代の移りかわりのなかに、どんどん新しく問題の素材をつかまえていくということが、内政の上の一番大事なこと」と述べて、具体的には住宅、地価、そして「広い意味の公害問題」をあげた（『天神町放談』）。高度経済成長が続いたことで日本経済は西側で国民総生産（GNP）第二位となり、もはや「中進国」ではなく、経済的には紛れもない先進国となっていた。

しかし、佐藤政権にとって予想外であったのは、沖縄返還合意後も多くの時間が日米交渉をはじめとする外交案件に奪われたことである。ベトナム戦争に苦しむ米国側は返還合意と引き換えにいかなる利益を引き出すかに貪欲《どんよく》であった。

繊維交渉は首脳会談を阻害しないようジュネーブで続けられていた。佐藤の期待とは異なり、米国企業に被害がないというガットの原則論を主張する日本側と、完全な政治問題として解決を求める米国側の議論は平行線をたどり、年明けには決裂した。大平正芳通産相は新内閣でも留任を疑っていなかったが、第三次内閣では同じく宏池会の宮澤喜一に交代した。

核兵器不拡散条約も日米交渉の宿題であった。二月三日、佐藤は核兵器不拡散条約（核拡散防止条約）に調印した。この日の佐藤の日記は珍しく説明調である。

閣議に出た核防止条約に調印する事をきめた。閣議と同時刻に党でも総務会を開いてこの問題ととりくむ。国内一部に強い反対意見はあるが、批准までには諸条件をみたす事として調印はした。近く調印国も多数になると発効後の加入は手続も困難になるので、この際調印だけはしておいた方がいゝと判断したのでこの決定を見た。

（『佐藤栄作日記』一九七〇年二月三日条）

そこでは国内の反対とともに原子力の平和利用が重要な論点となっていた。核兵器の運搬手段となり得る宇宙開発では、二月一一日、東京大学宇宙航空研究所が国産初の人工衛星〝おおすみ〟を打ち上げている。

なお、核兵器不拡散条約調印の政府声明で中華人民共和国の条約参加を求めたが、これは中国の正式な国名を用いた最初の例であった。

国内では沖縄の代表を返還過程に参加させることを目指して、施政権返還前の国政参加が模索された。二月一二日の自民党大会で沖縄自民党は自民党の沖縄県支部になった。参議院議員の市川房枝は、沖縄が本土と切り離されている時期に進んだ売春防止法が復帰後の沖縄でも適用されるかに注目していた。本土一体化策は豊かさの一体化にとどまらず、このような側面も重要であった。沖縄立法院は七月に売春防止法を制定した。

一九七〇年の施政方針演説――一九七〇年代の課題

二月一四日、佐藤は国会で施政方針演説を行った。「一九六〇年代は、長年にわたる国民の念願であった沖縄の核抜き、本土並み復帰が決定し、〝戦後〟に終止符を打つと同時に、わが国経済力の著しい充実を背景にして、国際社会での地位の向上を図ることのできた時期でありました」とまず一九六〇年代を総括した（『佐藤内閣総理大臣演説集』）。

次に佐藤は来る一九七〇年代の課題を論じた。日本の国力が世界にとって前例のない重みを増す時代にあって、日本は軍事的手段によって国際政治上の役割を果たす国ではないことを述べ、内面の充実を図ることと、内における繁栄と外に対する責務との調和を図るという二つの指針を掲げた。内面の充実は社会開発の一層の推進である。国際的責務については、国連の場を中心にアジアの一員である日本が役割を果たす世界文明史的意義に言及した。

さらに佐藤は、「若さと迫力は今の日本を特色づけるものでありますが、今後のわが国は自信を持ちつつも驕《おご》らず、古来の美風たる謙譲と勤勉さを失うことなく、日本という国が存在することが人類を豊かにする所以《ゆえん》であると世界からひとしく認められる、そういう国を築き上げて行きたい」と抱負を語った。

この演説は新たな試みであった。理念で貫き各論に入らないことを目指したからである。駐米大使の下田武三が、国連中心主義が重光の国連加盟演説に、アジアへの経済援助が吉田の最後の外遊時の日米共同声明に現れていることを回顧したように、これまでに積み重ねられてきた政策方針を新たな環境下で再確認するものでもあった。草稿を記した楠田によれば、「内面の充実」という考え方は国際政治学者高坂正堯の助言によるという。

一月二一日に佐藤は外国人記者に、「エコノミック・アニマルというような批判を受けないような経済協力を増加したい。日本はミリタリー・アニマルには絶対にならないので、アジアの諸国は安心していい」と語り、また、「米国が通常兵器しか使わないのでベトナム戦争が長びいているが、他方核兵器を使わないのが米国のいい所である」とも述べた（『楠田資料』Ⅰ）。

ニクソン大統領は二月一八日の外交教書で「アジアの平和的前進に日本が大きい責任を負う立場となった。日本と米国との協力関係は、アジアにおけるニクソン・ドクトリンの成功の鍵となる」と述べた。これに対して佐藤は東アジアからの米国の急速な撤退は好ましくないとした。しかし、ニクソンは北朝鮮による米軍機ＥＣ１２１撃墜事件にもかかわらず在韓米軍縮小に向けた検討を指示していた。

佐藤は三月七日に韓国新大使の表敬訪問を受けると、今後事件が起きた時に「日本としては自衛隊は派遣できないが、在日米軍が在韓米軍（これが国連軍の名であろうと）の救援に赴く時は前向きに考える。〔中略〕日本自身はなにも出来ないが、在日米軍の行動をチェックすることはしない。とはいえ、できるだけこのような事態が発生し大きくなることのないようにしたい」と朴正熙大統領への伝言を託した。また「在韓日本人の生命財産の保護のために韓国政府から何かしないかとよびかけられても現在のところ日本としては出かける気はない」とも述べている。

さらに「沖縄の返還に伴って沖縄の米軍の地位は本土並みとなるにすぎない。米軍の削減もいきなり行うことはないだろう。メースBは撤去されるだろう。有事の際に核を持ち込むかどうか事前協議があったとすればこれは断る。その点誤解のないように願いたい」と説明した（『楠田資料』I）。メースBは沖縄に配備されていた核ミサイルである。米軍の急速な撤退を危惧した韓国政府は、独自の核兵器開発計画に踏み切ることになる。

大阪万博——人類の進歩と調和

三月一四日、大阪北部の千里丘陵を舞台に「人類の進歩と調和」を統一テーマとする日本万国博覧会、EXPO'70が幕を開けた。一九四〇（昭和一五）年に延期されてから三〇年を経ての開催である。開会式で佐藤は、転換期に開かれる万博が「文明史的にきわめて大きい意義をも」ち、「古い伝統の上に立って、しかも新しい文明をきずきつつある日本の、ありのままの姿」を見てほしいと挨拶した（『佐藤内閣総理大臣演説集』）。この演説は官邸の依頼によって梅棹忠夫が起草したという。

楠田が「万博外交」と呼んだように、佐藤は多くの外国要人を迎え、日本の新たな行き方を直接伝えた。寛子は印象に残った首脳として、戦前からの親日家のエチオピア皇帝ハイレ・セラシエ一世、広島を見たいと言った西ドイツのハイネマン大統領夫妻、フィリピンから大統領代理で訪れたイメルダ・マルコス夫人をあげている（『佐藤寛子の宰相夫人秘録』）。

東アジアでの冷戦とその国内への影響も次第に様変わりしていく。三月三一日には、よど号ハイジャック事件が発生した。赤軍派九名が乗客乗員一二九名を乗せた羽田発福岡行きの旅客機よど号をハイジャックし、北朝鮮に亡命を図ったものである。最終的に乗客に代わって山村新治郎運輸政務次官が平壌まで同行し、四月五日、赤軍派学生を残して帰国した。

よど号ハイジャック事件では犯人の求めにより政府の依頼を受けて社会党代議士が山村の身元保証に立った。この頃、佐藤は新聞記者の取材に、「社会党に政権が行くのはいっこうに構いません。〔中略〕政権が交代して社会党に行っても、天皇様さえおられれば、何も困ることはありません」と話していたという（『人物戦後政治』）。

日米安保条約自動延長——一九七〇年六月二三日

五月三〇日、内閣総理大臣官房編『佐藤内閣総理大臣演説集』が刊行された。この時期は、Sオペにとって一つの区切りであったようである。楠田の手元には、六月一七日に録音されたSオペのメンバーによる回顧テープが残されている。彼らはSオペの六年間を振り返り、現行の憲法がますます施政全般の土台となっていることに注目した（『楠田資料』）。

一九六〇（昭和三五）年に結ばれた日米相互協力及び安全保障条約（新安保条約）が一〇年の固定期限を終え、翌日から自動延長に入る六月二二日、臨時閣議を経て政府声明が発表された。「国力国情にふさわしい自衛力を整備し、米国との安全保障体制によってわが国を含む極東の平和と安全を確保することが、自らの存立と発展を図るために最も賢明な道であると信ずる」と述べられ、多数講和と安保改定における「国民的選択」の正しさが証明されたとして、引き続き条約を堅持していく旨が公にされた。

佐藤は三月に、米国人記者相手に自動延長される日米安保条約と基地について「総体として何年までにやめるなどということはない。中曽根大臣もそんな考はない。中曽根大臣は何でも自主防衛の考の人だが。これからは核が戦力の中心になる。安保条約を維持するのは核の傘の下にいるということである。核は変って来ており、基地がなくともポラリスなどで核は使えるという状況だが、日本国内に基地がないと戦時だけ応援してくれということになる。これは虫がよすぎる」と語っていた（『楠田資料』I）。

楠田は、自動延長に際して、「新聞は一斉に、安保特集をやっているが、世の中は平静。勝負あったことを痛感」と日記に書き記した（『楠田實日記』）。

こうして佐藤が憂慮してやまなかった「七〇年安保再検討時」は無事に過ぎ去り、平和争点の重要部分であった日米安保体制は先の総選挙を経て国民から明確に承認された。「七〇年安保」に向けて革新派は攻勢を強め、反対に保守派（現実主義者）の結集も図られたが、佐藤政権は大学紛争などの治安問題を社会問題として扱い、保守のなかの強硬論を抑制する役割を果たした。「七〇年安保」は六〇年安保騒動と比べて政変を起こさなかったことによって過小評価されるべきではない。何事も起こらないように努めた結果であった。

六月二九日に大阪万博で、日本のナショナル・デーが催された。ナショナル・デーとは国の日として式典やその国にちなんだ行事が行われる日である。名誉総裁を務めた皇太子明仁親王と美智子妃を迎えて式典が行われた。

七月三日は、独立記念日を翌日にひかえた米国のナショナル・デーであった。ニクソン大統領の特使として、アイゼンハワー元大統領の孫デービッド・アイゼンハワーとニクソン大統領の次女ジュリーが出席した。二人は夫婦であった。

デービッドは挨拶で、「祖父は訪日出来なかったことを極めて残念に思っていた、今自分がこうして日本を訪れていることは祖父が生きていたらさぞ喜んだことであろう」と前年死去した祖父を偲んだ（『日米外交三十年』）。これはマイヤー駐日大使が、将来、大統領訪問を実現させるための一歩として尽力したものである。マイヤーは、六〇年安保をめぐる騒乱で大統領が来日できなかったことを、佐藤ら日本政府関係者が、どんなに「穴埋め」をしたがっていたかを知っていたからである（『東京回想』）。

日本国憲法の定着と「戦後」型日本

楠田は七月九日にも「佐藤内閣の六年」を語るテープを残している。そこでは、改憲が自民党の一つの目標であっても、佐藤内閣そのものは憲法を守るという方向が年を追って明瞭になり、平和主義を売り出していく利点が意識されている（『楠田資料』）。佐藤政権が「平和国家」を自ら打ち出していたことはすでに研究者から指摘されるところである（『平和国家』と日本型外交」)。

先の総選挙での大勝を踏まえて、外務省の岡崎久彦は「岸さんのやり残したことをするべきだ」と憲法改正に動き出すことを働きかけていた。だが楠田は「全て成功して、その上で、次のことをした人は聞いたことがない、これから佐藤総理のすることは、晩節を全《まっと》うすることだ」という「後ろ向き」の態度であったという(『国際情勢判断・半世紀』)。

岸自身、佐藤が憲法改正に取り組まないことに不満で、一九六九(昭和四四)年五月に自主憲法制定会議を結成し会長に就くなど、改正に向けて動き出していた。また、密かに政権復帰を思ったこともあったとのちに語っている(『岸信介証言録』)。

一九六四年七月に政府憲法調査会が最終報告書を提出し、改正に向けた論点が整理されたときには、「七〇年安保」が最優先課題となっていた。それが佐藤の手によって乗り越えられたいま、自衛隊関係者が差別的対応を受けるというイデオロギー的な事件は一部に残っていたが、憲法はこの時点で実務との齟齬《そご》もなく、多くの国民のなかで自衛隊と日米安保体制とのセットという現状がすでに定着していた(『憲法と世論』)。

一九七〇年七月一四日、第三代防衛大学校長に、「防衛を診断する会」のメンバーで京都大学教授の猪木正道を迎えることが閣議決定された。中曽根防衛庁長官は、「文民統制の新たな防衛庁を作らないといけない。〔中略〕だから学者の世界から校長を選び将校の文民的、学問的素養を育てる必要がある」と説得に当たった(「今だから話そう『非核三原則』秘話」)。

社会民主主義者として民社党を支持してきた猪木であったが、学問的師である河合栄治郎から反軍国主義とともにマルクス主義との対決姿勢を引き継いでおり、保守派からも高く評価されていた。

敗戦から二五年目の夏

敗戦から二五年目の八月一四日、佐藤は米国コラムニストの取材を受けた。佐藤は広島への原爆投下時のことを聞かれ、さらに二五年が経ってなお核兵器を持つことは早すぎるかと問われる。それに対して次のように答えている。

> 日本には平和憲法があり、我々は自衛権は否定しないが軍隊を持たないし、攻撃的武器は所有しない。また政府は国会に対し非核三原則を宣言しているが、これが現憲法の精神である。〔中略〕この非核三原則に沿って核不拡散条約に調印したが、その批准には原子力の平和利用が妨げられない充分な保証が必要である。
>
> （『楠田資料』Ⅰ）

八月八日には、国内の電力会社が手がけた初の原子力発電所美浜原発一号機から大阪の万博会場に電力が届けられた。

この取材で佐藤は、八年前の訪欧時に面会したド・ゴール仏大統領と英国労働党ウィルソンの核に対する考え方を回顧して、次のように答えている。

ドゴールは自分はフランスを誰よりも愛するが故に、核の引き金を持つ他国の指導者によりフランスを守ってもらうことに安心することはできないと言った。私が米ソと同じレベルの核を持つつもりかと聞いたら、その必要はないが少なくともフランスの発言権を残して置かなければならないと答えた。ウィルソンは当時首相ではなかったので、比較的自由な立場で発言することができたと思うが、核問題に熱心な保守党は国力以上のことを望んでいる。労働党は分相応以上のことをするつもりはなく、むしろNATOの防衛体制に頼りたいと述べた。両者の発言内容は異なっているが、私は今でもどちらの考えにも充分な理由があると考える。またウィルソンがそのように言えたのも米国というよい友人があったからであろう。日米は一時敵になったが、米国は戦後日本の復興に対し多大な援助を行い我々はそれを決して忘れない。我々が、核拡散防止条約に調印したのも、英国と同じように我々が米国と固い友情で結ばれているからである。

将来の政策転換の可能性についても問われ、「今のところこの政策は変らない。〔中略〕一部にはこの日米関係が変化すると考える者もいるようだが、日本の指導層に関する限り、この日米安保条約は非常に長期に亘《わた》って継続されると考えている」と答えた。

再び核攻撃を受けることがあると思うかと問われると、「まず、あり得まい。金がかかるのに中共がどうして核開発にあれ程熱中しているのか分らないが、余り利口なことではない〔中略〕中共は核を持つのが遅すぎたのではないか」と答えている。なお、原文では「中国」と書かれていたが、すべて「中共」と修正されている。

八月二三日には、万博ホールで行われた全国アマチュア・フォークソング・フェスティバルで杉田二郎の「戦争を知らない子供たち」が唱われ、人類の進歩と調和を願った大阪万博は九月一三日に閉幕した。

2　「非核専守防衛大国」への挑戦

自民党の事実上の中央政党化

一九七〇（昭和四五）年には憲法体制、日米安保体制がともに安定期に入り、自民党と社会党を中心とする保革対立型の政党制は大きな節目を跨《また》いだ。

労使関係も協調的なものとなり、製品の品質管理や作業能率の改善を議論するQC（品質管理）サークル活動が広がっていった。ベトナム戦争はなお続いており、批判は先鋭的ではあったが、大きく国民的規模には広がらなかった。

ポスト一九七〇年の新たな政党政治が動き始めた。それは大きく言えば、先の大戦への反省と日米関係を基盤に、豊かさと平和が結びついた「非核専守防衛大国」であり、歴史家の酒井哲哉は「九条－安保体制」と呼ぶ（「『九条＝安保体制』の終焉」）。

それは自然のなりゆきではなく、佐藤内閣が七〇年安保騒動を避けるために社会の流れを注視しつつ調和的な政治指導を心がけた結果であった。

占領下にあってGHQ民政局は日本政治が左右に二極化していくことを懸念し、中道連立政権を軸に中央政党の結成に期待していた。約二〇年を経て、自民党は治安対策ではなく豊かさや社会政策によって革新を掘り崩していく事実上の中央政党へと変貌していった。それは内政で包括政党と同義であるが、それ以上に、憲法の維持、自衛隊の育成、日米安保条約による相互協力と軽軍備など内政と外交が一体化した戦後日本の中央ラインであり、一九六九年末の総選挙での圧勝に示された民意であった。

他方で国際情勢も変化を続けていた。一九七〇年八月に西ドイツはソ連との間にモスクワ条約を結んで敗戦後のドイツ東方国境線を承認した。これは棚上げしてきた領土問題での譲歩を意味し、現状の固定化であった。次いで一二月にはポーランドと国交正常化の基礎に関する条約を調印した。また、カナダとイタリアが中華人民共和国と国交を結んだ。

再び自民党総裁選挙が近づいていた。九月二二日、佐藤は宏池会の前尾繁三郎に四選問題で支持を求めた。先の総選挙で大勝して以来、佐藤の後継問題が重要な意味を持つようになっていた。福田と田中の競争である。佐藤は先に一月四日の伊勢神宮での参拝時の記者会見で、「私の頭の中にあるのは三人というところだ。吉田さんは八人ぐらい作っておけといっていたが」と語っていた（『佐藤政権・二七九七日』下巻）。

国連二五周年と日本——核非武装という挑戦と多極世界

佐藤は一〇月一六日に昭和天皇を訪問し、一七日には靖国神社と千鳥ヶ淵戦没者墓苑を参拝したうえで、一八日から二七日まで訪米した。訪米の第一の目的は国連二五周年記念総会への出席であった。佐藤は二一日、日本の首相として初めて国連総会で演説し、日本国憲法と国連憲章が恒久平和を願う「同じ時代精神」の産物であると論じた（『佐藤内閣総理大臣演説集（第二集）』）。

佐藤は四月に来日したウ・タント国連事務総長と首相官邸で会見していた。国際連合が国際連盟とは異なり、四半世紀も続いて数々の成果を上げてきたことに敬意を表し、「本来のあるべき姿」にさらに近づくよう「何時《いつ》までもサン・フランシスコ体制に固執しないで前進すべきである」と語った。また、「日本は平和国家であり従って日本の目的とするところと国連の目的とは合致している。今後とも国連が音頭をとり日本としてはこれについていくことが肝要と思う。そして日本としても国連を通じより前向きに活動して行きたい」と約束していた。

佐藤は、世界が多極化するなかでの日本の意気込みについて、一九六九（昭和四四）年の訪米時にニクソン大統領が「世界はいずれ、米国、ソ連、欧州、中共の四つに分れる」と述べたことに対し、「核兵器を有しないで、経済発展で平和を追求する国もあることを忘れないでほしい」と述べたという。カナダのピエール・トルドー首相には、一九七〇年五月に、「日本は今、経済的に発展するが軍事的なことはやらぬという歴史に前例のないことを行なおうとしている。果してうまくいくかどうか分らぬが、これが憲法の定める日本の道である。歴史上経済力と軍事力とは歩調を揃《そろ》えるものであったが、日本はおよそ他国に軍事的脅威を与えることはしないで、経済協力、技術協力に努める考えである」と述べた（『楠田資料Ⅰ』）。

国連総会での演説では、外務省の反対にもかかわらず特に北方領土問題にも言及した。それはブラントの東方外交によって西ドイツがソ連に領土問題で現状を受け入れたことを受けて、日本の北方領土問題がドイツの問題といかに異なるかを訴えるためであった。

安全保障理事会が同時刻にあり、総会議場は空席だらけの寂しいものであったという（『正伝佐藤栄作』下巻）。議場には参議院議員の市川房枝も来ていた。市川は佐藤が演説でGNP一％を援助で出すと述べ、さらに「いわゆる経済大国になれば、軍事大国になるのが今までの世界の常識だったが、日本は決して軍事大国にはならない。日本の憲法にしたがって平和を維持していく」と宣言したことに対して、「私どもにはそう思えない。〔中略〕中国をはじめ各国に軍国主義復活の方向に進んでいるという心配を与えています」と批判し、「実際に実行してもらいたい。さもないと日本の信用がなくなります」と感想を記している（『市川房枝集』七巻）。二六日に、日本は安全保障理事会の非常任理事国に選出された。

二度目の佐藤・ニクソン会談――繊維交渉の混迷

国連演説のための訪米にあわせて、一九七〇（昭和四五）年一〇月二四日、佐藤は公式会談ではないがニクソン大統領と二度目の首脳会談を行った。前年の首脳会談で決まった沖縄問題や安保問題については既定方針を再確認し、その後のニクソン・ドクトリンや中国問題、インドシナ和平問題などの世界情勢や日米経済関係、さらに環境・公害問題について意見を交換する。

日米関係で大きな焦点となっていたのが繊維交渉である。一月に佐藤は交渉の打開を目指して通産相を大平から宮澤に代えていたが、交渉の進展はなく、日米双方の不満ばかりが高まっていた。米国では、繊維などの輸入割当を定める保護立法である一九七〇年通商法案（ミルズ法案）が議会に提出されていた。

交渉には沖縄返還交渉の密使若泉敬が引き続き関わっていた。首脳間の政治決断で押し切りたいニクソン政権が、若泉を引き続き交渉の窓口としたからである。若泉とキッシンジャーは交渉の中心にいたが、二人とも技術的な繊維問題に通じてはおらず、選挙公約に発した一業界の問題が両大国間の関係全般を傷つけていることにうんざりしていた。

六月には宮澤通産相が渡米し、直接、スタンズ商務長官と交渉に及んだ。会談でスタンズは「自分は一枚のペーパーを持っている。これは昨年一一月、佐藤首相とニクソン大統領が会談したときにつくられたものだ」と言い出した（『戦後政治の証言』）。事前の準備段階でも示唆があったので、宮澤は日本を出発する前に佐藤にその存在を質していた。しかし、佐藤は否定し、「紙などないし、自分は口頭でも具体的なことを約束したことはない」と述べていた。佐藤の考える約束とは、日米がともに譲り合いながら問題が解決するよう最善をつくすことであった。交渉は再び決裂した。

首脳会談を前に米国側もこの問題の扱いに困っており、解決が難しいのであれば議題から外そうと考えていた。しかし、佐藤はニクソン大統領との二度目の首脳会談で自ら繊維問題について積極的な解決を約束し、一一月三日の米中間選挙までに解決したいとまで述べた（『若泉敬と日米密約』）。佐藤は「可及的速かにきめる要あり」と問題の深刻化をひしひしと感じており、「今度は何としてもきめる積り」と考えていた（『佐藤栄作日記』一九七〇年一〇月二四日条）。なお、このとき、佐藤はニクソンとキッシンジャーに、福田赳夫を後継者に考えていることを語ったという。

日米関係全般への影響を懸念したことに加えて、佐藤には「日米間で〝秩序ある貿易〟の先例をひらくことは、こんごの世界貿易の秩序をまもる一つのパターンをつくることになる」との意識があった（『楠田資料』J）。渡米の主目的が国連創設二五周年総会での演説であった佐藤は、機中で楠田に、戦後の世界が「IMF体制、GATT体制という戦前にはなかった戦後の国際経済社会（ケインズ的な世界）をつくって、日本が繁栄してゆく道を開けておいてくれたこと」にお礼を述べるつもりだと語っている。「戦前の日本は、資源もなく、土地も狭く、人口増加を心配して、資源と土地を武力で外に求めるという、おくれた帝国主義への孤独な道を無秩序にあるいて、失敗した」と考える佐藤は、次のように述べている。

各国の先進的なチエのある先見性のある人達が、戦後の秩序をつくっておいてくれた。それは、日本にとって最適化できる社会であった。皮肉なことに、日本は、戦後の社会建設に、なんのチエも貸さないで、各国の先見性のある人達がつくった社会のオイシイトコロだけをいただいてどんどん伸びるということになった。〔中略〕七〇年代の**order**をつくるために、日本が、国内の産業構造を整備し、調整し、国際社会に協力しなくてはならない。これが、日本の生きる道だ。武力でも、経済力でも、平和でなくてはならない。

佐藤は日本が他者の作ったルールに最適化する段階から一歩進んで、他者にも望ましいルールを構築する立場にあると考えていたのであった。

初の防衛白書と「非核専守防衛大国」

佐藤訪米中の一九七〇（昭和四五）年一〇月二〇日、初の防衛白書『日本の防衛』が発表された。そこには佐藤の二月一四日の施政方針演説が前提として引用されている。すなわち、一九七〇年代の政治指針として「内面の充実」と「内における繁栄と外に対する責務との調和」に努めることを通して「日本は経済大国にはなるが軍事大国にはならない。今までの歴史の先例を打ち破り社会福祉と世界平和を中心とする国家の新しいあり方をめざして歴史的挑戦をしようとしている」（『昭和四五年度版防衛白書』）。

中曽根康弘（1918〜）

この最初の防衛白書で「わが国の防衛は専守防衛を本旨とする」と、「専守防衛」という言葉が初めて登場した（『日本の安全保障政策』）。

中曽根防衛庁長官は防衛白書に談話を寄せて「非核中級国家」の防衛論と位置づけた。自主防衛を唱える「中曽根構想」の面目躍如である。

しかし、少し先の話になるが、翌一九七一年三月九日の参議院予算委員会で社会党の上田哲議員から質問を受けた佐藤は、非核中級国家について「よくわかりません」と述べ、「非核はいいが、中級というのはどうか」と感想を漏らしている。白書は閣議決定されるが談話はその対象ではない。三月一六日の閣議後に中曽根と会談した佐藤は、今後の防衛基本構想を「非核専守防衛国家」という言葉で表現することで一致した。

後年、中曽根は、「彼〔佐藤〕は、日本は大国だと思っていただろう。それなのに、中級なんて言われると、『大国』の首相のプライドが傷つけられるという意味もあったと思います」と佐藤の意図を解釈している（『中曽根康弘が語る戦後日本外交』）。しかし、佐藤が考えているのは機能分担論に基づく世界平和である。核武装国でなければ大国となれないのかという問題であった。この頃、『読売新聞』のコラムが、先に周恩来中国総理が「中国は核を持っても米国のような大国にはならない」と述べたことと対比して、「日本は中級国家に甘んずる道をとるべきでない」と断言した佐藤の真意が「非核上級国家」にあるのではと書いているのが興味深い（『読売新聞』一九七一年三月一二日付）。

佐藤四選

時を戻す。一九七〇（昭和四五）年一〇月二九日、訪米から帰国直後の佐藤は、自民党大会で総裁に四選された。佐藤は日記に対抗馬の三木が一一〇票、白票無効は一七票で予想より少し多かったと書き記すも、「この程度の批判票は本来あるもの。問題はこの次の二年間に果して後継者が三木君以外に育つかどうか」と後継者不安をうかがわせた（『佐藤栄作日記』一九七〇年一〇月二九日条）。

四選後の内閣改造について佐藤は、先の訪米の帰路、「『派閥順序』や『当選回数』にこだわらない、吉田さんがやったように、一年生議員や議員以外の人の起用も考えて良いね。〔中略〕吉田もやった。岸もやった。佐藤栄作や池田勇人が出たのもそういう吉田のおかげだ」と語っている。次の世代をどう育成するのか。佐藤は四選の道を選んだが、同時に政権の幕引きを強く意識していた。

四選後、佐藤は、個人秘書を長く務め政権発足時に首相秘書官を務めていた大津正を首相秘書官に戻した。大津と交代で首相秘書官になっていた楠田は、自ら辞任すべきではと佐藤に問うたが、佐藤は押しとどめ、事実上の秘書官五人体制へと増員した。佐藤は楠田に「俺もそろそろ身辺の整理をしなければならない。身の回りの世話をする者が欲しい」と大津起用の理由を説き、「演説や何か、君の仕事は大変増えているようだが、従来通り宜しく頼む」と礼を尽くした（『楠田實日記』一九七〇年一一月六日条）。

政権の黄昏は周囲からも訪れる。一一月九日、佐藤政権の強い支持者であった川島正次郎副総裁が死去した。佐藤にとってこの日は政権誕生六年目にあたり、朝、川島に電話をしたところであった。「佐藤内閣出現以来六年越の強力な協力者。円満な老練な円熟せる政治家。いわゆる巨星を此処《ここ》に失う。前途容易ならずと感ずる」と佐藤は日記に記す（『佐藤栄作日記』一九七〇年一一月九日条）。奇しくも同日、フランスではド・ゴールが死去した。

この頃、二一世紀は日本の世紀であると説く米国人未来学者ハーマン・カーンは、『超大国日本の挑戦』を刊行し、一八七〇年代のプロイセン（ドイツ）勃興に擬して日本台頭の世界史的意義を予測して、「超大国日本」の国際システムへの平和的統合を考察した。

佐藤や楠田ら官邸チームによる一九七〇年の日本の構想は、時代の課題に適《かな》い、関係国の選択と調和的であったと言えよう。米国でもライシャワーが意識し、マイヤー大使が述べたように日本が再び軍事大国化することは悲劇であり、太平洋地域ではオーストラリアも日本の孤立を避けることを国益とするようになっていた。

日本外交にとって、当面のより大きな課題は日米繊維問題であった。四選の翌日、佐藤は繊維業界の代表と会い、業界が受ける損失についての対応に言及している。繊維問題は輸出貿易管理令という強制手段にそぐわず、鉄鋼などと違って中小企業が無数にある業界の特徴から、業界の協力なしには規制がかけられない。にもかかわらず、業界は綿製品協定に続く毛・化合繊製品の対米輸出規制に強く反発していた。

佐藤は一一月二五日の所信表明演説で、ニクソンとの会談で日米間の問題は何ごとも話し合いで解決していくことに意見が一致したと述べたうえで、喫緊の課題としての貿易問題について、米国での保護貿易の動きに懸念を表明し、互恵互譲の精神に基づく早期解決が「日米友好信頼関係の維持のみならず、世界の自由貿易体制の健全な発展のためにもきわめて重要」と説いた（『佐藤内閣総理大臣演説集（第二集）』）。繊維交渉はピーター・フラニガン大統領補佐官と牛場信彦駐米大使との間で約一ヵ月間続けられたが、再び実を結ばなかった。

公害国会

他方で内政上では公害対策で成果があがった。住宅政策から、都市と地方の総合開発と人間尊重の総合的福祉政策へと展開しつつあった「社会開発」論は、目の前の課題である公害対策で注目を集める。一九七〇（昭和四五）年一一月二四日に召集された第六四回臨時国会で公害関連一四法案が可決され、公害国会と呼ばれた。

政府はすでに前年一九六九年五月に初の『公害白書』を出していた。米国でも一九七〇年初頭から公害問題への関心が高まり、ニクソン大統領が一般教書で公害を取り上げ、二月には環境特別教書を出していた。

楠田は六月一一日に未来学者の坂本二郎に会い、物価問題と公害問題について提言を受ける。坂本は、歪みとして具体的に取り上げられるものが次々と変わり、変化も加速していると指摘した。七月一八日には東京都杉並区の高校の校庭で光化学スモッグによって生徒ら四一人が倒れ、救急搬送される。このニュースは「通り魔公害」「〝毒ガス〟の恐怖」と社会の関心をさらった。

一二月の公害対策基本法改正では、一九六七年の公害対策基本法にあった経済調和条項が削除される。法の目的には「国民の健康で文化的な生活を確保するうえにおいて公害の防止がきわめて重要である」との文言が加えられ、翌一九七一年七月には環境庁が設置された。

新聞記者の中野士朗は、全国各地での公害事件噴出に加えて、米国の刺激が佐藤内閣の公害対策の有効な刺激となったと指摘する（『佐藤政権・二七九七日』下巻）。対して楠田は、もう一つの契機として国際政治学者高坂正堯の役割を評価する。「高坂先生が、あるときヨーロッパから帰国して、官邸を突然訪れた。楠田さんが総理の不在を告げると、『これからは環境を大事にせないかん、ヨーロッパでは今大事な認識になっている』とだけ言って立ち去った。佐藤総理は後でその話しを聞いて、感じるところがあったようです。七〇年の『公害国会』の少し前の話です」（『高坂正堯と戦後日本』）。

佐藤は先に「社会開発」を受け入れたように、このときもブレーンの助言を受け入れている。第一に環境問題への対処は「人間尊重」という政権の基本方針と軌を一にしていたこと、第二に佐藤は一九七〇年をすでに内政の年と位置づけていたこと、そして第三に、内政の充実は国際社会のなかでの日本の役割像にも通じていたからである。

公害国会は四大公害裁判などによる喫緊の国内対策の面が大きかったが、公害問題はすでにグローバルな課題として意識されていた。それは沖縄問題が適切な課題の選択のなかで佐藤訪沖によって世論を刺激し、事態の展開のなかでさらなる対応を迫られたことに似ている。

適切な課題の選択としての「社会開発」の提起が世論を刺激し、事態の悪化とともに東京など革新自治体に先進的な取り組みを促し、政府にさらなる対応を迫ったのであった。

三島事件

公害国会が召集された翌一一月二五日、佐藤は一つの訃報に驚いた。作家三島由紀夫が自ら率いる「楯《たて》の会」のメンバー四名と市ヶ谷の陸上自衛隊東部方面総監室を占拠し、演説をして割腹自殺したからである。

三島は、集まった自衛隊員を前に、憲法改正によって自衛隊を国軍とするための蹶起《けっき》を訴えた。そこには「経済的繁栄にうつつを抜か」し「偽善」に満ちた「戦後の日本」への歯がみする憎しみがあり、三島は回復されるべき日本の軍隊の建軍の本意として「天皇を中心とする歴史・文化・伝統を守る」ことを主張し、「眠れる日本」覚醒の先駆けとなることを求めた（『朝日新聞』一九七〇年一一月二六日付）。

しかし、自衛隊内に呼応する者はなく、演説には野次が飛んだ。三島は憲法改正がもはや議会政治下で難しく、自衛隊の治安出動を「唯一の好機」と待ちわびていたが、佐藤訪米を前にした一九六九年一〇月二一日のデモでも警察力が上回っており、自衛隊の治安出動は必要なかった。新宿でデモを見ていた三島は「これで憲法は変わらない」と痛嘆したという。

中曽根防衛庁長官に校内での訓示を求められた猪木防衛大学校長は、約一ヵ月後の一二月一六日、三島が治安出動を憲法改正の唯一の手段と考え、特定の政治目的に自衛隊を利用しようとした「破壊思想」をはっきりと批判した。行動はいけないが愛国心にはみるべきものがあったのではとの声を聞くと、一九三二（昭和七）年の五・一五事件で荒木貞夫陸相がテロリストの愛国心を高く評価したことがその後一連の不祥事を生んだと、「断じていけない。三島の愛国心を私は認めない」とたしなめた（『私の二十世紀』）。

3　沖縄返還協定の調印——ニクソン・ショックと中国問題

沖縄国政参加選挙と古希

一九七〇（昭和四五）年一一月一五日、施政権返還を間近に控えた沖縄で戦後初の国政参加選挙が行われた。沖縄住民の国政参加は、日本の民主政治にとって長い空白を埋めるものであった。

衆議院では一九六八年の琉球政府行政主席選挙で屋良に敗れた西銘順治（自民党）、那覇市長としてかつて米軍政と対立した瀬長亀次郎（人民党）、のちに沖縄初の大臣となる上原康助（社会党）、安里積千代（社会大衆党）、国場《こくば》幸昌《こうしょう》（自民党）、参議院では稲嶺一郎（自民党）、喜屋武《きゃん》真栄《しんえい》（革新統一候補）と錚々《そうそう》たる指導者たちが議席を得た。復帰後の一大事業として、琉球政府から要望があった沖縄海洋博覧会の一九七五年開催が予定され、各市町村が誘致合戦を繰り広げるなど沖縄の振興開発への期待が寄せられた。

この年はまた婦人参政権二五周年にあたっていた。佐藤は一二月一七日に首相談話を発し、翌年四月には記念式典を催して婦人参政権の実現に尽力した婦選運動家や、女性国会議員の長期勤続者に感謝状を贈っている。

他方で、日本の民主政治への挑戦も続いていた。一二月一八日には東京都板橋区で過激派学生による交番襲撃事件が起こり、「安保不発」の焦りから闘争の起爆剤を狙ったのではないかと報じられた（『朝日新聞』一九七〇年一二月一八日付夕刊）。

沖縄では一二月二〇日未明、より深刻な事態が起こった。コザ騒動である。現在の沖縄市であるコザ市で米兵の交通事故の処理をめぐって暴動が発生し、米軍による威嚇《いかく》発砲が火に油を注いだ。路上で車両八〇台あまりが焼かれ、米軍の嘉手納基地内にも乱入した。

佐藤は日記に状況を記し、「今暫《しば》らく辛棒してくれるといゝが。返還を前にしての此の種の事故は大いに困る」と結んでいる（『佐藤栄作日記』一九七〇年一二月二〇日条）。この頃、佐藤のもとを沖縄小中学生作文コンクール入賞者が教員に連れられて表敬訪問したが、東京の宿で「皆さんは日本語が判るのか」と言われたと憤慨していた。佐藤は、「気の毒な人達、いや子供達だ。だから一日も早く祖国復帰を実現しなければならぬ」と記している（『佐藤栄作日記』一九七一年四月一日条）。

沖縄返還合意後の課題として中国問題も動かそうとしていた。佐藤は一九七一年一月二二日の施政方針演説で、「台北の中華民国政府と、北京の中華人民共和国政府」が互いに全中国の正統政府であると主張していると述べ、さらに大陸との交流、関係改善への希望を述べた（『佐藤内閣総理大臣演説集（第二集）』）。それは国会演説で初めて中華人民共和国政府の呼称を用いたものである。その前の一八日、佐藤は昭和天皇に中華人民共和国と国交を回復した場合の中華民国との関係を内奏している。昭和天皇の心配は台湾の処遇にあるようで、いまのところ何の変化もないと答えた（『昭和天皇実録』、『佐藤栄作日記』一九七一年一月一八日条）。

日米繊維交渉はますます混迷を深めていた。そのなかで対決姿勢を維持してきた日本の繊維業界もついに自主規制に動き出す。これは民主党のウィルバー・ミルズ下院歳入委員長が提案した日本の業界の一方的自主規制による事態収拾案をもとにしていた。佐藤はこの動きがニクソン政権の望むものでないことを理解しつつも業界と族議員の模索を尊重し、三月八日、繊維産業連盟役員総会は自主規制を決議した。

保利官房長官はこれを歓迎して行き詰まっていた政府間交渉の打ち切りを発表した。ところが、共和党のニクソン大統領は、佐藤との個人的に親密な関係を再確認しながらも、あくまで政府間協定を求めて拒絶する声明を発し、紛争は解決しなかった。

一九〇一（明治三四）年三月二七日生まれの佐藤は満七〇歳となり、古希を迎えた。五〇〇人を集めて賑やかな誕生日祝いであったが、佐藤の日記では特段の感慨は見られない。翌日、佐藤は二人の息子とゴルフをしている。二九日、佐藤は昭和天皇から祝いの花瓶と清酒を贈られた。四月二九日には昭和天皇が満七〇歳を迎える。

「ストップ・ザ・サトウ」

四月一一日の統一地方選挙では、美濃部亮吉が二期目を目指した東京都知事選挙が再び焦点となっていた。自民党はかつて副知事を長く務め大阪万博でも事務総長を務めた鈴木俊一に期待したが、固辞された。やむなく七〇年安保に向けて首都の治安を担った秦野章前警視総監に白羽の矢を立てた。

佐藤政権は秦野陣営を全面的に支援した。Sオペはこのとき、情勢の分析や演説草稿の作成など地方選挙にもかかわらず深く関与していた。秦野は独自のブレーン組織をつくってビジョンを提示し、対して現職の美濃部陣営は「ストップ・ザ・サトウ」を訴える戦術に出た。また、「秦野ビジョン」に対抗する「美濃部ビジョン」として、助力を求められた行政学者の松下圭一は「市民参加」と「シビルミニマム」を中軸に、「広場と青空の東京構想」を発表した。

秦野の応援には佐藤と親しかった小説家の川端康成も立ったが、美濃部が再選を決めた。東京だけでなく万博直後の大阪でも革新候補の黒田了一が勝利し、予想外の結果に佐藤は大いに驚いた。結果に接した昭和天皇は、「東京・京都・大阪の3府を革新に奪われしは政府ショックならん、政変があるか」と侍従に下問している(『卜部亮吾侍従日記』一九七一年四月一二日条)。

沖縄返還協定の調印

沖縄では、四月二八日の「沖縄デー」に沖縄県祖国復帰協議会主催の県民総決起大会が開かれ、「日米共同声明路線の返還を粉砕、完全復帰をかちとろう」をスローガンに約二万人を集めていた（『屋良朝苗回顧録』）。佐藤政権打倒の声も上がり、閉会後には那覇市街でデモ行進がおこなわれた。さらに、五月一九日には同じく復帰協が返還協定粉砕を叫ぶゼネストを行い、本土での支援行動は火炎瓶や手製爆弾など暴力をともない、再び学生による反対運動も活発化していた。

県民総決起大会後のデモ行進，1971年4月28日　日米共同声明を否定する「完全復帰」を求め，沖縄県祖国復帰協議会主催の大会には約2万人が集まった．佐藤政権打倒の声も聞かれた

沖縄返還協定調印，1971年6月17日　涙をぬぐう佐藤．首相官邸大広間

こうしたなか、六月一五日、佐藤政権はサンフランシスコ平和条約第三条で米国が得た施政権を放棄する沖縄返還協定を閣議決定する。一七日には、日米の衛星テレビを通して批准書交換式が行われた。式の最後に佐藤は、「日米両国民の永遠の友好と、祖国に暖かく迎えられる沖縄県民の輝しい将来とを祈って」乾杯した（『首席秘書官』）。佐藤は、一九六五（昭和四〇）年八月にひめゆりの塔を訪れたときと同様、涙を浮かべながらの乾杯であった。

それは「夢の実現」であったが、領土の一部を取り戻した以上の意味を持っていた。マイヤー大使の記すところでは、佐藤は「沖縄返還の目的はそもそも、日本とアメリカの間の親交の意義を増すことにある。〔中略〕こんな出来事は〝歴史に前例がない〟とお喜びになっていた天皇も同じお考えだ」と語っていたという（『東京回想』）。

式典をテレビで見ていた屋良琉球政府行政主席は談話を発表し、相手があるなかでの政府の努力に感謝しながらも「基地の形式的な本土並み」に不満を述べ、「真に平和で豊かな新生沖縄の建設」に向けた「陣痛」と表現している（『日米関係資料集』）。

六月二七日、参議院選挙が実施された。社会党、公明党、民社党が初めて選挙協力を行い、注目を集めた。結果は低い投票率のなか自民党は改選議席六三を下回る六二議席にとどまり、無所属議員の入党や繰り上げ当選で何とか六四議席となった。これに対して社会党、民社党、共産党が議席を伸ばし、言論出版妨害事件後の公明党も候補者全員を当選させた。

佐藤は七月五日、事前に各派閥の長と懇談するなどの準備を経て選挙後の内閣改造を行った。この第三次佐藤内閣改造で、先に総裁選挙で佐藤に挑戦せず佐藤体制を支える態度をとったにもかかわらず入閣を見送られていた前尾繁三郎が法相として入閣した。池田の宏池会を継いだ前尾派は大平正芳に引き継がれており、四月二〇日には佐藤のもとにも大平が挨拶に来ていた（『佐藤栄作日記』一九七一年四月二〇日条）。このとき佐藤は大平に前尾の入閣を求めていた。外相には福田赳夫、繊維問題で揺れる通産相には田中角栄が新たに就任し、蔵相には再び水田三喜男が就いた。山中総務長官は唯一留任したが、その理由を「沖縄現地の留任要望のため」と語っている（『朝日新聞』一九七一年七月六日付）。

このとき内閣官房長官には、佐藤政権発足時に副長官を務めていた竹下登が抜擢された。竹下は数年前から佐藤に冗談半分の陳情をしていたという。以下、満年齢の話だが、吉田と佐藤の年の差が二三歳で、吉田が七〇歳のとき佐藤が四七歳で官房長官に就任したので、私も四七歳なのでどうかというものであった（『証言保守政権』）。佐藤もまた、「君は四十七歳。

私も同じ年齢で、吉田内閣の官房長官を苦しいなかやり通した。君も若いというが十分やっていける」と竹下を激励したという（『正伝佐藤栄作』下巻）。

幹事長には保利茂が就任し、副幹事長には金丸信、安倍晋太郎らが就いた。保利とともに党三役として、中曽根を総務会長、小坂善太郎を政調会長とした。

米中頭越し接近——ニクソン・ショック

国政選挙を経て新たなスタートを切る佐藤政権であったが、社会党、公明党、民社党があいついで沖縄返還協定に反対の姿勢を明確にし、「やり直し」を求めるようになった。野党は核抜き返還の明記を求め、日米安保体制の拡大につながるのではと批判した。

そこに襲ったのは二つのニクソン・ショックであった。

一九七一年七月一五日夜、ニクソン大統領は全米向けのラジオとテレビで、中華人民共和国政府の招待を受諾して翌年五月までに北京を訪問することを発表した。北京放送でも同時刻に発表があった。日本時間七月一六日午前一一時半のことである。ロジャーズ国務長官から牛場駐米大使に電話連絡があったのは放送約三時間前である。しかし、牛場は不在で、官邸に伝えられたのは発表の数分前、一〇時からの閣議散会後であった。

キッシンジャー国家安全保障問題担当大統領特別補佐官はすでに七月九日から一一日まで極秘に中国を訪問し、周恩来首相と会談していた。

周は最初の会談で、米国の保護によって日本が軍事費を抑制することで急速な経済成長が可能になったと「安保ただ乗り」論を展開した。キッシンジャーはそれに対して日米の防衛関係が日本の侵略的な政策を抑制していると「瓶のふた」論を説き日米安保体制が中国にとっても有利であることをアピールした。

この中国政策の劇的転換に際して日米間に協議はなかった。ただし、米中が接近する客観状況は十分すぎるほどあった。米国はベトナム戦争の名誉ある解決に中国の協力を必要とし、中国は深刻な中ソ対立の渦中にあったからだ。日米それぞれの対中政策を再編するようになった分岐点は一九七〇年末から翌年初頭の時期であったと指摘されている（『日中国交正常化の政治史』）。

佐藤は「今日のビッグ・ニュース」と記し、「発表までよく秘密が保たれた事だ」と感心していた。連絡がギリギリまでなかった米国への批判は佐藤には感じられない。北京政府の柔軟化を「すなおに慶賀すべき事」としながらも、「これから台湾の処遇が問題で、一層むつかしくなる」と感じた（『佐藤栄作日記』一九七一年七月一六日条）。

中国政策を変更する際には日本と協議する意向を何度も確認してきた米国が、事前の相談もなくこの挙に出たことは、日本政治と国民にショックを与え、日米関係を重視してきた佐藤政権に特別な打撃となった。

参議院の変調と広島原爆慰霊

困難は束になって訪れる。参議院での強固な佐藤支持勢力であった重宗雄三体制が崩れる。

一九六四(昭和三九)年以来の長期政権を考えるうえで、参議院内での支持は重要だった。佐藤は「参議院を制する者が、全体を制する」と考えていたという(『斎藤十朗オーラルヒストリー』)。参議院は、一九五六年から六二年までは佐藤を政界に導いた自民党の松野鶴平が、その後は岸や佐藤と同じく山口県出身で占領下で貴族院議員の経験もある重宗が長らく議長を務めていた。

重宗は、戦前からの実業家で佐藤の長兄市郎とも知り合いであったという。一九六四年の自民党総裁選で池田に挑む佐藤を積極的に支持し、すでに述べた大学臨時措置法案など、参議院の法案審議でも内閣を支えた。参議院自民党をまとめ、佐藤四選にも寄与した。

自民党の不振に終わった先の参議院選挙の後、七月七日に、自民党参議院議員の河野謙三が参議院改革を訴えて全参議院議員に書簡を送っていた。それは議長・副議長の党籍離脱、参議院から大臣や政務次官を出さないよう自粛すること、衆議院とは異なり党派政治を離れた参議院の独自性追求などが内容であった。

河野は河野一郎の弟で兄の公職追放時に身代わりとして衆議院選挙に出馬、当選したことを機に政界に入り、兄の追放解除後参議院にまわり、当初、緑風会に属したが、のちに自民党に移り、重宗が緑風会議長の下で副議長を務めたように、重宗議長の下で副議長を務めていた。

河野謙三の動きが自民党内に波乱を呼び、野党の支持を背景に七月一三日夜にはついに重宗の四選に挑戦することになった。沖縄返還協定の審議を前に党内の動揺は避けたく、両者ともに出馬しないよう説得が行われ、重宗は四選出馬を断念したが、一七日、出馬した河野が議長に選ばれる。佐藤は日記に「我党の逆乱軍十六名ばかりの推す河野君が十票の差で勝つ」と記した（『佐藤栄作日記』一九七一年七月一七日条）。このことは米中頭越し接近のニクソン・ショックと連日のことで、佐藤政権の斜陽を強く印象づけた。野党を元気づけるだけでなく、政権の退任時期や自民党内での後継者争いにも影響が予想された。

さらに事故もあった。七月三〇日、岩手県雫石町《しずくいしちょう》上空で民間航空機と自衛隊のジェット戦闘機が衝突し、航空機の乗客一六二名は全員死亡、自衛隊機の乗員二名は脱出できたが逮捕される。八月一日には増原恵吉《けいきち》防衛庁長官が辞任した。

このような多事多難ななか、八月六日、佐藤は広島市長の強い要請に応えて現職首相として初めて広島の原爆慰霊式に参列した。佐藤は雨のなかで式辞を読み、献花した。佐藤は廃墟のなかから「平和都市の建設」に努力してきた広島市民に敬意を表し、「二六年前、広島がこうむった原爆による破滅的な惨禍は、核の時代をいかに生きるべきかを示す全人類に対する教訓であり、このような不幸を二度と繰り返さないことこそ、われわれ日本国民の悲願とするところであります」と説いた（『佐藤内閣総理大臣演説集（第二集）』）。

米国の新経済政策——第二のニクソン・ショック

ニクソン大統領訪中発表のショックから一ヵ月後の八月一五日、ニクソン大統領は米ドルと金との交換停止、一〇%の輸入課徴金設定などの新経済政策を発表した。これは劇的なドル防衛策で、ドルを基軸通貨として第二次世界大戦後の世界貿易を支えてきた国際通貨体制、ブレトンウッズ体制の終わりを意味した。同時にニクソン大統領は国家非常事態を宣言し、第一次世界大戦時の対敵取引法に基づく一方的な輸入制限が国内法上可能となった。

日本は八月一六日朝を迎えていたが、占領下に設定された一ドル=三六〇円の為替レートに慣れ親しんだ日本経済に大きな衝撃を与えた(ドル・ショック)。佐藤は大統領の代理としてロジャーズ国務長官から電話で報告を受けた。「やりもやったりの感」であった(『佐藤栄作日記』一九七一年八月一六日条)。

過小評価されていると見られていた円への国際的な切り上げ圧力は強く、大蔵省はドルの買い支えに努めたが、八月二八日、ついに市場を閉鎖した。戦前、政友会幹事長の媒酌で結婚し、自由党に進んだ蔵相の水田は、戦後初当選以来の勤続二五年表彰を受け、一九七一年を「既に戦後は脱した今年」と考えていた。それが劇的な形で現れたのだ(『蕗のとう』)。

従来、自民党は日米協調路線を堅持してきたが、二つの「頭越し外交」は自民党内の「マジョリティ(多数意見)」を一時的ではあったが激しく揺さぶる。ニクソン政権の行動は佐藤首相の政治的立場を弱めた。しかし、佐藤は沈黙によって耐える。直後に『ニューヨーク・タイムズ』紙の取材を受けた佐藤は、「米国の国益を守るという面からみれば、ニクソンとしては当然の措置だったと思う。日本としては、アジアの緊張緩和につながるという意味で、今後の発展に期待している」と答えている（『首席秘書官』）。

中国問題の急展開と国際交流基金構想

八月二六日に中国と関係の深い松村謙三の葬儀があり、中日友好協会の王国権が中国から来日した。このとき、竹下官房長官が羽田空港に出迎え、葬儀では佐藤が歩み寄り握手を求めた。

さらに、同日、竹下官房長官の非公式な諮問機関として国際関係懇談会が発足した。もともとは、一九七〇（昭和四五）年一二月に木村官房副長官の下で中国問題を意識しつつ有識者会合として構想されたものである。中国問題と日米関係を中心テーマに、政府ベースと民間ベースの意思をかみ合わせようと高坂正堯、中島嶺雄、山崎正和を中心に人選が進められた。佐藤は「タイミングとしてもちょうどいいのではないか」と述べていたが、発足までに時間を要していた。

同時期、福田赳夫外相の主導でのちの国際交流基金につながる文化基金構想が動き出していた。一九七一年九月の日米貿易経済合同委員会で福田外相は、日米「両国民間の心と心の触れあいを生み出すための文化交流の必要性」を指摘し、従来、米国側に大きく依存してきた人物交流での日本側の努力の増大を説いた（『楠田資料』J）。「福田構想」である。

米国は占領政策の一環として、日米間の人物交流計画を推進し、フルブライト計画を実施してきた。第二次世界大戦の終結によって余剰となる海外財産を、人物交流に用いたのである。以後、冷戦下で親米派を育成し、米国の人物交流計画は本土と沖縄で次代を担う人物を広く育成してきた。

国際交流基金には、このよき伝統を、経済再建を果たした日本が自らの資金によって引き継ぐ意味があった。

佐藤は一〇月六日に宮崎市で開かれた自身最後の「一日内閣」でも米中関係改善をアジアの緊張緩和から歓迎し、自衛力を整備し日米安保条約で補うという講和時に吉田が基礎を定めた防衛政策が「国民的合意」として確立されるに至ったと述べた。そして「日米関係を足場にして、新たなる国際協調の時代の幕を開きたい」と抱負を語った。

すでに前年の一九七〇年、日本国際交流センターが山本正により設立されている。山本は小坂善太郎の弟で経済人の小坂徳三郎のもと冷戦下での日米政財界人の交流や下田会議（日米関係民間会議）に尽力してきた。徳三郎は一九六九年の総選挙で自民党から当選する。センターは次代の日本外交の基盤となる人の交流を、民間の立場から支えていくことになる。

4　長期政権の幕切れ――非核三原則の決議と沖縄祖国復帰

昭和天皇訪欧

一九七一（昭和四六）年九月一日、大平正芳は、宏池会議員研修会で「潮の流れを変えよう」というスピーチを行った（『心の一燈』）。大平は「わが国は戦後の総決算というべき転機を迎えている」と述べる。高度経済成長の歪み、輸出拡大による摩擦、相対的地位が低下する米国との協調下での自主外交の要請、経済の大型化ゆえに国際化の担い手にならざるをえなくなったとして、「政治不信の解消」と「自主平和外交の精力的展開」を論じた。

これは宏池会を継ぎ総理総裁を目指す大平の「デビュー」を飾るものと意識されており、この日の演説に向けて五月初めから大平系議員による「政策委員会」が発足し、準備が重ねられていた。それは大平にとっての「明日へのたたかい」であった。大平は佐藤後に向けて旗幟《きし》を鮮明にしたのである。

この頃、政権内でも幕引きが議論にのぼったようである。保利自民党幹事長は佐藤に、何としても臨時国会で沖縄返還協定の批准を実現し、その暁には政局にも折り目をつけるべきではないかと話し合ったところ、佐藤は「そう思っている」と応じながらも「しかし年が明けてからでいいだろう」と述べたという（『戦後政治の覚書』）。

この時期から佐藤政権は、四つの外交課題に対処していく。

第一に、九月二七日から一〇月一四日まで昭和天皇・皇后の訪欧である。昭和天皇にとって皇太子時代以来五〇年ぶりの訪欧であった。福田赳夫外相が随行して行われたが、イギリス王室はこれを機に異例にもガーター勲章をはじめ戦時に剥奪《はくだつ》した名誉をすべて回復する。しかし、オランダでは車に魔法瓶が投げつけられるなど、政府間での法的解決ではすまない問題の根深さをあらためて印象づけた。なおヨーロッパへの中継地アンカレッジでニクソン大統領が昭和天皇を出迎えた。

繊維紛争の決着

第二に、日米繊維問題が佳境《かきょう》を迎えていた。ニクソン政権は評価しなかったが、日本の繊維業界の対米輸出自主規制は七月一日から開始され、自主規制にともなう業界への補償についても議論が進んでいた。若泉敬も使って独自の、そして秘密の問題解決に努めてきた佐藤も、当面不十分ながらも業界の動きを静観するしかないと考えていた。新任の田中通産相も業界の意向を汲んで引き続き強い姿勢で交渉に臨んでいた。

ところが、ニクソン政権は依然として政府間交渉にこだわっており、デービッド・ケネディ特使を立てて日本や台湾など関係国に交渉を迫った。沖縄返還協定は米国上院での審議を控え、米国からはあからさまに両者を結びつける議論も聞こえていた。さらにドル・ショックでの米国の新経済政策では、円の切り上げ幅と輸入課徴金の撤廃が問題となっていた。ニクソン政権が、交渉期限を切ってそれまでに解決しない場合には対敵通商法を発動し一方的に日本からの繊維製品輸入を規制する姿勢を示すと、佐藤は関係する福田外相、田中通産相と話し合い、「政府間交渉でなければおさまらない」と方針を転換した（『佐藤栄作日記』一九七一年九月二三日条）。

その後の田中通産相の動きは俊敏で、米国の設定した交渉期限が切れる一〇月一五日、ケネディ特使との間でニクソン政権の要求に沿う日米繊維協定を仮調印し、国内の繊維業者には救済措置をまとめた。政府間協定を嫌い、自主規制を選んだ業界は強く反発したが、政府は当初適用を躊躇《ちゅうちょ》していた輸出貿易管理令によって最後は業界の反対を押し切った。

新聞では批判され、野党からは「屈辱的」との声も聞かれたが、佐藤は「色々の批判もある事と思うがまずまずの結末かと思う」と評価し、「この問題は日米干《ママ》係第一に考えるが、仝時《どうじ》に繊維業界のうける影響等も考えて、政府間交渉の方がより有利であり国益維持とも一致したもの」と日記に書き記した（『佐藤栄作日記』一九七一年一〇月一五日、一六日条）。

日米繊維協定は翌年一月に正式に結ばれたが、その間に沖縄返還協定は米国上院で批准され、一ドル＝三〇八円の新たな固定レートがつくられ、輸入課徴金は撤廃された。繊維業界の損害はすべて補償され、政府間協定の規制枠も結局余った。ベトナム戦争下で日米間の経済力の差が縮まり摩擦が高まるなか、佐藤は日米で秩序ある貿易の先例をつくろうと意気込んだが、反発する業界の協力が不可欠であったことから停滞し、ドル・ショックを経て最後は国益判断からニクソン政権に花を持たせる決着となった。

国連中国加盟問題

第三に、国連での中国代表権問題であった。日本はそれまで米国と共同歩調を取り、中国招請・台湾追放の決議案否決、審議棚上げ、重要事項指定方式での代表権変更阻止に努めてきた。だが年ごとに中華人民共和国を承認する国が増え、一九七〇年の国連総会では、中華民国を追放するアルバニア案が過半数を占めながら、米国や日本による重要事項指定決議案可決によって何とか現状を維持するといった中華民国が劣勢に追い込まれている。

そのようななか、米国大統領が劇的な対中関係改善を発表し、中華人民共和国を承認する国が中華民国を承認する国を数で上回った。だが、関係改善を行いながら米国は台湾追放阻止に向けて日本に協力を求めていた。

ニクソン・ショック後の日本では、協力に応じるか否か政府・自民党内にも議論が巻き起こったが、三木や大平が相次いで反対姿勢を示すなか、佐藤一任が決められた。

九月二二日、佐藤は、中国の国連加盟について、中華人民共和国を国連に招請し、安保理常任理事国とする「複合二重代表制決議案」を支持する一方で、台湾の追放を重要事項として単純多数決を回避する「逆重要事項指定決議案」の共同提案国となることを決めた。

これについては「信義」を重視する佐藤が後継者に迷惑がかからないようにと考え、また蔣介石の敗戦時の恩を思う昭和天皇の意向にも影響された可能性が指摘されている（『日中国交正常化の政治史』）。

佐藤は自ら記者会見を求め、情勢の変化と国益の観点から説明し、次のように述べた。

いままでは国府にかたよっていたが、きょう軌道修正される。私としては、かねてから日中国交正常化に努力したいと思っていたが、その矢先、日本が仲介の労をとる必要があると考えていた米国に頭越しにやられた。隣の国だから日中の正常化をはかり友好を深めたいが、過去のいきさつを考えると、両国の間にある誤解や認識不足を払しょくすることや、軍閥のやったことへの反省も大事なことだ。（『佐藤政権・二七九七日』下巻）

しかし、一〇月二五日の国連での票決では逆重要事項指定決議案が敗れ、中国招請・国府追放のアルバニア決議案が予想外の大差で可決された。安保理常任理事国の地位を含めて中国代表が交代し、複合二重代表制決議案は票決にも付されなかった。

蔣介石は一つの中国との観点から自ら国連脱退を選んだ。野党は佐藤首相、福田外相をはじめ政権の責任を問うた。

佐藤は先の記者会見で、勝算ありと自信をもって断言することはできないが筋を通すことが大切だと述べていた。佐藤の判断については、最後まで中華民国政府に寄り添ったことで次の田中角栄内閣の劇的な日中国交正常化に際してその反発を最小限に抑えることができたとも評価される。その一方で、日米協調重視は当然ながら、佐藤に入っていた情報からは一九七一年はまだ勝てるかもしれないとの見通しもあったようである。

沖縄と円切り上げ問題

第四に、沖縄返還の実現であった。日米繊維紛争に決着がつき、佐藤政権最後の山が幕を開ける。沖縄返還協定の批准である。沖縄返還協定と関連法案が審議された第六七回国会は沖縄国会と呼ばれる。

返還交渉に関わった外交官中島敏次郎は、佐藤が細かい点までよく事態を理解し、国会答弁を主導したことについて、「本当に立派だと思いました」と回顧する（『外交証言録』）。

琉球政府行政主席屋良朝苗も一九七一（昭和四六）年八月一六日の知事会で佐藤が沖縄返還問題について次々と質問に答えていく様子を、「メモを前もって書いてあるとは思うが、一人であらゆる面について答える。総理の仕事も大変だなあと思った。しかし自信をもって全く語りかける様に、ゆったりと答えている。流石《さすが》である」と記している（『一条の光』下巻）。沖縄返還は他の誰でもない佐藤自身の事業であった。

沖縄では、ニクソン・ショック後の円ドル交換レートの急変が深刻な問題をもたらしていた。ドルが円に対して急激に安くなったことで、祖国復帰で沖縄住民が持つドルを円に交換する際に大きく目減りすることになる。

九月二二日、佐藤は沖縄から訪れた女性折衝団と予定外に面会し、「沖縄の通貨をドルに切り替えたのは、自分が大蔵大臣のときであった。山中君（総務長官）とも相談して沖縄県民には絶対損をさせないようにするから」と明言する（『やんばる女一代記』）。一九五八年に沖縄でのドル使用が米国から通告された際、大蔵大臣は佐藤、政務次官は山中貞則であった。

山中貞則（左）と屋良朝苗　屋良は山中の母校の恩師，特別の敬意を払い，随所で沖縄の気持ちを汲み取ろうとした

山中は「時の大蔵大臣は総理であり、そして政務次官は沖縄担当の大臣であるということで、そういう意味の宿命感があるんですね。〔中略〕切りかえられたということで、沖縄の人にはドルを使ったことに何の責任もなかったんだし、また、沖縄の人の意思は全く加わってなかった」と述べている（「沖縄復帰を前にして」）。

一〇月八日には山中総務長官とともに沖縄の県民

保有ドルに対しては一ドル＝三六〇円を保証する措置を発表し、翌日、沖縄で住民の持つ通貨の確認を実施することにした。このときの円ドル交換レートは三三〇円前後で推移しており、八％以上も円高が進んでいた。

ところが、当日午前二時に大蔵省が特別給付金に限度額を設けることを通告したため沖縄住民の財産が十分に保護されない可能性が高まり、再び大問題となる。交渉していた宮里松正琉球政府行政副主席は午前六時に山中の助力を求め、山中は午前七時に佐藤を起こし、佐藤が琉球政府の要求をすべて了承したことで計画どおり行われた。

このとき、山中から説明を受けた佐藤は、「沖縄の方々のために、それしか手がないし、それをやることによって日本銀行の年度収支に三百六十億円の歳入欠陥を生じ、赤字になるとしてもやむを得ないではないか。むしろ、それによって、いくらかでも沖縄の方々に喜こんでもらえるならば、赤字覚悟でそれをやってよろしい」と即座に断を下したという。山中は許しを得て「胸がいっぱいになった」（平良幸市文書〇〇〇〇六二二二）。

通貨確認は米国への事前通報なく行われ、ランパート高等弁務官は抗議を寄せたが、米国政府は結局この措置を承認する。

沖縄国会

一一月五日に衆議院で沖縄返還協定と関連法案について審議が始まった。そこには、西銘ら沖縄住民の代表として選出された議員も参加していた。

米国では二日にフルブライトが委員長を務める上院外交委員会が協定の批准に助言と同意を与えるべく勧告を出し、一〇日、上院は協定を承認した。マンスフィールド上院院内総務やフルブライトは、大統領が共和党であったことは批准に対して好都合であったと漏らしたという。民主党はそもそも好意的態度が予想され、貿易問題への不満が高まるなかで共和党議員の動向が重要であったためだ（『東京回想』）。

沖縄では、一一月一〇日に返還協定に反対するゼネストが行われていた。沖縄祖国復帰協議会は核も基地もない沖縄を求めて沖縄返還交渉のやり直しを求め、復帰延期も辞さないと主張していた（『朝日新聞』一九七一年一一月五日付）。このとき警官一名が火炎瓶によって殺害された。反対運動のなかの過激派による暴力は悪化しており、この二ヵ月間で、成田三名、沖縄、渋谷で計五名の機動隊員が鉄パイプでの殴打や火炎瓶でのやけどなどで殺害されている（『読売新聞』一九七一年一一月二六日付）。

佐藤は訪日したジョン・コナリー米財務長官と会っていた。佐藤は米上院の協定批准に礼を述べ、「何と言っても問題は基地だ。沖縄は元来やせた土地柄だ。その中で僅かにある平坦な部分がみな米軍基地になっているという沖縄県民の不満は分かってもらえると思う。沖縄における米軍のプレゼンスは抑止力として評価している。しかし、日本本土の施設・区域を整理統合する過程で、それを沖縄へ移したのはどうもまずかった。そんなことならむしろ本土に残しておいて貰った方がよかったのかも知れない」と述べた(『楠田資料』F)。

国会では、一七日、衆議院沖縄返還協定特別委員会は質疑を打ち切り、強行採決した。栗山法規課長は、基本的に日本の目標が達成されたと考え、協定が強行採決になったことを「五五年体制」の影響として「非常に不条理だな」と感じたという(『外交証言録』)。対して異なる観点から強行採決に批判的であったのが、屋良主席であった。琉球政府復帰対策室では日本政府のペースで沖縄返還が進むことを懸念して「復帰措置に対する建議書」をとりまとめ、屋良が持参し上京した当日に強行採決が行われたからだ。強く抗議する屋良に桜内義雄委員長は協定が参議院で自然承認となってもよいように、また流血の大混乱を避けるために強行採決を早めたと、説明した。

翌一一月一八日、面会した屋良に佐藤は、「自分は沖縄返還に全力をあげ最善を尽くしたつもりだが、このように反対が起きるとは思わなかった」と話したという(『屋良朝苗回顧録』)。国益のために沖縄に犠牲を与えないよう求める屋良に、佐藤は、国益は戦争に巻き込まれないことだからしわ寄せはない、事前協議はイエス、ノーを言えるというだけで、「Noと云う」と答えたという(『一条の光』下巻)。

一一月一八日以降の審議を野党が拒否するなか、院外では一九日には全国統一行動として大々的にデモが行われ、過激派グループは日比谷公園内の松本楼に火をつけた。

非核三原則の衆議院決議

沖縄国会の最後を飾ったのは保利幹事長であった。一一月二〇日、強行採決後の国会正常化のために船田中衆議院議長の斡旋で開かれた自民、社会、公明、民社の四党幹事長、書記長会談で、保利幹事長は野党の主張を織り込んだ審議記録を残したいと説得を重ね、ついに非核三原則の決議案に同意することで、公明党と民社党の態度を軟化させることに成功する（『戦後政治の覚書』）。同席していた事務局員は「膠《にかわ》でぴったりとはりついていた板が、バリバリと音をたててはがれるような迫力だった」と述懐している（『首席秘書官』）。公明党と民社党が審議に復帰し、非核三原則と沖縄米軍基地縮小を確認する「非核兵器ならびに沖縄米軍基地縮小に関する決議案」が衆議院本会議に上程されることになった。

佐藤は、幹事長、書記長会談の結果開かれた一一月二二日の委員会で補充質問を受けた。

そして二四日、衆議院では社会党、共産党が欠席するなか、佐藤が待望した本会議で、公明党と民社党の反対、自民党の賛成によって沖縄返還協定が承認された。これによって協定は自然承認の目処が立った。

また、条件であった非核三原則の決議も成立した。佐藤は特に発言を求めて、「非核三原則を遵守《じゅんしゅ》することは、私がすでに繰り返し申し述べているところでありますが、本日、本会議における決議の採択にあたり、政府として非核三原則を遵守する旨、あらためて厳粛に声明するものであります」と確認し、「沖縄における米軍基地の整理縮小につきましては、復帰後すみやかに実現できるよう、現在からこの問題に真剣に取り組む方針であります」と述べた。

だがその後、参議院でも混乱は続いた。一二月三日、「明日から審議は軌道にのるか。沖縄返還迄は我慢しなければならない」と佐藤の日記はその苦衷《くちゅう》をしのばせ、二〇日にも「沖縄返還がまず第一、結局この為にすべてをあきらめる」と記している（『佐藤栄作日記』一九七一年一二月三日、二〇日条）。結局、参議院では自然承認を待たずに河野謙三参議院議長のもと一二月二二日に可決、沖縄返還協定は承認された。

他方で、参議院での沖縄返還協定の審議が佳境を迎えていた一二月一九日、ワシントンのスミソニアン博物館で一〇ヵ国蔵相会議が開かれた。ニクソン・ショックによる通貨の混乱を収拾する目的で一六・八八％の切り上げとなる一ドル＝三〇八円の新たな為替レートが合意され、一九四九（昭和二四）年四月二五日以来、長らく戦後日本の再建と繁栄を支えてきた一ドル＝三六〇円の固定相場には終止符が打たれた。新たな通貨体制はスミソニアン体制と呼ばれるも一九七三年には変動相場制に移行する。

この日、政府声明では八月以来の混乱の背景にドルを中心とした「戦後体制の終わり」を見、「多元的な国際協調と競争的な共存の時代を迎え」ようとするなかで、国民福祉のさらなる向上と国際社会への一層の貢献を説いた。佐藤は「浜口内閣時代の金解禁の時とは違うが、不況にならねばいゝがと思う」と日記に不安を記した（『佐藤栄作日記』一九七一年一二月一九日条)。

一二月二九日には第六八回通常国会が召集された。翌一九七二年六月一六日まで開かれた同国会は佐藤首相にとって最後の国会となる。召集翌日の一二月三〇日、沖縄返還関連法案も成立した。

年を越えて一九七二年一月一日、佐藤は、「年初から国内問題ととり組む事を期していたが、こんな事で国際的問題にまきこまれるとは思わなかった」と前年を振り返り、「それにしても反戦、反安保の連中の大い《〔ママ〕》事、油断の出来ぬ世の中。いつになったら国の安全を考えなくてもすむ時がくるのか」と記した(『佐藤栄作日記』一九七二年一月一日条)。他方、屋良は米国の施政下最後の元旦を最後の主席として迎えていた。

第三回佐藤・ニクソン会談――沖縄返還期日の決定

一月六日、七日の両日、佐藤はニクソン大統領とカリフォルニア州サンクレメンテで日米首脳会談を行った。

事前準備では、日米間の文化交流を促進する国際交流基金設立が伝達された。構想の生みの親である福田外相は、「〝知性と知性〟の触れあいによって、日本の〝軍備なしで、平和を愛好し文化的な国家を建設したいという心からの願望〟に対して、〝外国のより多くの人々がより深く、より正しい理解を示してくれるようになる〟ことを期待する」と述べたという

（『東京回想』）。

日米首脳会談は、フランス、イギリス、西ドイツと前年末から米国が行っていた西側同盟諸国首脳との連続会談の一環でもあった。佐藤は多極化する国際情勢にてらして自由主義陣営を主導する五大国での首脳会談が望ましいと述べ、まず世界経済の問題、大統領の北京訪問を控えた中国問題、朝鮮半島情勢、さらにソ連との関係などが話し合われた。

核武装の問題でも佐藤はニクソンに「若い世代の間には自ら自分の国を守る気概が生まれつつある。しかし、核兵器については、日本人は大きな憎しみを持っている」と述べ、自身が広島の原爆記念館を訪れた初めての首相であることに触れている。佐藤は首脳会談のなかでニクソン訪中に関して、日米安保「瓶のふた」論を用いて、日米安保が日本の核武装を思いとどまらせていると説得することまで提案している。

この首脳会談で何より重要であったのが、沖縄について具体的で前向きな成果を得ることであった。ここで沖縄返還は五月一五日に決まる。五月一五日は、双方がそれぞれの会計年度を意識し米国側が七月一日、日本が四月一日を主張するなか、その間をとったものだという（『東京回想』）。マイヤー駐日大使の回顧録では駐日大使館からの勧告に準じたものだと述べられているが、ポイントは沖縄慰霊の日であった。

佐藤とニクソンとの間で直接日取りをめぐって議論が行われ、五月三一日が一つの可能性として浮上するなか、佐藤が「六月二三日は沖縄での戦闘が終了した日なので、それ以前に返還を受けたい」と述べ、ニクソンは「もしどうしても早い方がいいというのであれば」と五月一五日を持ち出し、「早いのに越したことはなく、大変結構だ」と佐藤も応じたものであった（『楠田實日記』資料）。

一月一〇日の帰国時の羽田空港への出迎えには屋良朝苗主席の姿もあった。佐藤は歩み寄り、握手の後、「精いっぱいやったがあれだけの結果しか出なかった」と述べた（『屋良朝苗回顧録』）。

黄昏の佐藤政権と「雄大な実験」

佐藤政権にも終わりは近づいている。佐藤は二月二日の日記に「いつ迄もこの仕事をやってもおれない。適当な処で退陣を決すべきかと思う」と感想を記した（『佐藤栄作日記』一九七二年二月二日条）。とはいえ、なおも多忙である。三日には札幌冬季オリンピックの開会式に出席、七日には、第四次防衛力整備計画の大綱が決定された。

二月二七日、ニクソン訪中にともない米中両国による上海コミュニケが発表された。同月、日本はソ連と関係の深いモンゴルと国交を正常化している。先に一月二三日にはソ連のアンドレー・グロムイコ外相が来日した。

他方、日本の学生運動は完全に行き場を失っていた。二月に起こった連合赤軍による人質立てこもり事件である浅間山荘事件は、警官二名が殺害されるなかテレビ中継されて社会の関心を集めた。五月にはイスラエルで日本赤軍によるテルアビブ空港乱射事件が起こる。この事件では二四人が死亡した。

三月一五日、首相官邸で、福田外相とマイヤー駐日大使との間で沖縄返還協定の批准書が交換された。もちろん佐藤も山中総務長官、渡海元三郎自治相、愛知前外相とともに立ち会い、泡盛で乾杯をした。佐藤は「沖縄返還もあと二ヶ月。回想すればよくも出来た事と思う。米なればこそと思える。然し総理の仕事は毎日毎日が大事で、無事である事を願うのみ」と日記に記した（『佐藤栄作日記』一九七二年三月一五日条）。屋良はこの批准書交換式も沖縄からテレビで見ていた。

マイヤーは米国議会の説得を続けていた頃、ある議員から「大使、本当に戦争に勝ったのはどちらなのかね」と皮肉な質問を受けたという。日本の低い国防費に対して、米国の若者はベトナムで死んでおり、納税者は重い軍事費を負担していた。こうした「安保ただ乗り」論にマイヤーは、「真珠湾の苦い記憶につきまとわれていた多くのアメリカ人は、日本が軍事的な大国として復活することにも、同様な不快さをもって対したことであろう」と軍国主義とのジレンマを指摘した。佐藤もまたこのジレンマと向き合っており、マイヤーが離任の挨拶に訪れた三月二一日には、「一九三〇年代の記憶が時に脳裏をよぎるのだ」と打ち明けたという。

任期中、月に一度は佐藤に面会する機会があったというマイヤーは、一九七六（昭和五〇年の回想で当時の日本を次のように語っている。

日本は巨大な軍事力を持たなくても大国たりうると証明することが、佐藤首相の引き続く〝雄大な実験〟であった。それはまた外国の日本研究家たちが、長期的に見て疑問を抱いた目標でもあった。（『東京回想』）

マイヤーは同じ「雄大なる実験」という言葉を「人民の、人民による、人民のための政府」というリンカーンが支持した米国の試み、伝統にも用いている。佐藤の、そして日本の一見非常識な挑戦への共感と読むことはできるだろうか。リンカーンのこの有名なゲティスバーグ演説も南北戦争の多くの戦死者と向き合うものであった。佐藤の平和大国論も、第二次世界大戦の甚大な被害への同世代国民との共感に基づいている。

マイヤーは三月二七日に任期を終え、レバノン、イランと続いた大使としての最後の任地を離れた。後任には、学者や職業外交官ではなく、ニクソン大統領と関係の深い財界出身のロバート・インガソルが就いた。

米国のロシア問題研究者ズビグネフ・ブレジンスキーは一九七一年の前半を東京で過ごし、八月には、翌一九七二年に『ひよわな花・日本』と題して出版される報告書をまとめている。ブレジンスキーは、日本滞在の印象を「きわめて安定し、見るからに結合力の強い社会」と記した。それは七〇年安保に向けての一〇年越しの警戒や街頭での混乱の数々を思えば驚くべき変容である。

しかし、ブレジンスキーは、明治維新期、第一次世界大戦期、第二次世界大戦期と日本が西欧の思想を積極的に学ぶ時期があり、しかも前二者が突如として日本的伝統によって否定されたことに注目して、日本の安定を突如として崩れかねない「準安定」の状態と位置づけた。すなわち、日本の「軍事大国化」について、不安感、経済権益、昂揚するナショナリズム、対米信頼感の低下が圧力となると指摘し、特に米国の孤立主義がナショナリスティックな軍国主義日本を生み出す結果となることは「もはや定説に近い」と注意を喚起している。

ブレジンスキーは二つのニクソン・ショックで「戦後の時代は突如として終った」という。それはニクソンが一九七一年を「分水嶺の年」と呼んだことと同じである。しかし、日本は予想された行動の急転、すなわち軍国主義とナショナリズムの助長という道を歩まなかった。それはなぜか。すでに日本では佐藤のイニシアチブによって一九七〇年に分水嶺の年を越えていたからである。非核専守防衛大国という挑戦であり、もっぱら経済力を用いて世界的役割を果たすという国民合意であった。

財政密約と機密漏洩事件

五月一五日の沖縄返還の日は近づく。しかし、返還交渉をめぐる機密文書漏洩事件への対応に佐藤は追われることになる。

三月二七日、社会党の横路孝弘代議士が国会質問で米国が支払うべき軍用地の復元補償費を日本側が肩代わりする密約があるのではないか、と外交電報の写しを示しながら問い質した。福田外相は答弁で密約説を強く否定した。横路議員は、前年一二月七日にも衆議院連合審査委員会の席上、同様の質問を行っていた。

公電はなぜ横路議員に渡ったか。事件を重く見た外務省の調査によって、外務省の女性事務官が西山太吉毎日新聞記者の依頼を受けてコピーを渡し、それが横路議員に渡されたことが明らかとなった。両名が守秘義務違反とその教唆の容疑で逮捕されると、『毎日新聞』は国民の知る権利と正当な取材活動を主張する。しかし、四月一五日に東京地検の起訴状が示されると西山の取材活動に男女関係を利用する「道義に遺憾な点」があり、また、情報を野党議員に提供した政治性が逆に強く批判されることになった（『正伝佐藤栄作』下巻）。

福田の答弁に相違して密約、ないしは秘密裏の操作が行われたことは事実であった。沖縄返還協定には米国資産の移転などにともない、日本側が三億二〇〇〇万ドルを支払うことが規定されていた。問題はそのなかに、米国政府が自発的に支払うと規定された返還軍用地の原状回復の費用四〇〇万ドルが含まれていたことである。

そもそもサンフランシスコ講和条約によって日本の請求権は放棄されていたが、米国は沖縄統治の政治的配慮から一度、一九六一（昭和三六）年に復元補償費を支払っていた。そこでその後に返還された軍用地について、琉球政府の要請を受けて日本政府は同様の補償を米国に求めた。対して米国政府は、沖縄返還に関連した一切の支出に否定的であった。また、その場合、議会の予算措置が必要であったが、それは困難であった。事態が暗礁に乗り上げるなか、自発的支払いを認めさせる代わりに実際は日本政府が肩代わりしていたのである。

大平正芳の女婿森田一は、大蔵省主計局法規課課長補佐として、沖縄の土地の原状回復費四〇〇万ドルに現場の一人として関わった。森田は、義父大平の姿勢が「そんな早急に沖縄返還しなくてもいいのにという感じだった」のに対して、「佐藤さんの沖縄返還にかける執念が異常だった」と述べている。大平の考えは、米国も海外基地の維持経費で困難を抱えているので自然と手放すときが来る、無理をする必要はないというものであった。対して現実は、「とりあえず沖縄に関する総理の執念がすごいので、それにプラスになることは何でもやっておこう」という状況であったという(『心の一燈』)。

他にも沖縄にあった放送中継基地VOA(ボイス・オブ・アメリカ)の移転費用など、沖縄返還を最優先した不明朗な財政処理が行われた。これらは交渉を担った愛知外相はもとより福田蔵相、そして佐藤も当然に了知していたと見られる。その点で先の福田の答弁は虚偽であった。

西山事件が提起した国民の「知る権利」の問題は取材方法の点で後景に退いたが、一九七一年六月一三日には、『ニューヨーク・タイムズ』紙のスクープと、さらなる『ワシントン・ポスト』紙の報道でベトナム戦争についての米国防省秘密報告書「ペンタゴンペーパーズ」が表に出、日本でも大きな話題となっていた。沖縄での円ドル交換比率問題など、佐藤政権は無理に無理を重ねることを強いられた。佐藤は最後の最後では、初志に反してすべてを国民の前には明らかにできない秘密合意をも厭わず、虚偽となる、もしくは不正直な答弁も承認し、それを可能な限りすべて受け止め、沖縄復帰に努めていた。

沖縄祖国復帰の日

一九七二（昭和四七）年五月一三日、琉球政府閉庁解散式が行われた。屋良は「遂に琉球政府二〇年の歴史は終る。二〇年二昔にして沖縄県はここによみがえった」と日記に記した（『一条の光』下巻）。翌一四日、返還前日のこの日、琉球政府は戦没者の霊前に復帰奉告慰霊祭を実施する。弔辞も聞こえないほどの豪雨であったという。

五月一五日月曜日午前零時、那覇港ではいっせいに汽笛が鳴り響いた。この日、沖縄は日本に復帰し、沖縄復帰記念式典が東京の日本武道館と那覇の那覇市民会館で催された。佐藤は武道館で式辞を読み、次のように述べている。

沖縄は本日、祖国に復帰いたしました。私はまずこのことを、過ぐる大戦において尊い犠牲となられた幾百万のみ霊に謹んでご報告したいと思います。大戦の末期に戦場となり、尊い多くの人命を失った沖縄の地は、戦後長きにわたって米国の施政権下に置かれてきたのでありますが、今日以後、私たちは同胞相寄って喜びと悲しみを共に分かちあうことができるのであります。私どもの感激はいうまでもありません。祖国愛に燃えて身命を捧げたひとびとを思い、現代に生きる我々として、ここに、重ねて自由を守り、平和に徹する誓いを新たにするものであります。（『佐藤政権・二七九七日』下巻）

佐藤は「戦争によって失われた領土を、平和のうちに外交交渉で回復したことは、史上きわめて稀《まれ》なこと」であり、「これを可能にした日米友好のきずなの強さ」を痛感したと、米国政府・国民より示された友誼《ゆうぎ》に感謝し、大局的で英邁《えいまい》な決断に敬意を表した。佐藤は「力強く式辞を読んだ。途中で涙が出たようだが、最後まで変わらなかった」（『楠田實日記』一九七二年五月一五日条）。

沖縄戦没者、および祖国復帰までに死没した沖縄住民の冥福を祈る一分間の黙禱の後、昭和天皇は「さきの戦争中および戦後を通じ、沖縄県民のうけた大きな犠牲をいたみ、長い間の労苦を心からねぎらうとともに、今後全国民がさらに協力して、平和で豊かな沖縄の建設と発展のために力を尽くすよう切に希望します」と述べた（『昭和天皇実録』）。式典に公明党、民社党議員は出席したが、社会党、共産党議員は欠席し、夜遅くまで沖縄返還協定に反対するデモが行われていた。

沖縄祖国復帰式典，1972年5月15日　式辞を述べる佐藤（中央），後ろには昭和天皇・皇后．日本武道館

他方、那覇会場では、同じく革新系議員が欠席するなか、山中総務長官に続いて屋良沖縄県知事が挨拶に立った。屋良は、「主席は、知事選挙までの間、知事とみなす」という復帰特別措置法の規定で「みなす知事」となっていた。屋良の挨拶は復帰に向けた県民の熱願や運動が全国民の世論の盛り上がりを引き出し、それに応えた佐藤ら当局者、米国政府の理解に感謝するもので、戦没者に祖国復帰実現を報告する形だった。しかし他方で、米軍基地の問題をはじめ沖縄県民の切なる願望が入れられたとはいえず、問題を抱えたままの復帰であったと、新たな困難への政府・全国民の関心と協力を求めた。屋良は次のように述べている。

沖縄は、長く、苦しかった試練を乗り越え、いまここにその夜明けを迎えました。復帰は、まさしく沖縄という新しい生命の誕生でありますし、私ども県民は、これまでの基地の島という暗いイメージを払拭し、新たな自覚にたって県民自治を基調とする「平和で、明るい、豊かな県づくり」に邁進《まいしん》するとともに、文化豊かな社会の建設に真剣に取り組み、国家繁栄のために貢献する決意であります。（沖縄県公文書館ホームページ）

佐藤は新たに設置した沖縄開発庁の初代長官に総理府総務長官と兼任で山中貞則をあてた。復帰後の沖縄について「どうなれば成功なんですか」と周囲に聞かれた佐藤は、「沖縄の人口を減らすな」と答えたという（『堺屋太一が見た戦後七〇年』）。

一九五三年に復帰した奄美群島は、その後の一五年間で人口が四割にまで減少していた。二三年間、一般の旧島民の帰島が認められないという特殊事情があった小笠原諸島では、返還後の帰島者のピークは約六五〇人にとどまった。

一九六五年に「沖縄九十万同胞」に呼びかけて七年が経とうとするなか、迎える同胞は九六万人であった。

五月一八日の園遊会で昭和天皇は屋良知事に「沖縄復帰を喜ばしく思う」と声をかけた（『昭和天皇実録』一九七二年五月一八日条）。二〇日、佐藤は吉田の墓前に沖縄の施政権返還を報告した。こうして〝想像の共同体〟にとどまっていた四七都道府県からなる日本が再建された。それは、戦後改革が行き渡ったという点で新日本の誕生でもあった。

佐藤後継問題と中国問題

佐藤は沖縄返還で引退を飾るいわゆる花道論を嫌ったが、沖縄返還の実現はすでに足かけ七年に及んだ佐藤政権の終幕を強く印象づけた。

国会運営にも佐藤後への思惑が影響を与えていた。六八通常国会では、国民に負担の増加を求める国鉄運賃法一部改正案と健康保険法一部改正案をめぐって社会党、公明党、民社党、共産党の強い反対を受けた。

五月二六日に何とか会期延長を果たし、衆議院は通過させたものの、六月一六日の会期切れをにらんで参議院での審議は遅々として進まず、与党の大幅譲歩にもかかわらず両案とも廃案となった。佐藤はこの結果を受けて保利幹事長に辞任の相談をし、国会が閉幕する翌六月一七日に辞意を表明することにした。

佐藤は将来の首相候補として少なくとも福田赳夫と田中角栄を考えていたが、次期首相には佐藤政権を忠実に支えてきた福田が望ましいと考えていた。それは同じく佐藤政権を支えた岸の希望でもあった。福田は一九〇五（明治三八）年生まれ、田中は若く一九一八（大正七）年生まれである。しかし、大統領制と違って固定任期のない議院内閣制では退陣を表明するまで表立った行動は難しい。そのなかで中国問題がポスト佐藤の政治焦点となっていく。

三木武夫、大平正芳が総裁を目指し、足下の佐藤派までが田中擁立に動き始めていた。

佐藤派内の田中擁立の中心には、先に一九六二年の欧米視察旅行にも同行した木村武雄がいた。佐藤は、四月二〇日に木村を呼んで「分派行動」を批判し、二五日には田中を呼んで「ポスト佐藤への意欲をけす様」注意したが、走り出した列車は止まらなかった（『佐藤栄作日記』一九七二年四月二五日条）。

五月九日には佐藤派内の田中陣営が旗揚げをした。田中は負い目からであろうか、「俺は池田の世話にはなっているけれども、佐藤の世話にはなっていない」と周囲に語り、佐藤にいわれて何度も田中がいる幹事長室に足を運ぶ福田の話も聞こうとしなかったという（『派に頼らず、義を忘れず』）。

佐藤は「福田派も、も少し積極的にあって欲しい。小生に頼るだけでは駄目」と福田派の動きにやきもきしている。また、「田中角栄君の攻勢が強いから小生の意見を表明してくれとの事だが、応ずるわけには行かない。更に様子を見る事とする」と打つ手はなかった。「福田、田中の両者は二人とも一位を確信しておるだけに調整は至極むつかし」かった（『佐藤栄作日記』一九七二年五月一八日、六月三日、九日条）。佐藤は若い実業家の堤清二を呼び、「僕は当然、福田（赳夫）君になると思っていたら、どうも様子がおかしい。君ね、すまんけれど多少影響を与えそうな奴に説得してもらえないか。僕がそう言っていると言っていいから。福田を応援するように頼んでくれよ」と述べたというが、時すでに遅かった（『わが記憶、わが記録』）。

他方、佐藤は政権最後の国会で老人福祉法改正による老人医療費の無料化を実現している。施行は一九七三年一月。一九七三年は福祉元年と言われるが、年金の物価スライド制の検討も含め、その屋台骨は公害防止とともに佐藤政権の社会開発のなかで築かれていた。

テレビカメラはどこにいるのか——波乱の引退表明

通常国会が最終日を迎える六月一六日、佐藤は秘書官の楠田に、明日引退を表明すると告げた。五月二六日に保利と引退時期を確認した佐藤は、すでに六月一日には楠田に引退声明の準備を指示していた（『佐藤政権・二七九七日』下巻）。さらに佐藤は、「最後に俺のわがままを通させてくれ」とテレビを通じて国民に挨拶したい、すなわち記者会見なしでテレビ放送だけするよう楠田に求めた（『楠田實日記』一九七二年六月一六日条）。

楠田はＮＨＫのスタジオに行くことも考えたが、「有終の美を飾る」べく、いつもの首相官邸記者会見室で行うことで佐藤にも了解を取った。しかし、佐藤の希望はボタンの掛け違いから散々な結果に終わる。

六月一七日、佐藤は自民党両院議員総会でまず引退を表明した。「民主政治には国民の支持が必要であり、たえず国民と共にあるという考えで進めなければならないということである。立派な後継者のもとで、今後も難局を切り開いていってほしい」と述べた（『正伝佐藤栄作』下巻)。「たいへん感動的だった」と楠田は記す(『楠田實日記』一九七二年六月一七日条)。次いで佐藤はテレビで国民向けの引退会見を行う。

佐藤が記者会見室に入ると、新聞記者がいつもより多く集まり、テレビカメラも見当たらないように感じた。カメラは部屋の奥にあり、新聞記者たちは長期政権の終幕を見に来ていた。佐藤は「テレビカメラは、どこにいるのか。〔中略〕そういう約束だ。新聞記者の諸君とは話さないことにしてるんだから。国民に直接話したいんだ。文字になると(私の真意と)違うから。偏向的新聞は大きらいだ」と怒りだして執務室に引き上げた(『朝日新聞』一九七二年六月一七日付夕刊)。

楠田は愕然《がくぜん》とした。しかし、急ぎ佐藤に説明し、佐藤は会見室に戻ったが、今度は新聞記者団が収まらない。激しい言葉の応酬の果て、佐藤は一人、テレビカメラに向かって挨拶をすることになった。

「どうしてこういうことになったのか」と楠田は頭が真っ白になった。佐藤の新聞批判には前段があった。直前に開かれた官邸中庭でのパーティで、佐藤は「政治する者はマスコミの協力なしにできないが、世論を形成するマスコミが偏向したら大変だ」と述べ、「どうも一方的な記事が多すぎる」と述べていた(同前記事、『佐藤栄作日記』一九七二年六月一七日条)。

佐藤の引退会見は、楠田が「猛虎ついに檻《おり》を破る」と記した新聞批判に話題をさらわれることになる。しかし、佐藤は引退表明で国民に何を語りかけたのだろうか。佐藤は「日米友

首相引退表明，1972年６月17日　新聞記者団を締め出しての記者会見，首相官邸

好なくして、日本の繁栄・アジアの平和なし」という自らの信念が、「意義深い再出発のときを迎えた」と、新しい時代に引き継がれることを求めていた（『佐藤政権・二七九七日』下巻）。

声明を練った楠田は、「啐啄同機《さいたくどうき》」という言葉で佐藤政治を表現した。これも「社会開発」と同様、千田恒が今度は安岡正篤の著書からとったものである（『楠田實日記』一九七二年六月三日条）。それは卵がふ化する際に、雛《ひな》が内側からコツコツ叩くのに対して機を逃さず親鳥が外からつついて殻を割ってやるというもので、「先学者、先駆者が少し機を先んじると、多く尊い犠牲になるし、また遅れると民族の悲劇になりかねない」なかで、時機を重視し、耳を傾け、国際情勢の推移や国民世論の動向を見極めて決断する佐藤政治にふさわしいと思われた。

引退表明の翌六月一八日、佐藤は青山墓地で吉田茂、松岡洋右、池田勇人、川島正次郎の墓参りをした。

後任レース

佐藤の引退表明で、後任レースが本格的にスタートした。

引退発表の後、田中と福田はそれぞれ総裁選出馬の挨拶に来た。この日、佐藤派（木曜研究会）では佐藤の代理として会長を務めてきた橋本登美三郎をはじめ、自派からの新総裁誕生、つまりは田中擁立を進めるグループが集会を開いた。事実上の田中派旗揚げである。これに対して保利茂など佐藤の意を汲んで福田を支持するグループは、総裁選挙に向けて周山クラブを立ち上げた。一九五六（昭和三一）年末に結成された佐藤派は二つに分裂した。

佐藤は六月一九日、総裁室に田中と福田を一緒に呼んで「君子の争」を説いたが、いずれも自信過剰に見えた。佐藤は「何とかして福田総理をつくり上げ度《た》いもの」と考えていたが、情勢は厳しかった（『佐藤栄作日記』一九七二年六月一九日条）。

田中は総裁選に向けて『日本列島改造論』を出版し、話題をさらっていた。それは田中にとっての「明日へのたたかい」であり、支持層を社会の左にも広げる内容であった。ただし最終的に自民党国会議員の投票で決まる総裁選は君子の争いからはほど遠く、佐藤は「勝敗もさる事ながら間違いのない事」を心配した。二七日の長栄会にも田中派は皆欠席した。長栄会は定期的に開かれる財界人による佐藤の後援会合である。

佐藤が引退を表明した六月一七日、ニクソンが再選を目指す秋の大統領選挙が近づく米国では、民主党全国委員会本部が入るウォーターゲート・ビルで盗聴器などを所持した侵入者が逮捕されていた。二年後にニクソンを退陣に追い込むウォーターゲート事件の始まりである。

福田赳夫（左）と田中角栄，1972年6月22日　自民党総裁選を前に

佐藤退陣を前に中央政界が騒がしくなるなか、六月二五日には初の沖縄県知事選挙が行われ、革新統一候補の現職屋良が自民党候補に圧勝した。屋良の応援には美濃部都知事も駆けつけて大いに盛り上がっていた。三〇日に屋良と面会した佐藤は「知事選挙のとき、ボクや山中総務長官が（自民党候補応援のため、沖縄に）行かなかったことは、よかっただろう」と笑っていたという（『屋良朝苗回顧録』）。

山中総務長官は「国は、沖縄に対して、いくら報いても過ぎることはない。沖縄問題は超党派的に考えるべきだ」と話す。沖縄での山中への信頼は厚く、屋良は県民を代表して佐藤に長期にわたって担当大臣としてその職に就けた取り計らいに謝意を述べた。

佐藤は沖縄の今後を考え、「何と云っても米軍基地が一番の問題であり、ジレンマもある。軍の撤退後の空白を如何にするか。それかといって米軍には去って貰い度いものだ」と日記に記している（『佐藤栄作日記』一九七二年七月一日条）。

本土では、一九七〇年の米軍再編合意で、翌年六月までに在日米軍兵力の約三分の一にあたる一万二〇〇〇人が撤退し、三沢・横田・横須賀・厚木・板付の米軍基地が部隊の移駐や自衛隊との共同使用によって削減・縮小されることになった一方、沖縄では日本本土からのみならずベトナムからも米軍が集約配備されていった。潜在主権にとどまったサンフランシスコ平和条約は沖縄で強い批判と不満を招いたが、相手が米国に絞られたことで復帰への一里塚となった。沖縄返還協定も沖縄での強い批判と不満を招いたが、次なる課題である米軍基地の整理縮小への一里塚となったのだろうか。

退任――首相官邸を去る日

七月五日、日比谷公会堂で自民党の臨時大会があり、総裁選挙が行われた。立候補者は田中角栄、福田赳夫、三木武夫、大平正芳の四者で、事実上の田中と福田の一騎打ちである。終盤になっても「田中角栄の勝ちムード」に変わりはなく、佐藤は再び二人を呼んで、選挙後には行きがかりを捨てて提携することを約束させたにとどまっていた。にもかかわらず、田中は三木、大平との反福田三派連合を発表し、福田は佐藤を仲介者とする福田と田中の一、二位連合への約束違反と公の場でなじった。佐藤の影響力はもはやなかった。田中が、選挙では佐藤と岸の兄弟でさえ激しく争うと言わずもがなの言い訳をするなか、佐藤は「二人は、政府・自民党の重鎮であるから、この方式がくずれても総裁選挙後には仲良くやってもらいたい」とコメントしている（『朝日新聞』一九七二年七月五日付）。

第一回投票で田中一五六票、福田一五〇票、大平一〇一票、三木六九票、決選投票で田中二八二票、福田一九〇票で田中が新総裁に選ばれた。佐藤は福田の敗北はやむをえないとしても、第一回投票では一位、最終的な数では二〇〇票の獲得を考えていたが果たせず、意外な結果であった。佐藤は「よく戦った方だが誠に残念。田中、福田の一体化をはからねば党運営に支障を来すと思うので、明日その点を田中総裁によく話する積《つも》り」と日記に記した（『佐藤栄作日記』一九七二年七月五日条）。

田中は「今太閤」と呼ばれ、その大衆性から党内にとどまらず広く日本社会の心をとらえていた。七月六日、佐藤は午前中に臨時閣議を開き、内閣総辞職を決定、国会での首班指名で田中が新首相に選ばれた。佐藤はこの日、次のように日記に記している。

在任は史上第二位で実に二七九七日、伊藤博文先輩の二七二十日（但し通算）、桂太郎内閣（二八八六日）に次ぐものだが、連続しては吉田内閣の二二百四十八日を越え、歴代内閣中第一の長き政権。業績は史家の批判にまつ。

（『佐藤栄作日記』一九七二年七月六日条）

妻の寛子は、引退表明当日の朝にも佐藤から話を聞かされていなかったという。

佐藤はのちに引き際の「カッコ悪さ」を寛子に指摘されると、「一国の宰相というものはな、自分がやめる、その瞬間まで、やめるということを口にすべきもんじゃない、それを口にすることによって国全体が揺れ動くんだ。外国への影響もある。花道とか、損得とか、そんなものは論外だよ」と話した。

また他の人には国鉄、健保、防衛二法案などを念頭に「ぼくは、あの法案が通らなかったときに、初めてやめようと決心したんだよ。大事な案件が自分の力で処理できなかったときこそ、やめるべきものさ。政治家とはそういうもんだ」と語ったという（『佐藤寛子の宰相夫人秘録』）。

七月七日、新首相の親任式に立ち会い、佐藤長期政権も幕を下ろした。佐藤は職員から花束を贈られ、静かに首相官邸を去った。公邸住まいも三年二ヵ月に及んでいた。

第七章　総理退任後——晩年と残された人々

1　首相経験者として

首相退任後——佐藤派と楠田のその後

一九七二（昭和四七）年七月七日、田中角栄内閣が発足し、佐藤は首相公邸を去った。夕方になって世田谷の自宅に戻ると近所の人々が出迎えてくれ、家族も集まった。しばらく来客が続いたが、大阪時代からつきあいのある西尾末広前民社党委員長も慰労の挨拶に来てくれたという（『佐藤寛子の宰相夫人秘録』）。

田中は大平正芳を外相、中曽根康弘を通産相、三木武夫を副総理格の無任所相、橋本登美三郎を幹事長に据えた。田中・大平・三木・中曽根の主流派で要所を固める人事で、冷遇と反発した福田赳夫派は一時入閣を拒否した。佐藤は「敗者の劣等感をなくし勝者の驕りもためねば党の円満な運営も計れまい」と両者に助言し、田中と福田が会った結果、五日後には福田派からも入閣して問題が解決した（『佐藤栄作日記』一九七二年七月一二日条）。

総裁選期間中、佐藤派にあって福田を支持した「周山クラブ」は福田派と合流することになり、佐藤もその解散と福田派への合流を勧めた。これによって佐藤は、木村俊夫とともに無派閥となった。

楠田實ら佐藤のスタッフの今後についても考えなければならなかった。退官後の楠田は秘書官在任中にも佐藤から具体的に勧められていたが、佐藤政権を支えるという仕事を終えて、故郷鹿児島から議員を目指すことになる。

他方で、政権を去った首相が単に一人の政治家や一国民に戻るわけでもない。外務省の東郷文彦や有馬龍夫はその後も佐藤に随時情報を伝えていた。吉田茂や岸信介がそうであったように、首相経験者としての新たな生き方が問われる。佐藤は首相退任後の時間をどのように過ごしたのであろうか。

田中内閣の成立で中華人民共和国との国交正常化への動きは加速し、一瀉千里《いっしゃせんり》の決着を見た。ニクソン・ショックはサンフランシスコ体制と日中復交との齟齬をなくし、中華人民共和国の国連加盟は国連中心主義を外交の一つの柱とする日本政府にとって、政策転換の大義名分を与えた。中国もまた、ベトナム戦争解決のために中国の協力を必要とした米国と同じく、中ソ対立のなかで米国、日本との連携を死活的に求めていた。

論点は、正常化のスピードと台湾関係（日華関係）に絞られていた。最後は田中首相と大平外相が訪中し、九月二九日、日中共同声明が調印された。日中国交正常化もまた、日ソ国交回復と同様、日米安保条約と調和的に解決された。と同時に、中華民国との間では断交が行われた。佐藤は日中国交正常化を当然視する一方で、「邦人商社員を併《あわ》すと七、八千人近くいる筈《はず》」の台湾との関係を心配していた（『佐藤栄作日記』一九七二年九月二九日条）。台湾で問題が起きないか。野党の中立論や安保無用論が再燃しないか。佐藤は田中から帰国二日後の一〇月二日に報告を受け、今後の処理について気づいたままを話し合った。

田中内閣は、内政では再び高度経済成長を目指す列島改造政策を推進した。しかし、一九七二年三月には、国際的な知識人団体であるローマ・クラブが『成長の限界』と題する報告書を発表し、資源の枯渇や環境破壊に警鐘を鳴らして人口増と経済成長の抑制を求めていた。

長髪の元勲

首相退任後の佐藤は、比較的落ち着いた生活を送っていた。司馬遼太郎の『花神《かしん》』を読み、大村益次郎の生涯に思いを馳せつつ、読書の喜びをかみしめた（『朝日新聞』一九七二年九月二一日付）。後進の福田や田中、三木すらも督励し、陳情にも「やはり官僚をけなしても行政を無視しては仕事にならない」と官僚との橋渡しを務めた（『佐藤栄作日記』一九七四年一一月二五日条）。

佐藤は日本の安全についても考え続けた。第四次防衛力整備計画（四次防）の閣議決定に野党がそろって反対していることに、「国の安全を確保する政府の責任は、日中国交正常化や日ソ平和条約が締結され様が不戦条約が締結されても必要な事だと思ふ。〔中略〕平和は望む処だが有備無患《ゆうびむかん》の考えには変りない」と感想を記し、自衛隊観閲式への反対運動には「国の安全確保は第一の政治目標である事に間違いはない。愛国者ならずとも政治の基本問題と解すべき」と批判的であった(『佐藤栄作日記』一九七二年一〇月九日、二九日条)。

一一月六日、佐藤は大勲位菊花大綬章を受けた。受勲者を代表して昭和天皇にお礼を述べた佐藤は、それぞれの分野で一層精進を重ねる決意を述べている。一九六四(昭和三九)年に吉田が大勲位菊花大綬章を受けたときに佐藤が「昭和の元勲決定」と記したことを思えば、その決意をうかがうことは難しくない。

佐藤は首相退任を考え始めた前年秋頃から、少しずつ髪を伸ばし始めた。雑誌のインタビューには、「青年・佐藤栄作のつもり」で、「いずれ私の政治生活をふり返って佐藤回想録を書くつもりだが、総理大臣をやめたとはいえ、まだ現役だからね。これからも、たとえば日米関係の調整とか、私のできる範囲で国民のお役に立ちたいと思っていますよ」と語っている(「今だから話そう」)。

東アジア情勢は混迷の度を深めていた。九月二三日にはフィリピンのフェルディナンド・マルコス大統領が戒厳令を布告し、ベニグノ・アキノ自由党幹事長らを逮捕した。また、一〇月一七日には韓国の朴正熙大統領が非常戒厳令を布告し、国会を解散、その下で一一月には改憲を強行した。

一二月一〇日の第三三回総選挙では共産党が議席を増やしていた。佐藤の選挙区（山口二区）では社会党候補が首位で当選し、佐藤が二位、岸が三位であった。日中国交回復を追い風として臨んだ総選挙であったが、候補者調整に失敗し、自民党には厳しい結果となった。佐藤は党内の融和を重視し、「敵は社共で派閥ではない筈」と考えている（『佐藤栄作日記』一九七二年一二月一三日条）。

佐藤は大晦日の日記に、「経済は成長したが、精神の面の荒廃は忘れるわけには行かぬ。選挙をすれば共産党は進出する。一寸《ちょっと》驚きだが、一部で云う様に更に増加するとも思えない。このへんでカツが入るのではないか。かく考えれば禍《わざわい》を転じて福となす事も亦《また》可能か。否、かくしなければならない。小生の変身もかくてこそ長髪の効果があるわけ」と記した。

前首相としての訪米

一九七三（昭和四八）年一月一七日、佐藤は寛子夫人とともに訪米し、二〇日、再選されたニクソン大統領の就任式に参列した。佐藤は舞踏会でダンスを踊り、本当に楽しそうであったという。訪米のもう一つの目的は、二九日に予定されたジョンソン前大統領への表敬訪問である。沖縄返還のお礼を直接述べたいと考えていた。しかし二二日にジョンソンの突然の訃報に接する。佐藤は急遽特派大使として国葬に参列した。

この訪米は、佐藤にあらためて安全保障環境の変化を突きつけた。面会したマンスフィールド上院議員は、日米関係があらゆる面で平等になってきたので、防衛でも一方的な依存がなくなり、遠からず沖縄を含めた在日米軍基地が全面的に返還されるときがくるのではと述べた。ベトナム戦争後の米国は疲弊しきっていた。佐藤は「自分は、そのような事態が早急に到来するのは好ましいことではないと考える。〔中略〕日米関係を一層強固なものにするに当たっては、現在の日米安保関係というものの堅持が重要である」とすぐさま反論した（『対欧米外交の追憶』上巻）。

また、ハーバード大学を訪問した楠田實らにライシャワー元駐日大使は、「遠からず米国の国内政治の要請から沖縄を含め在日米軍を全面的に撤収するという事態がくると思う」と懸念を語っている（『対欧米外交の追憶』上巻）。佐藤が国民感情を集約しつつ設定した非核専守防衛大国という一九七〇年以降の日本の行き方は日米安保体制を前提としていたが、その出発点で、国際環境との少なからぬ緊張関係を内在していたのであった。

佐藤は一月三一日にはニクソン大統領と会見し、沖縄返還への礼を述べたが、二七日にはベトナム戦争停戦協定が結ばれ、米国は兵力を撤退していた。為替のスミソニアン協定も維持が困難となり、二月一四日、変動相場制に移行する。世界経済は大きく動き、中国では鄧小平が復活を果たして市場経済への躍動に向かっていく。

沖縄祖国復帰一年の憂い――佐藤にとっての「返還」

一九七三（昭和四八）年五月一五日に沖縄は復帰後一年を迎えた。取材を受けた佐藤は、「う、うん、いま沖縄を取上げてくれるのはうれしいが、ボクが登場して、かえってマイナスに働くと困るな。〔中略〕でも心配なんだ。一体化が遅れている。ボクがものをいうことが、一体化にさわりが出ては困ると思って…。むずかしい。いまが、一番むずかしい時期。〔中略〕心配している気持を率直に受取ってもらえるといいが、誤解されると、せっかくの気持でも、結果は沖縄の人を逆なですることになる」。

佐藤はジョンソン夫人から、故大統領が「沖縄はいつまでも領有すべき土地ではない。だから日本へ返さねばならない」といつも言っていたと聞き、「沖縄返還は米国の良心」と述べる。

返還時に八七あった米軍基地が一年間で七ヵ所減っただけという事実に、「基地の問題は大事だ。だけど本土との一体化も大事だ。あれだけ長い間、異民族の統治下にあったのだから、スピードを求めるほうが無理なのかなあ。でも、返還まではさんざん議論した人たちも、いまでは、あまりものをいわなくなっている。いま一番、心を痛めなくてはならない人たちが、案外、沖縄を忘れさっているようだね」（『朝日新聞』一九七三年五月一五日付）。

佐藤にとって沖縄返還には二つの意味があった。

一つは、国民の一体性への確信である。敗戦で失われた体の一部を取り戻す戦後課題であった。それは民族主義（ナショナリズム）であるが、国威発揚でもなければ、政権としての野心でもなく、彼の残した発言や行動からは人道問題であったことがわかる。沖縄の子どもがかわいそうだ。沖縄の人にはご苦労をかけた。それは沖縄戦最末期に「後世格別の御高配を」と本土の海軍次官宛に打電した海軍沖縄根拠地隊司令官大田実の遺言に近く、沖縄に心を寄せ続けた昭和天皇の問題意識との共感もあった。

もう一つは、佐藤にとって日米関係は特別な二国間関係であるべきであった。それは、日米関係が戦後再建期という特別な時期を越えて、日本にとって将来にわたる平和と繁栄への道であり、それは世界にとっても望ましいという意識であった。そして沖縄返還抜きの日米未来関係はないという意識があった。佐藤がもし第二の側面だけで沖縄を見ていたとすれば、沖縄返還から一年経ってなおも心を痛める必要はない。その意味で、奄美・沖縄問題での床次徳二や山中貞則、小笠原問題での福田篤泰といった政治家たちと意識を共有していた。

佐藤はこの夏、ノーベル平和賞の運動に取りかかった。これは、前自民党参議院議員の鹿島守之助が佐藤外交を評価し、外交官出身の加瀬俊一に依頼したことに始まる。加瀬は外務省を巻き込んで熱心に運動していく。佐藤も以前吉田茂の平和賞推薦に名を連ねていた。

田中内閣は、発足当初、「今太閤」と高い人気を誇り、日中国交回復に「決断と実行」を示したが、先の総選挙で意外の敗北を喫し、小選挙区制導入の旗振りをして批判を受けていた。日本列島改造論も「狂乱物価」を招いていた。追い打ちをかけたのが一〇月六日に勃発した第四次中東戦争をきっかけとする石油危機（オイル・ショック）であった。

先行きへの不安からスーパーにはトイレットペーパーを求める消費者が殺到し、物価高が国民生活を直撃する。さらにそのさなかの一一月二三日に愛知揆一蔵相が急死し、先の総裁選で争った安定成長派の福田が蔵相に就任する。佐藤も田中首相から電話で人事の意向が伝えられている。日本列島改造論には終止符が打たれた。

翌一九七四年には経済成長率が戦後初めてマイナスを記録し、日本の高度経済成長の時代も終わった。若い労働力、「金の卵」を都市へ都市へと運び続けてきた集団就職列車の運行が終局を迎えるのも一九七〇年代半ばである。

永年議員表彰

佐藤は一九七三（昭和四八）年一二月一日、二五年の永年勤続者の表彰を受けた。「寛子も初めて国会見学。議長室で表彰状をうける。後一同乾杯、三時半帰宅」と日記では淡々と事実が記される。だが、次男の信二が回顧するところでは、佐藤はこのとき「これでやっと一人前かな」とポツリとつぶやき、数々の栄誉のなかでもこの表彰を「最も喜んだ」という（「対談　自由を守り、平和に徹した『政界の団十郎』」）。

夕刻には小坂徳三郎が訪れ、「兎《と》に角《かく》、角福争う事のない様にと、それのみ願う。国の為、党の為、望ましい姿だ」との感想を記している（『佐藤栄作日記』一九七三年一二月一日条）。

二人の後継者の協働を願ったのである。

一九七四年一月に田中首相が東南アジアを訪問すると、タイとインドネシアでは反日暴動が起こり、日本の経済進出に反省が迫られた。佐藤は自民党の顧問として内閣を助けていくが、「外交も大切だが、内政にもっと力を入れて欲しい」と考えていた（『佐藤栄作日記』一九七四年六月二一日条）。

七月七日に第一〇回参議院選挙が実施された。次男の信二は一五年勤めた日本鋼管を辞めて参議院全国区に立候補し、当選を果たした。この選挙は企業ぐるみ選挙が話題となり、三木が金権選挙を批判し、党の近代化（体質改善）を理由に閣僚を辞任する。佐藤も「派閥選挙」に危機感を強めていたが、福田が三木の後を追って辞任することには反対であった。

七月一五日の党長老会議に佐藤も参加した。内閣退陣論を説く硬論の岸を尻目に慎重論が大勢を占めて、党の近代化、国民との一体化など田中首相に反省を求めることになったが、翌一六日には福田蔵相も辞任し、両者の調停を図っていた保利行管庁長官も辞任した。

米国政治も混乱していた。八月九日、ニクソン大統領は、ウォーターゲート事件で自ら辞任した。佐藤は、「『アメリカは世界の期待を担っている』という、あなたのご指摘は正しい、と思います」とニクソンの国民向け演説に励ましの言葉を送ったことがある（『ニクソン回顧録』二巻）。このときも、沖縄返還を実現してくれた厚意に感謝する電報を打っている。

八月一五日、今度は韓国で朴正熙大統領が狙撃され、夫人が死去する事件が起こった。

「ニクソン辞任につぐショッキングな出来事」で、同じく進退問題を抱えている田中政権について、「政局不安は困る。然し只今《ただいま》の処田中君に比肩する人はない」と記した（『佐藤栄作日記』一九七四年八月一五日条）。

2 ノーベル平和賞の受賞と死——短い晩年の輝きと悩み

受賞の一報

田中と福田の反目と政局不安定に心を痛める佐藤であったが、一九七四（昭和四九）年一〇月八日、佐藤とアイルランドのショーン・マクブライド元外相の二人にノーベル平和賞が贈られると発表された。

一九〇四年生まれのマクブライドはアイルランド独立運動の元闘士で、その後、国連ナミビア弁務官を務め、国際人権NGOのアムネスティ・インターナショナル創設に参加するなど、ヨーロッパを中心に世界の人権推進に寄与していた。他方、アジアで最初の受賞者となった佐藤への授与理由は、日本人の平和への意思の象徴であるとともに核兵器不拡散条約への調印によって核軍縮に取り組む世界の人々に勇気を与えたことであった（ノーベル賞ホームページ）。

運動したからといって受賞できるわけではない。佐藤は「意外の受賞」と喜び、「日本人は元来平和を愛好する民族である。これが世界に理解され、代表としてその栄誉を受けるのは甚だ光栄である」とコメントした(『正伝佐藤栄作』下巻)。

しかし、社会の反応は祝意一色からはほど遠く、新聞では意外性が前面に出て、どちらかといえば否定的な声が多く報じられている。「平和ニッポン〝団体賞〟」と見出しを掲げた『朝日新聞』は「エッ、あの人が」という銀座の街角での驚きの声や、「平和に努力したとは思えない」「あの程度のことで」「ノーベル賞に幻滅」などの識者の声を伝えた(『朝日新聞』一九七四年一〇月九日付夕刊)。社会党や総評など革新陣営は受賞に強い疑問を呈し、自民党のなかですら疑問の声があがったという。青島幸男参議院議員は「悪いシャレだよ」と応えている(『読売新聞』一九七四年一〇月九日付夕刊)。

九月一〇日にジーン・ラロック退役米海軍少将が、核兵器を積み込める艦船が日本など他国の港に入るからといってこれを降ろすことはないと米国議会で証言し、一〇月六日に報道されていた。その直後というタイミングの悪さもあった。日本政府が、領海通過や一時寄港に際しても核兵器の持ち込みは事前協議の対象となると説明してきたこととの整合性が問われるなかでの受賞決定だったのである。

ノーベル平和賞受賞の報を受けて、楠田實らが再び動き出した。オスロでの受賞スピーチの作成は一〇年越しのSオペの総決算ともなった。

楠田が佐藤から聞き取りを行った記録が残っている。佐藤は、「今度の受賞は、日本国民の戦後の努力の賜《たま》もので、佐藤内閣時代の自由を守り平和に徹する政策が評価されたものと思う」と語り、宮中でも大変喜んでおられると感激していた。また、吉田が日米安全保障条約に調印したときから「国際間の平和維持を念願し続け」てきており、「その路線を踏襲しながら、自分の時代になって非核三原則を確立」し、米国の理解を得てその政策の下で小笠原、沖縄の返還を実現することができたとする。そして、北方領土問題を念頭に世界に四つある分断国家の三つまでがアジアにあると述べて地域の平和維持に関心を寄せ、「万邦共存共栄」を願う気持ちを語った（『楠田資料』L）。

佐藤からの話を受けて楠田は、京極純一、梅棹忠夫、高坂正堯といった学者たちに相談し、漢学者安岡正篤など佐藤政権の施政方針演説作りに協力を求めていた人たちに助言を求めながら案を練っていった。「日本独自の文化を外国に知らせよう」との意気込みであった。

ちなみに楠田は、生涯、梅棹忠夫に畏敬《いけい》の念を抱き、特に大切にしていた。

政局不安と米現職大統領の初訪日

佐藤にとって、受賞の喜びのなかでも気がかりであったのが自民党の党内状況であった。一〇月一〇日には立花隆「田中角栄研究——その金脈と人脈」が一一月号の『文藝春秋』誌上で発表されていた。先に蔵相を辞任した福田は三木と連携しながら田中のいわゆる「金権政治」批判を強めており、保守新党も取りざたされていた。佐藤は「ノーベル受賞は嬉しいが、政局不安定を感ずる事甚しい。一波万波を呼ぶおそれあり」と憂慮していた。

佐藤は福田と会談し、さらに、ニュージーランド、オーストラリア、ビルマへの外遊を前に訪れた田中首相と四五分ほど話をした。田中は解散を口にしたが、佐藤は「断乎反対」と力を込めて非を説いた。しかし手応えはなく、「既に信を失った内閣、一路退陣あるのみ」と残念に思った（『佐藤栄作日記』一九七四年一〇月二六日条）。この日の会談の概要は福田に電話で伝えている。

佐藤のもとには、田中首相の脱税問題は辞任以外に方法がないという検察庁内の意見も聞こえていた。一一月には初めての現職米大統領訪日が予定されていたにもかかわらずである。田中首相は外遊から帰ると内閣改造を行ったが、佐藤に相談はなかったようである。

一一月一八日にジェラルド・フォード大統領が来日した。それは一九六〇（昭和三五）年に岸が新しい日米関係の象徴として望んだ現職大統領の初来日であった。翌一九日に日米首脳会談が行われ、佐藤は午餐会に出席した。

このとき佐藤は、フォードとともに来日していたキッシンジャー国務長官と三〇分間会見した。キッシンジャーは前年のノーベル平和賞受賞者で佐藤の推薦者でもあった。佐藤は受賞演説について米国の基本政策と一致しない内容を盛り込むつもりはないと断ったうえで、「核兵器の使用について話し合い、核の先制不使用に関する協定を協議するために核保有五カ国が集まるよう」提案しようと思うと相談した。

しかし、キッシンジャーは通常兵器での中ソの優位を理由に米国はこのような提案に反対すると告げ、佐藤は取りやめている（『偽りの平和主義者』佐藤栄作」）。

核保有国への呼びかけは楠田らを中心に作業が進んでいた一一月四日の第一稿にはなく、七日の第二稿から核軍備規制と核軍縮への建設的取り組みを求める内容として現れるが、その後、実際の演説原稿まで大きな変化はない。第二稿を読んだ佐藤はもう一段踏み込んだ提案を演説に盛り込もうと検討したのである。この会談には若泉敬も同席しており、佐藤の判断は若泉から楠田に伝えられた。

他方、国内政局は急であった。一一月二二日に田中首相辞任の見通しが固まると佐藤のもとにも人が次々と訪れて、後継者を話し合いで選ぶか公選するか、大騒ぎとなっていく。これは田中一人の問題ではなく保守党の危機につながりかねない問題だった。

田中首相は一一月二六日、党に辞職の意向を告げ、後継総裁選任を依頼した。これによって椎名悦三郎副総裁による斡旋が進む。二八日、佐藤は党の顧問会には出席しなかったが、顧問会の意見を伝えるため椎名とも会った。

一二月一日にゴルフコースに連絡が入り、椎名斡旋で三木に絞られたと聞くと、「次善ではあるが結構な事」と評価した（『佐藤栄作日記』一九七四年一二月一日条）。この日、初めて佐藤は田中邸を訪問した。佐藤は一段落を受けて、福田や三木らに連絡をして、激励やら慰労をした。佐藤にとってはすでに解決した問題であったのか、一二月四日の議員総会での総裁選出について日記に記述はない。佐藤は「性格上遠慮気味」の福田に、「三木の次は福田と路線をきめさす様に諸事留意する事、棚からぼたもちはおちては来ない」と忠告した。

核時代の平和の追求と日本――「明日へのたたかい」の一〇年

一二月六日、佐藤はノルウェーの首都オスロに向けて機中の人となり、一〇日のノーベル賞授賞式に臨んだ。オスロは快晴であった。機中では三年前にノーベル平和賞を受けた西ドイツ首相ブラントの講演集を読んでいたという。佐藤は一一日に記念講演「核時代の平和の追求と日本」を行った。四稿まで念入りに手を入れて作られたものである。

佐藤は冒頭に、この受賞が一個人に対するものではなく日本の国民に与えられた名誉と栄光であると信じると述べている。佐藤は日本国憲法第九条を読み上げつつ日本の平和への歩みを説いた。ここで平和が世界のすべての政治家の最高目標であるとともに、「すべての個人の生活と関係を持つ、ごく日常的な事柄でもあ」ると述べられたことは、人間尊重を説き、冷戦に経済で勝つ、生活で勝つと考える佐藤政権チームが掲げた「社会開発」論の一〇年越しの形として注目に値する(『楠田資料』L)。

佐藤の演説は大きく三つの柱からなる。

第一は唯一の被爆国という特別な経験に基づく日本国民の重要な選択として核武装をしないという決意であり、非核三原則を紹介して核兵器不拡散への意気込みと平和利用のための

ノーベル平和賞授賞式，1974年12月10日　佐藤（左）と同時受賞したアイルランドのS・マクブライド元外相．オスロ

国際協力の推進である。

第二に、小笠原諸島および沖縄諸島の返還を勝ち得たことの強調である。それは敗戦国日本の失地回復の物語ではない。朝鮮半島やドイツ、ベトナムなど世界的な「分裂国家」問題を前に現状の平和的変更の輝かしい先例として位置づけた。

第三の柱が、国際的相互理解を推進し、日本の歴史と文化のなかから人類文明により多く貢献できるよう努力することである。佐藤は、聖徳太子の精神に通じる「寛容と調和」を紹介し、自身の好きな言葉として「君は君、吾は吾、されど仲良き」をあげて、多様な存在が相違点を認めつつ、しかも平和的に共存していくことの重要性を説いた。

佐藤はまた、もし仮にノーベル賞が一〇

〇〇年前に設定されていれば、最初の文学賞受賞者は日本の女性だったかもしれないと述べる。そして最後に「国際社会の福祉に対する日本の貢献力をいっそう増大し、さらにそれを各国に理解していただくよう努力する」と述べた。

佐藤は受賞を文化的にも意義あるものとしたいと考え、賞金も「日本と世界を結びつけるための何らかの促進機能を果たすために使いたい」と述べている。賞金をもとに佐藤栄作記念国連大学協賛財団が設立されたが、佐藤は新たに設立される国連大学に期待を寄せ、一九七五（昭和五〇）年五月一五日には財団名に特に「国連大学」の文言を入れることを求めたという。

佐藤のノーベル平和賞受賞――戦後日本への励ましと期待

あらためて佐藤のノーベル平和賞受賞をどう評価するか。

ライシャワー元駐日大使は戦後日本の歩みについて、「国際関係のなかで武力を用いることを極力避け、その代りに、経済協力や、その他の平和的な手段を通じて、世界に貢献しようと懸命に努力してきました。これは世界平和に対する非常に大きな功績でした」と述べて、ノーベル平和賞は戦後日本の基本的な政策が評価され、代表して佐藤が受けたという理解を示している（「核のカサとノーベル平和賞」）。

ハーバード大学教授ジェローム・コーエンは、「核兵器を保有せず大国の地位をかち得た日本のユニークな役割への歓迎をこめた認知である」と評価した。「核兵器の恐るべき破壊を経験した唯一の国家として、日本が世界政治の新しい手本となり、他の国々がしたように一見誘惑的だが、悲観的な結果に終わる決定をくださなかったのは適切だった」からである（『朝日新聞』一九七四年一〇月九日付夕刊）。

国際的な核不拡散体制はなお揺籃《ようらん》期にあり、キッシンジャーも日本が経済大国化すれば当然に軍事大国化し、核武装すると考えていた。ポツダム体制という戦勝国体制があったとしても、それは過去のものであった。日本は可能であったにもかかわらずその道を選ばず、核の傘の提供を受け、自らは平和利用に努めた。佐藤は核武装しないことを国力・国情から説明することが常であったが、国力はもとより国情に寄り添うところ大であった。

佐藤のノーベル平和賞受賞は、戦後を過ぎてなお戦後型日本による困難な実験に挑む現代日本に贈られた国際社会からの一つの励ましであった。

その点で前年に物理学賞を受けた科学者の江崎玲於奈がニューヨークから寄せた評は率直である。「最近、金もないのに原子爆弾を作ろうとしている国もあるので、国際社会から見ると佐藤さんの行き方は、当の日本人が考えるよりはるかに立派な行動だったのではないでしょうか」と述べている（『読売新聞』一九七四年一〇月九日付夕刊）。

佐藤は授賞式の後、モスクワを回って一二月一九日に帰国した。コスイギン首相とも会談し、沖縄に続く分裂国家問題である北方領土問題の解決に期待した。佐藤は「悪童が今やノーベル賞受賞。人生は判らぬものだ」と感慨を日記に記した（『佐藤栄作日記』一九七四年一二月二三日条）。旅行中、佐藤は吉田遺愛のステッキを常に携行していたという。

三木内閣の成立

佐藤がノルウェーに滞在していた一九七四（昭和四九）年一二月九日、三木武夫内閣が発足した。三木には女性運動家で参議院議員の市川房枝も期待を寄せたように、自民党の支持層を社会党支持者など革新側に広げる意味があった。佐藤内閣で文相として大学紛争解決に尽力した坂田道太は三木内閣で防衛庁長官となった。坂田は自衛隊員の糧食費が給与から天引きされることに疑問を持ち、元首相の佐藤にもお願いして公費支給を実現したという。

一二月三〇日に副総理で経済企画庁長官として入閣していた福田が佐藤を訪ねてくると、内閣の様子を聞き、「気になる事が多いので気づいたまゝ注意」した。佐藤は大晦日に「あれだけ期待をもって現れた田中内閣だが文春に発《あば》かれた金脈問題とスキャンダルの問題でこんなに早く引退とは考えられない。清潔な政治をうりものにして三木君の登場だが、果してこの人に実行力ありや。彼は格好はいゝが実行力の点は疑問」と日記に記した。

佐藤は翌一九七五年二月に山口県に帰り、祝賀会が相次いだ。記者会見で引退について聞かれると、「岸も小生も共に元気」で「引退の考えはない」と答えた（『佐藤栄作日記』一九七五年二月一九日条）。翌三月にも信二当選のお礼まわりをかねて山口県下をめぐり、「これで県下選挙区一円を廻ってあいさつが出来てしあわせだ」と日記に記している。「リンカーン〔の〕言葉ではないが、政治は国民のもの、政治家の政治ではない。その事を思えば、小生が選挙区に報告したのは勿論、又賞金の使途についても選挙民の了承も得た。ほんとに一巡してほっとした」(『佐藤栄作日記』一九七五年三月一一日条)。三月二七日の誕生日には孫が皆集まり、「仕合わせな御爺ちゃん」を満喫している。

蔣介石葬儀への出席

四月五日には蔣介石が亡くなった。佐藤は三木首相から政府、党を代表して葬儀への参列を依頼されたが、「一寸問題があると思うので、総務会の決議で出かける事とし、三木の名は出さぬ事にした」と、日台関係が日中関係に影響しないよう政府以上に繊細な対応を心がけた(『佐藤栄作日記』一九七五年四月七日条)。それは池田政権期に吉田が、佐藤政権期に主として岸が担っていた役割である。

台湾訪問には山中貞則と信二が同行した。佐藤は跡を継ぐ蔣経国と面会し、「戦後総統の一言で皇室が安泰となり、我国も共同占領をされないで今日の繁栄がある、これ総統閣下のおかげである、然し現在は国交のない事が残念」と述べた。蔣介石は一九四五(昭和二〇)年八月一五日に中国国内向けのラジオ放送を行い、天皇制の保持、日本分割への反対、日本兵の非敵対的な取り扱いを説き、「既往を咎《とが》めず徳を以《もっ》て暴に報いる」というわゆる「以《い》徳報恩《とくほうおん》」の姿勢を示した（『日台関係史 1945-2008』）。

蔣経国も佐藤の言葉を受けて「国交のない事をほんとに残念」と思うと応じた。佐藤は、「今更もとに返る事は出来ないと思うが光復を念願してる。中華民国に力をかす、よき理解者にはなれると思うのでその点を強調」し、日本、韓国、台湾の結びつきを固めて後ろに米国が控えることで「亜細亜の民主々義国の強化をはかる事」を話した（『佐藤栄作日記』一九七五年四月一七日条）。

他方、台湾の独立を言ってくる者には「小生は反対。中国の内政に干渉しない事、大事なのは現実に徹する事、田中内閣の間違いを又々二つの中国論でやってはならぬ。現実は施政権の及ばぬ地域が何《いず》れにもある、今迄の経過を大事にするので韓国と北朝鮮と、台湾と中国大陸との干係《〔ママ〕》は自《おのずか》ら別の問題と思う〔中略〕一つでも二つでもない。一＋一は一＋一で、二の答えを出すのは早いと、台湾でいってる事をくり返して主張した」（『佐藤栄作日記』一九七五年五月九日条）。佐藤は現状を踏まえた対応に徹することを心がけたのであった。

四月一三日の統一地方選挙では革新自治体の美濃部亮吉東京都知事が佐藤が応援した石原慎太郎を抑えて三選し、黒田了一大阪府知事も再選を決めた。佐藤は「がっくり」きた。

四月三〇日には北ベトナム軍によってサイゴンが陥落し、佐藤政権を悩まし続けたベトナム戦争はついに終結する。佐藤は翌五月一日、外務省の加賀美秀夫調査部長からベトナムその他アジア全般の情勢説明を聞きとった。ちょうどこの頃、門司鉄道局時代の上司が佐藤に会う機会があり、自愛を求めたところ、佐藤は「日本にとって私の必要な時代はもうないでしょう。しかし、必要な時は大変な時代ですョ」と呵々大笑《かかたいしょう》したという（『鉄道人佐藤栄作』）。

佐藤の死と残された人々

佐藤の日記は一九七五（昭和五〇）年五月一八日の記述で終わっている。この日、佐藤は長男の龍太郎、次男の信二とゴルフコースをまわった。ドライバーがうまくいかず「全く感心出来ない」出来であった。翌日の予定については「明日、県会の諸君が出てくるので、それらとの打ち合せ、全時に夕食を共にする計画の由。然し小生は長栄会でもあるし、ゆっくりつき合うわけには行かない」と記していた（『佐藤栄作日記』一九七五年五月一八日条）。長栄会は定期的に開かれる財界人による佐藤の後援会合である。

翌五月一九日に新橋の料亭新喜楽で開かれた長栄会には福田も顔を出していた。佐藤は「福田君、核防を早く頼むよ。何しろノーベル賞だからな」と核兵器不拡散条約の早期批准を求めたという（『正伝佐藤栄作』下巻）。ノーベル平和賞は単なる過去の顕彰ではなく、望ましい世界を啓示する場でもある。佐藤は日本の核兵器不拡散条約への批准が国際社会の静かな争点となるなかで、ノーベル平和賞が授与されたことの意義をよく理解していたと言えるだろう。

佐藤はこの席で倒れ、そのまま昏睡《こんすい》状態に陥った。くも膜下出血である。岸信介は福田から異変を伝えられすぐさま新喜楽に駆けつけたが、「意識不明極めて重態の様子」であった（『岸信介日記』一九七五年五月一九日条）。岸は予定の多くを変更し、佐藤の病状の一進一退に一喜一憂する日々を送る。

しかし、六月二日の夜半一二時前に危篤の電話を受けた。三日零時五五分、佐藤は再び目覚めることなく東京慈恵会医大病院で息を引き取った。享年七五であった。

屋良朝苗沖縄県知事は佐藤の訃報に接して、「佐藤さんでなければ復帰はあの時期に実現しなかった」「復帰の恩人」と日記に記した（『屋良朝苗日記』一九七五年六月三日条）。

寛子によれば、佐藤は、ノーベル平和賞受賞後「世間のお役に立とうという意識が強まって、会合出席もふえ、国際的な政治犯救援運動をしているアムネスティの会員になるなど、がんばりが目につ」いたという（『佐藤寛子の宰相夫人秘録』）。佐藤が国際的な人道擁護運動であるアムネスティの会員になったことは、倒れる四日前の新聞で紹介されている。佐藤は平和賞同時受賞のマクブライドとの縁に触れ、さらに「死刑反対、それから拷問反対。拷問反対というのはいい事だからね」と入会理由を説明した。

会内には批判もあり、記者からタカ派イメージとの齟齬を問われると、「タカ派だが、生命は尊重しなければならないし、拷問による自白の強要というものはもう反対だから」と述べて、「君は君、われはわれ、されど仲よし、これがぼくの主張だから。いいことはいい、それでいいじゃないか」と照れくさそうに話した（『朝日新聞』一九七五年五月一五日付）。

六月一三日の衆議院本会議で行われた追悼演説には社会党成田知巳委員長が立ち、このエピソードに触れて佐藤の死を惜しんだ。

また、佐藤内閣で官房長官として沖縄返還をともに仕上げた保利茂は、佐藤の死後、雑誌『朝日ジャーナル』で次のように語っている。

こういう激しい国際社会の変動の時期にあたって、日本の外交的な背景というものが非常に貧弱な中で、結局は人によらざるを得ない。それには、世界の代表的な政治家である佐藤さんの存在が、いつ、どこで、どういう時期に、どういう場面で必要になってくるかわからない。必要がなけりゃたいへんしあわせだけれども、必要としてくるときがあったんじゃなかろうかというようには思う。〔中略〕日本の安定が佐藤さんの死によって少し不安になるというふうに感じる方もあるかもしれんけれども、私は必ずしもそうは思わない。問題は、どんなに一、二の卓越した人がおられましても、政党自体が今日の政治のすべてを律しているわけだから、政党がそういう自覚をもって立ち上がっていくようになっていかなきゃならんし、またなっていくんじゃないだろうか。そのなかで総理大臣経験者というような人が大局に目を置いて、各政党の指導を誤らんようにしてもらえるだろう。

（「決断と実行の人」）

六月一六日、日本武道館で佐藤の国民葬が営まれた。寛子の依頼で佐藤の伝記を書いた元朝日新聞政治部記者の山田栄三は、三木首相が吉田茂の国葬に比べ一段下げた処遇をしたと憤りを隠さない。田中や福田が首相であれば国葬となったはずだというのである（『正伝佐藤栄作』下巻）。

このとき、国葬とならなかったのは野党側の異議による（『大平正芳秘書官日誌』一九七五年六月三日条）。当時通例であったノーベル賞受賞者への衆参両院の祝意決議ですら、佐藤が倒れるまで行われなかった。しかし、結果的に佐藤が国民葬で送られたことは、政党政治家としての自負に生きた佐藤にとって、そして戦後日本を愛した佐藤にとって、実にふさわしい別れではなかっただろうか。

一億の日本人

国際政治学者の高坂正堯は、一九六九（昭和四四）年七月に出版された文藝春秋大世界史シリーズの最終巻、『一億の日本人』の叙述を、敗戦後の焼け跡から始め、夏目漱石の『それから』の一節で終えている。

欧州から押し寄せる生活欲の津波のなかで道徳欲の崩壊が進み、貧弱な日本が欧州の最強国と財力で肩を並べるまではこれら二つの欲の間に平衡《へいこう》を図ることはできない。にもかかわらず肩を並べる日も到底訪れないという焦慮《しょうりょ》とも諦観《ていかん》ともつかない感情。高坂はその予測に反して日本が西欧先進諸国と肩を並べる日はやがて訪れ、目標を自分で設定しなければならなくなったそのときにこそ、「一億の日本人の真価が問われる」と述べている。

それは佳境を迎えていた沖縄返還、予想されながらすでに火を噴き始めていた七〇年安保騒動の前夜であり、佐藤はその後も三年間の施政を担い、さらに二年間の生を送った。吉田路線と言われるが、吉田茂の軽武装・経済中心・対米防衛依存という選択は敗戦後まだ間もないあの時期の選択であり、豊かになった後にも新たな意味づけを持ってそれを固定化したのは佐藤長期政権であった。その後の五〇年間を、日本は、世界は、どう生きてきたのだろうか。明日の前日としての今日を知るために、私たちは問い続ける。

佐藤が亡くなった夏、一九七五年七月一九日から約半年間、「海─その望ましい未来」をテーマに沖縄国際海洋博覧会が開催された。佐藤内閣で閣議決定されたものであった。しかし、基地の整理縮小など努力は道半ばであり、沖縄が復帰を評価し、その果実を享受するにも時間が必要であった。

沖縄社会大衆党の指導者で県会議員の平良幸市は、七月五日、沖縄復帰に尽力した山中貞則が『沖縄タイムス』の求めに応じて執筆したという追悼記を受け取った。山中はそのなかで、佐藤がいかに沖縄問題に心を砕いていたかを追慕《ついぼ》していた。沖縄国会が荒れに荒れ、現地でも「こんな復帰ならば、復帰しない方がましだ」との声が聞かれるなか、佐藤は、「山中君、僕は沖縄の方々に対して悪いことをしているのだろうか」と、ポツリとひと言、問いかけたのだという。

山中は「戦争突入前の沖縄、軍隊がいない平和なたたずまいの南の島、そういう状態で昔のままで返せという素朴なさけびが、本土復帰に向けたコンセンサスの中心になるのであろうこと、それはまた想像に難くないことです。〔中略〕しかし、必ずや〝復帰〟がなかったと仮定したならば、やはり復帰してよかったと心の底から思ってもらえる日は、そう遠くないと思います。総理、ここはおつらいことでしょうけれども、沖縄県民が本当に喜こべる日が近いということを信じて最後まで頑張ってください」と励まし、佐藤は気を取り直したという。

佐藤の亡骸《なきがら》を火葬場に運び出すとき、寛子の心遣いであろうか、菊の花とともに沖縄産の織物を柩《ひつぎ》のなかに供え、「置く場所はここでよろしいか」と山中に尋ねた。佐藤家の応接間の濡れ縁には「沖縄県民から」と贈られた壺屋焼きの赤絵の大きな花瓶が、折からの走り梅雨のしぶきを受けてにぶく光っていた（平良幸市文書〇〇〇〇六二二二）。

それから二年を経て、郷里山口の生家裏に建立された墓への納骨は、沖縄復帰の日、五月一五日を選んで行われている。

あとがき——戦後転換期の長期政権

佐藤オペレーション、通称Sオペを率いた楠田實によれば、「人間は棺《ひつぎ》を覆うてみなければその真価はわからない」というのが佐藤の口癖であったという（『首席秘書官』）。

同じくSオペにいて「社会開発」というアイデアを政権に持ち込んだ千田恒は、一九八七（昭和六二）年の著書で佐藤を「弁明をしない政治家だった」と回想し、不人気であった佐藤という政治家の功罪について正当な評価を求めた。それは「佐藤政治を解明することによって、佐藤以後の日本の政治指導者たちが、どのような政治課題を引き継いでいるのか、それを考える材料が出てくるはずだから」であった（『佐藤内閣回想』）。

本書は二〇世紀後半の政治家佐藤栄作の評伝であり、戦後日本の小伝でもある。冷戦史家ルイス・ギャディスは一九九七年、冷戦終結で見られるようになった旧ソ連の文書なども用いて、*We Now Know* と題する本を書いた。かつては知り得なかったが、いまではわかることがある。佐藤栄作についても同時代には権力の厚いベールに覆われていたかのようで、その意思は行動からの推測や先入観からの類推に任されていた。

ベトナム戦争期の佐藤政権を考察したトマス・ヘイブンズは、佐藤の小狡《こずる》さとも感じられる点を控え目だが効果的なリーダーシップと評価したところ、ベトナム反戦運動家でもあった訳者からは佐藤評価が高すぎると批判されたという（『海の向こうの火事』）。

佐藤の日記が公刊され、周囲の人物の資料やオーラル・ヒストリーが蓄積され、日本政治外交史の発展によって沖縄返還交渉など個々の事績の詳細が明らかになってきた。本書は新書という性格からも、現時点の研究状況と資料状況から政治家佐藤栄作について「私たちはいま、何がわかっているのか」を読者に届けることに努めた。

佐藤政権は長期政権であった。なぜ長期化したのか。佐藤政権は一九六四年一一月の政権発足当初から長期化の過程を歩んでいたわけではなく、六六年一二月の「黒い霧」解散を乗り越えたことで政権長期化に道が開けた。また一九七〇年一〇月の佐藤四選後も、もともとの予定されたものには見えない。佐藤は首相官邸での生活を渋る寛子に、一九七〇年には元の家に戻る見通しを語っていた。

筆者は両大戦間期の政党政治史から研究を始めたが、当時の政党内閣が長期化するには、第一に議会の多数派を占めていること、第二に党内の凝集性が高く統一的であること、そして第三に、他の政治勢力に対して政党政治の正統性が高いことが必要であった。指導者にはこれらを実現する能力が問われる。戦後、政党政治は制度化され、第三の問題は基本的に解消された。では第一と第二の点はどうか。

佐藤政権では二回の衆議院議員総選挙と三回の参議院議員選挙を行い、自民党は常に多数を占めた。しかし盤石であったわけでないことは本書で述べた。佐藤が重視した対米関係も、ベトナム戦争の影響で国民の対米親近感が急低下していたなかでのリーダーシップであった。

佐藤政権の長期化に重要であったのは、第一に、新日米安全保障条約が固定期限を迎える一九七〇年という目標年であった。予想される一九七〇年の危機は保守全般の危機であり、平和主義や反核意識などの世論の支持を受ける社会党は、自民党にとって十分に手強《てごわ》いライバルであった。ライシャワーが六〇年安保騒動を正しく分析したように、日米安保反対派はマルクス主義者にとどまらず、先の大戦での苦い経験に基づく多くの国民の不安や民主主義的な価値を代表していた。一九七〇年の危機を乗り越えるまで自民党は一つの危機意識を共有していた。そして一九七〇年の魔法が解けると佐藤政権は急速に求心力を失っていく。

第二に、佐藤の柔軟姿勢は一九七〇年を目指す時代の課題に適合的であった。ゴールドウォーター張りの極端な保守政治家とみられた佐藤であったが、眼前の対立を冷戦のイデオロギー対立ではなく、豊かさと貧しさの問題ととらえ、直接的な治安対策よりも迂回《うかい》的な社会開発が望ましいと考えた。Sオペは佐藤の吸収力に驚いたが、彼のなかにはそれを受け入れる素地がすでにあった。

第三に、佐藤には実務能力ときめ細やかさがあった。それは国会を主戦場とする当時の政治状況で力を発揮し、官僚やスタッフとの協働もスムーズであった。党と内閣での人の起用と回転に努め、官房人事にみられる人材の戦略的活用は一政権の長期化を超えて自民党政権の長期化にも寄与した（『権力移行』）。

最後に議論しておきたいのは、佐藤の目標の適切性である。佐藤は「カンのない政治家はダメだね」と述べたというが（『首席秘書官』）、たしかに沖縄返還交渉の随所で佐藤のリーダーシップには跳躍がみられ、その勝負に勝っている。このようなカン働きは「早耳の佐藤」と呼ばれたきめ細やかな情報収集とともに、やるべきことをやろうとする基本姿勢の表れではないだろうか。日米協調は、日米戦争に起因する所与でもあったが、そこに日本の平和と繁栄と世界への寄与を見出し、そのためにも沖縄問題を解決しようと努力した佐藤の目標設定は、当時として間違いではなかったと評価したい。

このような長期化の理由以上に印象的なのは、民主主義社会における長期政権というのは社会の象徴であるとともに、社会に何ものかを深く刻み込んでいるのではないかということである。少し時間をおくとそのことが浮かび上がる。本書では吉田路線とは佐藤政治のことではないかと書いた。冷戦後に価値と課題が明らかになった戦後日本という前提の多くは、佐藤政権が遺した。であれば、現代の長期政権は顧みて何を象徴し、何を残すのだろうか。

佐藤長期政権が向き合ったのは、経済学者の吉川洋が「高度成長は誇張ではなく、日本という国を根本から変えた」と述べた高度経済成長による変貌だけでなく、敗戦から二〇年という戦後の転換点であった（『高度成長』）。佐藤は沖縄返還が終わらない限り戦後は終わらないと述べた。「戦後」とは何か。「戦後」は占領下に制定された日本国憲法と関連づけて論じられることの多い論争的テーマであり、多義的でもある。

戦後という言葉は三つの意味が混ざり合っていて、時に議論を混乱させる。第一は戦争の後というだけの意味である。現在は一六〇〇年の関ヶ原の戦いの戦後でもあるが、このことに特別な意味はない。

第二の意味は次の戦争が起こっていない状態である。次の戦争が始まれば、先の戦後は終わる。日本は第二次世界大戦後、いかなる主体的な戦争も行わず、七〇年を数えた。これは次の戦争をしないという、敗戦後の国民的価値観の表れであり、施政者の工夫の積み重ねであった。この意味での戦後は、先の侵略と植民地支配への反省の意味からも、叡智《えいち》と努力と準備によって、今後とも可能な限り長く続いていってほしい。

これに対して第三の意味、実質的な、言わば狭義の「戦後」がある。それは戦争の影響を強く残し、平常への復帰が果たされていない特別な時間と空間を指す。この狭義の「戦後」は空襲や軍人・官僚の横暴などにイメージされる戦時の後というだけでなく、戦争はひもじさをともなっており、貧しさの後という意味も込められる。現在の日本はすでに狭義の「戦後」にはない。長くとっても沖縄返還合意によって日米安保体制が安定化し、高度経済成長を果たした一九七〇年が一つの目安となるだろう。沖縄にはその平和と豊かさが均霑《きんてん》されることが期待された。それからもすでに五〇年近くが経つ。

佐藤にとっての「戦後」とは、長く続けようとするものでもなければ、終わらせたがっているわけでもなく、砂時計からこぼれていく砂のように人為とは無関係に過ぎ去っていってしまうものとして意識されていたようである。であればこそ、分断国家問題のように、戦後という特別な時間と空間が過ぎ去り現状が固定化されてしまう前に解決すべきことがあり、戦後の次の時代には次の時代の新たな役割があると考えた。

本書は、一九七〇年には狭義の戦後が終わっていたと考えている。戦後終焉後の日本を一九七〇年体制と呼んでもよいが、政治・軍事という点での覇権を目指さないという意味での「経済的大国」日本として分析されるべきではないか。それはおそらく「大国」ではない。しかし、安定したデモクラシーに支えられ、政治的には地域ですら、覇権国でないバランスの悪さをあえて選択し、狡猾に平和と繁栄を図りながら世界との共存を考える「雄大な実験」である。「経済的大国」日本は、経済はもとより外交・安全保障、政党制や地方政治、さらにはメディアやカルチャーにまで広く影響を及ぼしている。

佐藤は先人の遺産を受け継ぎ、新たな日本の自画像と課題を残した。戦後日本を象徴する政治家であり、戦後日本を造形した「戦後日本の政治指導者」。これを副題とした。

＊

本書は筆者にとって三冊目の単著であり、戦後史を扱う初めてのものである。本当に多くの方の力添えで研究を進め、同年代の友人たちをはじめここに感謝のすべてを書き記すことができないことを残念に思う。

そのなかで、まず本書執筆の大きな糧となった『楠田實資料』との出会いに特別な感謝を述べたい。和田純先生、宮川徹志氏、村井哲也先生、中島琢磨先生、井上正也先生との楠田資料研究会は科学研究費補助金やサントリー文化財団の助成を受けながら研究を進めてきた。活発な議論と知的興奮にあふれた研究会で、本書の草稿も読んでいただいた。

次に、福永文夫先生を中心とする集まりにお礼を述べたい。故天川晃先生、河野康子先生、雨宮昭一先生、村松岐夫先生、平良好利先生、荒木田岳先生と沖縄に三年間通ってさまざまな聞き取りの機会を得たことは貴重であった。また、福永文夫・河野康子編『戦後とは何か―政治学と歴史学の対話』上下巻（丸善出版、二〇一四年）に結実した対話の機会や占領・戦後史研究会への導きなど、福永先生には神戸大学の先輩としてよく連れ回していただいている。本書の出発点となる佐藤政権共同研究もその導きであった。

御厨貴先生とのつながりに感謝したい。戦後史研究会などいくつかの研究会に重なるが、原彬久先生、猪木武徳先生、阿川尚之先生、牧原出先生のお名前をあげたい。御厨先生は就職して東京に研究の場を移した私の身元引受人のように接して下さり、さらには高度経済成長期という時代と、政治史という学問の広がりへの関心を高めて下さった。

担当いただいた白戸直人さんには心から兄事している。迷惑ばかりかけてしまったが、お声がけいただき、根気よく伴走してくださったことに深く感謝している。また、戦後史研究は駒澤大学法学部に就職してから本格的に始めたもので、教職員・学生諸氏にあらためて感謝したい。在外研究先となったハーバード大学ライシャワー日本研究所での研究テーマは、高度経済成長期日本の政党政治についてであった。アンドルー・ゴードン先生、スーザン・ファー所長にお礼を申し上げる。妻と二人の息子、父母姉、義父母、地域の友人たちにも心からありがとうと言いたい。

最後に、五百旗頭真先生との出会いに特別な感謝を。五百旗頭先生には神戸大学での学部ゼミに始まり、長らくご指導いただいてきた。先生との出会いがなければ筆者は研究者になっていない。佐藤研究との出会いも先生が楠田實日記の監修に参加された際にリサーチ・アシスタントを務めたことにあった。土砂降りの日に研究室にうかがい、故楠田實氏にお目にかかったことを覚えている。五百旗頭先生の雑談はそのまま現代史であり、先生の日本政治外交史研究会も懐かしく、活発な同門からは多くの刺激を受けている。本書を、心からの感謝と尊敬の念を込めて五百旗頭真先生に捧げ、今後の決意表明としたい。

二〇一九年八月一六日

沖縄復帰の数日後に生まれて

村井良太

主要参考文献

＊本書で多く引用する和田純編『オンライン版楠田實資料（佐藤栄作官邸文書）』（丸善雄松堂、二〇一六年）は『楠田資料』と略し、大分類までを示す。大分類は、A：総理演説・挨拶、B：総理国会答弁、C：国会想定問答、D：日米首脳親書、E：Sオペレーション、F：外交（日米・沖縄返還・安全保障）、G：外交（日中・米中ソ）、H：外交・内政（有識者意見）、I：外交（全般）、J：外交（総理外遊）、K：内政、L：ノーベル平和賞、M：総理日程、Y：楠田記録である。大分類が記されていないものは未公刊資料で、神田外語大学和田純研究室所蔵。

未公刊資料

沖縄県立公文書館所蔵『平良幸市文書』
同『屋良朝苗日記』
沖縄県立図書館所蔵　床次徳二（一九六七）「重ねて沖縄復帰について」
同　木村俊夫（一九六九）「日米首脳会談を終えて」
神田外語大学和田純研究室所蔵『楠田實資料　佐藤政権期関係』
外務省外交史料館所蔵「佐藤総理韓国訪問関係（一九六七・六）」（A'1-5-1-23）
同「佐藤総理訪米関係会議関係」（A-1-5-2-12-2）
同「佐藤総理訪米（一九六七・一一）会談関係」（A'-1-5-2-14-3）
同「佐藤総理訪米（一九六七・一一）ステートメント、スピーチ草案関係」（A'-1-5-2-14-5-1）
同「佐藤総理・ニクソン米国大統領会談（1970年9月から10月）」（2014－4129）
同「日・米貿易／繊維」（2011－0039）
同「日・米貿易／繊維」（2014－2731）
国立公文書館所蔵「侯爵西園寺公望提出講和会議ニ関スル報告書ノ件」（纂01449）
同「社会開発懇談会について」
同『佐藤栄作関係文書』
田布施町郷土館所蔵『岸信介日記』（『岸信介関係文書』）
同「佐藤栄作ビデオ」
Edwin O. Reischauer Papers, Pusey Library, Harvard University, Cambridge, MA, U.S.A.
John F. Kennedy Presidential Library and Museum, Boston, MA, U.S.A.

ホームページ／データベース

沖縄県公文書館ホームページ

「『〝核〟を求めた日本』報道において取り上げられた文書等に関する外務省調査報告書」（2010年11月29日）外務省ホームページ（https://www.mofa.go.jp/mofaj/gaiko/kaku_hokoku/index.html）

楠田實「楠田實オーラルヒストリー」National Security Archive, U.S.-Japan Project Oral History Program, https://nsarchive2.gwu.edu//japan/kusuda.pdf

有識者委員会（北岡伸一・波多野澄雄・河野康子・坂元一哉・佐々木卓也・春名幹男）「いわゆる『密約』問題に関する有識者委員会報告書」（2010年3月9日）「報告書対象文書」「その他関連文書」外務省ホームページ（https://www.mofa.go.jp/mofaj/gaiko/mitsuyaku/kekka.html）

琉球立法院会議録、沖縄県公文書館ホームページ（https://www.archives.pref.okinawa.jp/）

データベース「世界と日本」（http://worldjpn.grips.ac.jp/）

「堤康次郎宛佐藤栄作書簡」『堤康次郎関係文書』早稲田大学大学史資料センター「保守と革新の近現代史データベース」（https://www.waseda.jp/culture/archives/holdings/database/）

国会会議録検索システム（http://kokkai.ndl.go.jp/）

Office of the Historian（https://history.state.gov/）

The official website of the Nobel Prize（https://www.nobelprize.org/）

刊行文献

愛知揆一（一九六七）『未来からの呼びかけに応えて』不昧堂書店

――（一九七四）『天神町放談』愛知揆一遺稿集刊行会

明田川融（一九九九）『日米行政協定の政治史―日米地位協定研究序説』法政大学出版局

朝日新聞「自衛隊五〇年」取材班（二〇〇五）『自衛隊―知られざる変容』朝日新聞社

芦田均／下河邊元春編（一九八六）『芦田均日記』全七巻、岩波書店

有馬龍夫／竹中治堅編（二〇一五）『対欧米外交の追憶―1962―1997』上下巻、藤原書店

安全保障問題研究会編（一九七二）『アジアの平和―〈シンポジウム〉日本の役割をさぐる』サイマル出版会

五百旗頭薫・小宮一夫・細谷雄一・宮城大蔵・東京財団政治外交検証研究会編（二〇一七）『戦後日本の歴史認識』東京大学出版会

五百旗頭真（二〇〇五）『日米戦争と戦後日本』講談社学術文庫

――（二〇〇七）『占領期』講談社学術文庫

――編（二〇〇八）『日米関係史』有斐閣

――編（二〇一〇）『戦後日本外交史〔第3版〕』有斐閣

――・中西寛編（二〇一六）『高坂正堯と戦後日本』中央公論新社

五十嵐武士（二〇〇五）「『平和国家』と日本型外交」中村正則ほか編『新装版戦後日本六戦後改革とその遺産』岩波書店

池田慎太郎（二〇〇四）『日米同盟の政治史―アリソン駐日大使と「1955年体制」の成立』国際書院

池田直隆（二〇〇四）『日米関係と「二つの中国」―池田・佐藤・田中内閣期』木鐸社
池田勇人（一九九九）『均衡財政　附・占領下三年のおもいで』中公文庫
石井修（二〇一〇）『ゼロからわかる核密約』柏書房
――（二〇一五）『覇権の翳り―米国のアジア政策とは何だったのか』柏書房
――監修（二〇一三）『アメリカ合衆国対日政策文書集成』三二期一巻、柏書房
石井修・小野直樹監修（一九九七）『アメリカ合衆国対日政策文書集成』三期一巻、柏書房
石井修・我部政明・宮里政玄監修（二〇〇六）『アメリカ合衆国対日政策文書集成』一八期一巻、柏書房
石川正敏（一九六三）『政治なき政治―木村武雄評伝』時事通信社
石川真澄（二〇〇九）『人物戦後政治―私の出会った政治家たち』岩波書店
石田博英（一九六三）「保守政党のビジョン」『中央公論』一九六三年一月号
石橋湛山／石橋湛一・伊藤隆編（二〇〇一）『石橋湛山日記』上下巻、みすず書房
石原慎太郎（二〇一五）『歴史の十字路に立って―戦後七十年の回顧』PHP研究所
市川房枝記念会監修（一九九四）『市川房枝集』七巻、日本図書センター
伊藤昌哉（一九八五）『池田勇人とその時代』朝日文庫
伊奈久喜（二〇一一）『戦後日米交渉を担った男―外交官・東郷文彦の生涯』中央公論新社
稲葉正夫・小林龍夫・島田俊彦・角田順編（一九六三）『太平洋戦争への道　開戦外交史〈新装版〉別巻資料編』朝日新聞社
井上正也（二〇一〇）『日中国交正常化の政治史』名古屋大学出版会
猪木正道（一九六〇）『民主的社会主義』中央公論社
――（一九九五）『評伝吉田茂』全四巻、ちくま学芸文庫
――（一九九五）『軍国日本の興亡』中公新書
――（二〇〇〇）『私の二十世紀―猪木正道回顧録』世界思想社
伊部英男（一九六四）『社会計画』至誠堂
植村秀樹（二〇一三）『「戦後」と安保の六十年』日本経済評論社
牛場信彦・山本正（一九八四）『牛場信彦　経済外交への証言』ダイヤモンド社
内田健三・金原左門・古屋哲夫編（一九九〇）『日本議会史録』五巻、第一法規出版
梅棹忠夫（一九九三）『梅棹忠夫著作集二一巻　都市と文化開発』中央公論社
楪本捨三・渡辺敏夫（一九九二）『民社党三十五周年史』民社党三十五周年史頒布会
卜部亮吾／御厨貴・岩井克己監修（二〇〇七）『卜部亮吾侍従日記―昭和天皇最後の側近』一巻、朝日新聞社
NHK取材班（一九九五）『戦後五〇年その時日本は』一巻、日本放送出版協会
「NHKスペシャル」取材班（二〇一二）『〝核〟を求めた日本

―被爆国の知られざる真実』光文社
――（二〇一二）『沖縄返還の代償―核と基地　密使・若泉敬の苦悩』光文社
NHK放送世論調査所編（一九八二）『図説　戦後世論史（第二版）』NHKブックス
エルドリッヂ、ロバート・D（二〇〇三）『沖縄問題の起源―戦後日米関係における沖縄　1945―1952』名古屋大学出版会
――（二〇〇三）『奄美返還と日米関係―戦後アメリカの奄美・沖縄占領とアジア戦略』南方新社
――（二〇〇八）『硫黄島と小笠原をめぐる日米関係』南方新社
大来佐武郎（一九六五）「社会開発の課題」『自治研究』四一巻一二号
逢坂巌（二〇一四）『日本政治とメディア』中公新書
太田昌克（二〇〇四）『盟約の闇―「核の傘」と日米同盟』日本評論社
――（二〇一一）『日米「核密約」の全貌』筑摩書房
大平正芳／福永文夫監修（二〇一〇）『大平正芳全著作集』二巻、講談社
大平正芳回想録刊行会編（一九八一～八二）『大平正芳回想録』全三巻、同会
岡崎勝男（一九九九）『戦後二十年の遍歴』中公文庫
岡崎久彦（二〇〇九）「戦後とは何であったか―『村田良平回想録』に思う」『中央公論』一二四巻一号
――（二〇一五）『国際情勢判断・半世紀』扶桑社
岡田一郎（二〇〇五）『日本社会党―その組織と衰亡の歴史』新時代社
岡本文夫（一九七四）『佐藤政権―平和と繁栄の中の長期保守政権の記録』白馬出版
奥健太郎・河野康子編（二〇一五）『自民党政治の源流―事前審査制の史的検証』吉田書店
奥野誠亮（二〇〇二）『派に頼らず、義を忘れず―奥野誠亮回顧録』PHP研究所
小熊英二（二〇〇九）『1968』上下巻、新曜社
小田実（一九九四）『「ベ平連」・回顧録でない回顧』第三書館
加瀬みき（一九九九）『大統領宛日本国首相の極秘ファイル』毎日新聞社
我部政明（二〇〇〇）『沖縄返還とは何だったのか―日米戦後交渉史の中で』NHKブックス
――（二〇〇三）『世界のなかの沖縄、沖縄のなかの日本』世織書房
――（二〇〇七）『戦後日米関係と安全保障』吉川弘文館
我部政男（一九八一）『近代日本と沖縄』三一書房
軽部謙介（二〇一二）『ドキュメント沖縄経済処分―密約とドル回収』岩波書店
苅部直（二〇〇六）『丸山真男―リベラリストの肖像』岩波新書
河井弥八著／尚友倶楽部・中園裕・内藤一成・村井良太・奈良岡聰智・小宮京編（二〇一八）『河井弥八日記　戦後篇』三巻、信山社
川島真・松田康博・楊永明・清水麗（二〇〇九）『日台関係史　1945―2008』東京大学出版会
菅英輝（二〇〇二）「ベトナム戦争における日本政府の和平努

力と日米関係」『国際政治』一三〇号
――（二〇一六）『冷戦と「アメリカの世紀」―アジアにおける「非公式帝国」の秩序形成』岩波書店
カーン、ハーマン／坂本二郎・風間禎三郎訳（一九七〇）『超大国日本の挑戦』ダイヤモンド社
神田豊隆（二〇一二）『冷戦構造の変容と日本の対中外交―二つの秩序観1960－1972』岩波書店
岸信介（一九八三）『岸信介回顧録―保守合同と安保改定』廣済堂出版
――／原彬久編（二〇一四）『岸信介証言録』中公文庫
――・矢次一夫・伊藤隆（一九八一）『岸信介の回想』文藝春秋
――・矢次一夫・伊藤隆（二〇一四）『岸信介の回想』文春学芸ライブラリー
岸本弘一（一九八一）『一誠の道―保利茂と戦後政治』毎日新聞社
北岡伸一（二〇〇八）『自民党―政権党の三八年』中公文庫
キッシンジャー、ヘンリー／桃井真監修・斎藤弥三郎・小林正文・大朏人一・鈴木康雄訳（一九七九、八〇）『キッシンジャー秘録』一、二巻、小学館
君塚直隆（二〇一四）『女王陛下のブルーリボン―英国勲章外交史』中公文庫
金恩貞（二〇一八）『日韓国交正常化交渉の政治史』千倉書房
木村武雄（一九六八）『政界独言』土屋書店
――（一九七八）『米沢そんぴんの詩―自伝』形象社
ギャディス、ジョン・L／五味俊樹・坪内淳・坂田恭代・太田宏・宮坂直史訳（二〇〇二）『ロング・ピース―冷戦史の証言「核・緊張・平和」』芦書房
喜屋武真栄著／沖縄革新共闘会議編（一九七〇）『政治を人間の問題として』あゆみ出版社
具志堅勝也（二〇一二）『星条旗と日の丸の狭間で―証言記録・沖縄返還と核密約』芙蓉書房出版
楠田實（一九七五）『首席秘書官―佐藤総理との一〇年間』文藝春秋
――（一九九六）「沖縄返還への長い道のり」『政治記者OB会報』六〇号
――／和田純・五百旗頭真編（二〇〇一）『楠田實日記―佐藤栄作総理首席秘書官の二〇〇〇日』中央公論新社
――編（一九八三）『佐藤政権・二七九七日』上下巻、行政問題研究所
楠綾子（二〇〇九）『吉田茂と安全保障政策の形成―日米の構想とその相互作用、1943～1952年』ミネルヴァ書房
――（二〇一四）「安全保障政策の形成をめぐるリーダーシップ―佐藤政権による吉田路線の再選択」戸部良一編『近代日本のリーダーシップ―岐路に立つ指導者たち』千倉書房
沓脱和人（二〇一七）「戦後における防衛関係費の推移」『立法と調査』三九五号
宮内庁編（二〇一五～二〇一八）『昭和天皇実録』全一八巻、東京書籍
久米郁男（一九九八）『日本型労使関係の成功―戦後和解の政治経済学』有斐閣
栗山尚一／中島琢磨・服部龍二・江藤名保子編（二〇一〇）『外交証言録　沖縄返還・日中国交正常化・日米「密約」』岩波書店

黒崎輝（二〇〇六）『核兵器と日米関係―アメリカの核不拡散外交と日本の選択1960―1976』有志舎
月刊社会党編集部編（一九七五）『日本社会党の三十年』三巻、社会新報
小池聖一・福永文夫編（二〇一八）『オンライン版大平正芳関係文書』丸善雄松堂
高坂正堯（二〇〇〇）『高坂正堯著作集』四巻、都市出版
――編（一九九五）『日米・戦後史のドラマ―エピソードで読む好敵手の深層』PHP研究所
河野康子（一九九四）『沖縄返還をめぐる政治と外交―日米関係史の文脈』東京大学出版会
――（二〇〇五）「非核三原則」猪口孝・田中明彦・恒川恵市・薬師寺泰蔵・山内昌之編『国際政治事典』弘文堂
――（二〇一〇）『日本の歴史24　戦後と高度成長の終焉』講談社学術文庫
――（二〇一三）「日米安保改定交渉と沖縄」坂本一登・五百旗頭薫編『日本政治史の新地平』吉田書店
――（二〇一五）「五五年体制と領土―沖縄・小笠原と北方四島をめぐって」下斗米伸夫編『日ロ関係　歴史と現在』法政大学現代法研究所
――・平良好利編（二〇一七）『対話沖縄の戦後―政治・歴史・思考』吉田書店
国連経済社会局編／伊部英男訳（一九六四）『世界の経済開発と社会開発』原書房
後藤乾一（二〇一〇）『「沖縄核密約」を背負って―若泉敬の生涯』岩波書店
ゴードン、アンドルー／森谷文昭訳（二〇一三）『日本の二〇〇年〔新装版〕―徳川時代から現代まで』上下巻、みすず書房
小宮京（二〇一〇）『自由民主党の誕生―総裁公選と組織政党論』木鐸社
今日出海（一九七二）「文化と文化庁のあいだ」『文藝春秋』五〇巻一三号
斎藤十朗／政策研究大学院大学C．O．E．オーラル・政策研究プロジェクト編（二〇〇四）『斎藤十朗（元参議院議長）オーラルヒストリー』政策研究大学院大学
酒井健亀編（一九七二）『松野鶴平伝』熊本電気鉄道株式会社
酒井哲哉（一九九一）「『九条＝安保体制』の終焉―戦後日本外交と政党政治」『国際問題』三七二号
境家史郎（二〇一七）『憲法と世論―戦後日本人は憲法とどう向き合ってきたのか』筑摩選書
堺屋太一（二〇一五）『堺屋太一が見た戦後七〇年―七色の日本』朝日新聞出版
坂田道太（一九六九）『大学・混迷から再建へ』新月社
坂元一哉（二〇〇〇）『日米同盟の絆―安保条約と相互性の模索』有斐閣
櫻澤誠（二〇一五）『沖縄現代史―米国統治、本土復帰から「オール沖縄」まで』中公新書
佐々木卓也（二〇一一）『冷戦―アメリカの民主主義的様式を守る戦い』有斐閣
佐藤栄作（一九六三）『繁栄への道』周山会出版局
――（一九六四）『今日は明日の前日』フェイス
――（一九九五）「今だから話そう」文藝春秋編『「文藝春秋」にみる昭和史』三、文春文庫

――／伊藤隆監修（一九九七―九九）『佐藤栄作日記』全六巻、朝日新聞社
佐藤栄作後援会編（一九七五）『佐藤栄作ノーベル平和賞１９７４受賞記念講演集』佐藤栄作後援会
佐藤晋（二〇〇四）「佐藤栄作」伊藤隆・季武嘉也編『近現代日本人物史料情報辞典』吉川弘文館
佐藤誠三郎・松崎哲久（一九八六）『自民党政権』中央公論社
佐藤卓己（二〇一七）『青年の主張―まなざしのメディア史』河出ブックス
佐藤寛子（一九八五）『佐藤寛子の宰相夫人秘録』朝日文庫
佐道明広（二〇〇三）『戦後日本の防衛と政治』吉川弘文館
――（二〇一四）『沖縄現代政治史―「自立」をめぐる攻防』吉田書店
重光葵／伊藤隆・渡邊行男編（一九八八）『続重光葵手記』中央公論社
篠原初枝（二〇一〇）『国際連盟―世界平和への夢と挫折』中公新書
信夫隆司（二〇一二）『若泉敬と日米密約―沖縄返還と繊維交渉をめぐる密使外交』日本評論社
柴山太（二〇一〇）『日本再軍備への道―１９４５―１９５４年』ミネルヴァ書房
下田武三（一九八四・八五）『戦後日本外交の証言』上下巻、行政問題研究所出版局
社会開発懇談会（一九六五）「社会開発懇談会中間答申」『自治研究』四一巻一〇号
シャラー、マイケル／市川洋一訳（二〇〇四）『「日米関係」とは何だったのか―占領史から冷戦終結後まで』草思社
自由民主党編（一九八六）『自由民主党党史　資料編』自由民主党
自由民主党編（一九八七）『自由民主党党史　証言・写真編』自由民主党
自由民主党政務調査会編（一九六七）『政策月報』一三三、一三五号、自由民主党
曺良鉉（二〇〇九）『アジア地域主義とアメリカ―ベトナム戦争期のアジア太平洋国際関係』東京大学出版会
ジョンソン、U・アレクシス／増田弘訳（一九八九）『ジョンソン米大使の日本回想―二・二六事件から沖縄返還・ニクソンショックまで』草思社
白鳥潤一郎（二〇一五）『「経済大国」日本の外交―エネルギー資源外交の形成１９６７～１９７４年』千倉書房
鈴木宏尚（二〇一三）『池田政権と高度成長期の日本外交』慶應義塾大学出版会
千田恒（一九八七）『佐藤内閣回想』中央公論社
総理府（一九六九）『昭和四四年版公害白書』大蔵省印刷局
――（一九七六）『故佐藤栄作国民葬儀記録』内閣総理大臣官房
添谷芳秀（二〇〇五）『日本の「ミドルパワー」外交―戦後日本の選択と構想』ちくま新書
平良好利（二〇一二）『戦後沖縄と米軍基地―「受容」と「拒絶」のはざまで１９４５～１９７２年』法政大学出版局
瀧井一博（二〇一三）『明治国家をつくった人びと』講談社
竹内洋（二〇一一）『革新幻想の戦後史』中央公論新社
竹下登（一九九一）『証言保守政権』読売新聞社
――（二〇〇一）『政治とは何か―竹下登回顧録』講談社

武田悠（二〇一五）『「経済大国」日本の対米協調－安保・経済・原子力をめぐる試行錯誤、1975～1981年』ミネルヴァ書房
竹中治堅（二〇一〇）『参議院とは何か　一九四七～二〇一〇』中公叢書
竹中佳彦（一九九六）「『吉田ドクトリン』論と『55年体制』概念の再検討」『レヴァイアサン』一九号
立花隆（一九七四）「田中角栄研究－その金脈と人脈」『文藝春秋』五二巻一二号
田所昌幸（二〇〇一）『「アメリカ」を超えたドル－金融グローバリゼーションと通貨外交』中央公論新社
田中明彦（一九九七）『安全保障－戦後50年の模索』読売新聞社
田中角栄（一九六七）「自民党の反省」『中央公論』一九六七年六月号
田中敬・本野盛幸・西垣昭・伊藤隆（一九九八）「鼎談『佐藤栄作日記』にも書かれなかったこと」『論座』一九九八年七月号
田布施町史編纂委員会（一九九〇）『田布施町史』田布施町
田村元・佐藤信二（二〇〇五）「対談　自由を守り、平和に徹した『政界の団十郎』」自由民主党編『月刊自由民主』六三一号
ダワー、ジョン／三浦陽一・高杉忠明・田代泰子訳（二〇〇四）『敗北を抱きしめて〔増補版〕－第二次大戦後の日本人』上下巻、岩波書店
土田宏成（二〇一三）「『交通戦争』の政治社会史」坂本一登・五百旗頭薫編『日本政治史の新地平』吉田書店
堤清二×辻井喬／御厨貴・橋本寿朗・鷲田清一編（二〇一五）『わが記憶、わが記録－堤清二×辻井喬オーラルヒストリー』中央公論新社
堤佳辰（一九九〇）『ノーベル平和賞－九〇年の軌跡と受賞者群像』河合出版
デスラー、I．M．・福井治弘・佐藤英夫（一九八〇）『日米繊維紛争』日本経済新聞社
「鉄道人佐藤栄作」刊行会編（一九七七）『鉄道人佐藤栄作』同刊行会
東郷文彦（一九八九）『日米外交三十年－安保・沖縄とその後』中公文庫
豊田祐基子（二〇〇九）『「共犯」の同盟史－日米密約と自民党政権』岩波書店
内閣総理大臣官房編（一九七〇）『佐藤内閣総理大臣演説集』内閣総理大臣官房
——編（一九七二）『佐藤内閣総理大臣演説集（第二集）』内閣総理大臣官房
内閣府（二〇〇四）『男女共同参画白書平成一六年版』国立印刷局
中正雄（一九六七）『益谷秀次』益谷秀次伝記刊行会
永井陽之助（一九六七）『平和の代償』中央公論社
中北浩爾（二〇〇二）『一九五五年体制の成立』東京大学出版会
——（二〇一四）『自民党政治の変容』NHKブックス
中島信吾（二〇〇五）『戦後日本の防衛政策－「吉田路線」をめぐる政治・外交・軍事』慶應義塾大学出版会
中島琢磨（二〇〇二）「中曽根康弘防衛庁長官の安全保障構想

―自主防衛と日米安全保障体制の関係を中心に」『九大法学』八四号
中島敏次郎／井上正也・服部龍二・中島琢磨編（二〇一二）
――（二〇一二）『沖縄返還と日米安保体制』有斐閣
『外交証言録―日米安保・沖縄返還・天安門事件』岩波書店
中曽根康弘（一九七四）「中曽根日記」林房雄『吉田茂と占領憲法―敗戦と復活の戦後史』浪曼
――／中島琢磨・服部龍二・昇亜美子・若月秀和・道下徳成・楠綾子・瀬川高央編（二〇一二）『中曽根康弘が語る戦後日本外交』新潮社
――・五百旗頭真・松田喬（二〇一〇）「今だから話そう『非核三原則』秘話―中曽根康弘元首相vs五百旗頭真防衛大学校長」『サンデー毎日』二〇一〇年五月九―一六日
永田恭介（一九六八）『佐藤番日記』徳間書店
永地正直（一九九二）『文教の旗を掲げて―坂田道太聞書』西日本新聞社
中西寛（二〇〇五）「高度経済成長から総合安全保障へ」『法学論叢』一五六巻五・六号
中野好夫編（一九六九）『戦後資料沖縄』日本評論社
中村菊男・高橋正則編（一九八〇）『西村栄一伝―激動の生涯』富士社会教育センター
中村隆英（二〇一二）『昭和史』上下巻、東洋経済新報社
中村悌次（二〇〇九）『生涯海軍士官―戦後日本と海上自衛隊』中央公論新社
ニクソン、リチャード／松井文夫・斎田一路訳（一九七八、一九七九）『ニクソン回顧録』一～三巻、小学館
西尾末広（一九六八）『西尾末広の政界覚書』毎日新聞社
西川吉光（二〇〇八）『日本の安全保障政策』晃洋書房
西村熊雄（一九九九）『サンフランシスコ平和条約・日米安保条約』中公文庫
西銘順治（一九九八）『戦後政治を生きて―西銘順治日記』琉球新報社
西山太吉（二〇〇七）『沖縄密約―「情報犯罪」と日米同盟』岩波書店
――監修／土江真樹子訳（二〇一八）『検証米秘密指定報告書「ケーススタディ沖縄返還」』岩波書店
日米協会編（二〇一二）『もう一つの日米交流史―日米協会資料で読む二〇世紀』中央公論新社
野添文彬（二〇一六）『沖縄返還後の日米安保―米軍基地をめぐる相克』吉川弘文館
パイル、ケネス・B／加藤幹雄訳（一九九二）『日本への疑問―戦後の五〇年と新しい道』サイマル出版会
波多野澄雄（二〇一〇）『歴史としての日米安保条約―機密外交文書が明かす「密約」の虚実』岩波書店
――編（二〇〇四）『池田・佐藤政権期の日本外交』ミネルヴァ書房
――・佐藤晋編（二〇〇七）『現代日本の東南アジア政策―1950－2005』早稲田大学出版部
波多野勝（二〇一二）『裕仁皇太子ヨーロッパ外遊記』草思社文庫
パッカード、ジョージ・R／森山尚美訳（二〇〇九）『ライシャワーの昭和史』講談社
服部龍二（二〇一一）『日中国交正常化―田中角栄、大平正芳、官僚たちの挑戦』中公新書

――（二〇一四）『大平正芳―理念と外交』岩波現代全書
――（二〇一五）『中曽根康弘―「大統領的首相」の軌跡』中公新書
――（二〇一七）『佐藤栄作―最長不倒政権への道』朝日選書
鳩山一郎（一九五一）『私の信条』東京文庫
――／伊藤隆・季武嘉也編（一九九九）『鳩山一郎・薫日記』上、中央公論新社
鳩山薫・鳩山一郎／伊藤隆・季武嘉也編（二〇〇五）『鳩山一郎・薫日記』下、中央公論新社
林茂・辻清明編（一九八一）『日本内閣史録』六巻、第一法規出版
原彬久（一九八八）『戦後日本と国際政治―安保改定の政治力学』中央公論社
――（一九九五）『岸信介―権勢の政治家』岩波新書
――（二〇〇〇）『戦後史のなかの日本社会党―その理想主義とは何であったのか』中公新書
――（二〇〇五）『吉田茂―尊皇の政治家』岩波新書
――（二〇一五）『戦後政治の証言者たち―オーラル・ヒストリーを往く』岩波書店
――編（二〇一四）『岸信介証言録』中公文庫
春名幹男（二〇〇三）『秘密のファイル―CIAの対日工作』上下巻、新潮文庫
――（二〇〇八）「『偽りの平和主義者』佐藤栄作」『現代』四二巻九号
平野貞夫／赤坂幸一・奈良岡聰智・村井良太構成発行（二〇一二）『平野貞夫オーラル・ヒストリー』上下巻
樋渡由美（一九九〇）『戦後政治と日米関係』東京大学出版会
福田赳夫（一九六七）「進歩的保守のすすめ」『中央公論』一九六七年九月号
――（一九九五）『回顧九十年』岩波書店
福永文夫（二〇〇八）『大平正芳―「戦後保守」とは何か』中公新書
――（二〇一四）『日本占領史1945―1952』中公新書
――編（二〇一五）『第二の「戦後」の形成過程―1970年代日本の政治的・外交的再編』有斐閣
――・河野康子編（二〇一四）『戦後とは何か―政治学と歴史学の対話』上下巻、丸善出版
福本邦雄（二〇〇七）『表舞台裏舞台―福本邦雄回顧録』講談社
ブレジンスキー、ズビグネフ／大朏人一訳（一九七二）『ひよわな花・日本―日本大国論批判』サイマル出版会
ヘイブンズ、トマス・R・H／吉川勇訳（一九九〇）『海の向こうの火事―ベトナム戦争と日本1965―1975年』筑摩書房
防衛庁（一九七〇）『昭和四五年度版防衛白書』防衛庁
法眼健作／加藤博章・服部龍二・竹内桂・村上友章編（二〇一五）『元国連事務次長法眼健作回顧録』吉田書店
星野進保（二〇〇三）『政治としての経済計画』日本経済評論社
細谷千博・有賀貞・石井修・佐々木卓也編（一九九九）『日米関係資料集1945―97』東京大学出版会
保利茂（一九七五）「決断と実行の人」『朝日ジャーナル』一九七五年六月一三日号
――（一九七五）『戦後政治の覚書』毎日新聞社

マイヤー、アーミン・H／浅尾道子訳（一九七六）『東京回想』朝日新聞社
前田哲男（一九九四）『自衛隊の歴史』ちくま学芸文庫
牧原出（二〇〇五）「戦後日本の『内閣官僚』の形成」日本政治学会編『年報政治学2004』岩波書店
――（二〇一四）『権力移行―何が政治を安定させるのか』NHK出版
政野淳子（二〇一三）『四大公害病―水俣病、新潟水俣病、イタイイタイ病、四日市公害』中公新書
間柴泰治（二〇〇八）「内閣法制局による憲法解釈小論」『レファレンス』六八五号
升味準之輔（一九六九）『現代日本の政治体制』岩波書店
――（一九八三）『戦後政治』上下巻、東京大学出版会
――（一九八五）『現代政治』上下巻、東京大学出版会
待鳥聡史（二〇一五）『政党システムと政党組織』東京大学出版会
――（二〇一五）『代議制民主主義―「民意」と「政治家」を問い直す』中公新書
松野裕（一九九六）「公害健康被害補償制度成立過程の政治経済分析」『経済論叢』一五七巻五号
松野頼三（一九八五）『保守本流の思想と行動―松野頼三覚え書』朝日出版社
――／政策研究大学院大学C．O．E．オーラル・政策研究プロジェクト編（二〇〇三）『松野頼三オーラルヒストリー』上下巻、政策研究大学院大学
松山幸雄（二〇一三）『国際派一代―あるリベラリストの回顧、反省と苦言』創英社
丸山真男（一九九六）『丸山真男集』一五、一六巻、岩波書店
御厨貴（二〇一三）『権力の館を歩く―建築空間の政治学』ちくま学芸文庫
――（二〇一六）『戦後をつくる―追憶から希望への透視図』吉田書店
――編（二〇一一）『近現代日本を史料で読む―「大久保利通日記」から「富田メモ」まで』中公新書
水田三喜男（一九七一）『蕗のとう―私の履歴書』日本経済新聞社
宮川徹志（二〇一七）『僕は沖縄を取り戻したい―異色の外交官・千葉一夫』岩波書店
宮城大蔵（二〇一七）『増補 海洋国家日本の戦後史―アジア変貌の軌跡を読み解く』ちくま学芸文庫
宮崎勇（二〇〇五）『証言戦後日本経済』岩波書店
宮崎吉政（一九八〇）『宰相佐藤栄作』新産業経済研究会
宮里悦（一九八七）『やんばる女一代記　宮里悦自伝』沖縄タイムス社
宮里政玄（二〇〇〇）『日米関係と沖縄―1945―1972』岩波書店
宮里松正（一九八三）『極秘の通貨確認作戦』復帰秘話刊行会
宮澤喜一（一九六五）『社会党との対話―ニュー・ライトの考え方』講談社
――（一九九一）『戦後政治の証言』読売新聞社
――（二〇〇一）「激動の半世紀を生きて」『国際問題』五〇〇
村井哲也（二〇〇八）『戦後政治体制の起源―吉田茂の「官邸主導」』藤原書店
村井良太（二〇〇五）『政党内閣制の成立　一九一八～二七年』

有斐閣
――（二〇一三）「『社会開発』論と政党システムの変容―佐藤政権と七〇年安保」『駒澤大学法学部研究紀要』七一号
――（二〇一四）『政党内閣制の展開と崩壊　一九二七～三六年』有斐閣
――（二〇一五）「一九七〇年の日本の構想―新たな日本への問い掛けに応えて」福永文夫編『第二の「戦後」の形成過程―1970年代日本の政治的・外交的再編』有斐閣
――（二〇一七）「佐藤栄作の時代―高度経済成長期の歴史認識問題」五百旗頭薫・小宮一夫・細谷雄一・宮城大蔵・東京財団政治外交検証研究会編『戦後日本の歴史認識』東京大学出版会
――（二〇一七）「佐藤政権と革新自治体：七〇年安保前後の東京と沖縄」日本政治学会編『年報政治学2017Ⅱ』木鐸社
――（二〇一八）「明治百周年記念事業（一九六八年）の文脈とメッセージ―佐藤栄作首相と戦後日本における『伝統』の選択」吉野作造記念館編『吉野作造研究』一四号
村田良平（二〇〇八）『村田良平回顧録』上下巻、ミネルヴァ書房
毛里和子・増田弘監訳（二〇〇四）『周恩来キッシンジャー機密会談録』岩波書店
本野盛幸（二〇〇五）『COEオーラル・政策研究プロジェクト／本野盛幸／オーラルヒストリー』政策研究大学院大学
森道哉（二〇一三）「公害国会の見取り図」『立命館大学人文科学研究所紀要』一〇一号
森田一／服部龍二・昇亜美子・中島琢磨編（二〇一〇）『心の一燈―回想の大平正芳　その人と外交』第一法規
――／福永文夫・井上正也編（二〇一八）『大平正芳秘書官日記』東京堂出版
森田吉彦（二〇一一）『評伝若泉敬―愛国の密使』文春新書
薬師寺克行（二〇一六）『公明党―創価学会と50年の軌跡』中公新書
安川壮（一九九一）『忘れ得ぬ思い出とこれからの日米外交―パールハーバーから半世紀』世界の動き社
柳井俊二／五百旗頭真・伊藤元重・薬師寺克行編（二〇〇七）『外交激変―元外務省事務次官柳井俊二』朝日新聞社
山崎正和／御厨貴・阿川尚之・苅部直・牧原出編（二〇一七）『舞台をまわす、舞台がまわる―山崎正和オーラルヒストリー』中央公論新社
山下英明（二〇〇五）『山下英明オーラルヒストリー』政策研究大学院大学
――（二〇〇七）『山下英明（元通商産業事務次官）オーラルヒストリー［続］』近代日本史料研究会
山田栄三（一九八八）『正伝佐藤栄作』上下巻、新潮社
山中貞則（二〇〇二）『顧みて悔いなし　私の履歴書』日本経済新聞社
――・稲福健蔵対談（一九七二）「沖縄復帰を前にして」総理府編『時の動き―政府の窓』三月二〇日臨時号
屋良朝苗（一九七七）『屋良朝苗回顧録』朝日新聞社
――（一九八五）『激動八年　屋良朝苗回想録』沖縄タイムス社
――／琉球新報社編（二〇一五、一七）『一条の光―屋良朝苗日記』上下巻、琉球新報社

吉川洋（二〇一二）『高度成長―日本を変えた六〇〇〇日』中公文庫
吉國一郎／東京大学先端科学技術研究センター御厨貴研究室編（二〇一二）『吉國一郎オーラル・ヒストリー㈵』同研究室
吉田嗣延（一九七六）『小さな闘いの日々―沖縄復帰のうらばなし』文教商事株式会社
吉田茂（一九九一）『世界と日本』中公文庫
――（一九九八）『回想十年』全四巻、中公文庫
――（一九九九）『日本を決定した百年―附・思出す儘』中公文庫
――／柴田伸一編（二〇一一）『吉田茂書翰追補』吉田茂国際基金
――／吉田茂記念事業財団編（一九九四）『吉田茂書翰』中央公論社
吉田真吾（二〇一二）『日米同盟の制度化』名古屋大学出版会
吉次公介（二〇〇九）『池田政権期の日本外交と冷戦―戦後日本外交の座標軸1960－1964』岩波書店
――（二〇一一）『日米同盟はいかに作られたか―「安保体制」の転換点1951－1964』講談社
吉野作造講義録研究会編（二〇〇六）『吉野作造政治史講義―矢内原忠雄・赤松克麿・岡義武ノート』岩波書店
吉野文六（二〇〇三）『吉野文六オーラルヒストリー』政策研究大学院大学
吉見義明（二〇一四）『焼跡からのデモクラシー―草の根の占領期体験』上巻、岩波書店
吉村克己（一九八五）『池田政権・一五七五日』行政問題研究所
吉村正・山田栄三（一九七一）『水戸っぽ・橋本登美三郎の半生』日東出版社
ライシャワー、エドウィン・O（一九七四）「核のカサとノーベル平和賞」『中央公論』八九巻一二号
――／橋本福夫訳（一九六八）『ベトナムを越えて』新潮選書
――／徳岡孝夫訳（一九八七）『ライシャワー自伝』文藝春秋
劉傑・三谷博・楊大慶編（二〇〇六）『国境を越える歴史認識―日中対話の試み』東京大学出版会
ルー、デービット・J／長谷川進一（一九八一）『松岡洋右とその時代』ティー・ビー・エス・ブリタニカ
若泉敬（二〇〇九）『他策ナカリシヲ信ゼムト欲ス（新装版）―核密約の真実』文藝春秋
若月秀和（二〇〇六）『「全方位外交」の時代―冷戦変容期の日本とアジア1971～80年』日本経済評論社
和田純編（二〇一六）『オンライン版楠田實資料（佐藤栄作官邸文書）』丸善雄松堂
渡邉昭夫（一九七〇）『戦後日本の政治と外交―沖縄問題をめぐる政治過程』福村出版
――（二〇一四）『大国日本の揺らぎ1972～』中公文庫
――編（二〇〇一）『戦後日本の宰相たち』中公文庫
Department of State ed., *Foreign Relations of the United States*, Washington: Government Printing Office
Dower, John, "The Superdomino in Postwar Asia: Japan In and Out of the Pentagon Papers," in Chomsky, Noam & Howard Zinn, eds., *The Pentagon Papers: The Senator Gravel Edition*, Vol. 5 (1972: Beacon)

Hoey, Fintan, *Sato, America and the Cold War: US-Japanese Relations, 1964-72*, Palgrave Macmillan, NY, 2015

Leffer, Melvyn P. and Odd Arne Westad ed., *The Cambridge History of the Cold War, volume 1~3*, Cambridge University Press, Cambridge, 2010

Maier, Charles S., *In Search of Stability: Explorations in Historical Political Economy*, Cambridge University Press, 1987

Meyer, Armin, *Quiet Diplomacy: From Cairo to Tokyo in the Twilight of Imperialism*, iUnierse, Lincoln, 2003

Packard, George R., *Edwin O. Reischauer and the American Discovery of Japan*, Columbia University Press, New York, 2010

◎主要図版出典一覧

久保田富弘　ii頁

山田栄三『正伝佐藤栄作 上』（新潮社、一九八八年）一二、一三、一七、一一一頁

国立国会図書館　四三頁

沖縄県公文書館　一七九頁

沖縄タイムス　三一七頁

時事通信社　一六一、二二九、二八〇、三三三、三七七頁

共同通信　五七、三四九頁

読売新聞社　四五、六五、八四、九二、一四七、一七三、一八二、二〇七、二二〇、二六一、三一八、三五五、三五七頁

在日米国大使館ホームページ　https://japan2.usembassy.gov/jpgs/amb31-meyer.jpg　二六四頁

自民党派閥の系譜（一九五六〜七二年）

□（二重枠）＝総裁派閥、□＝主流派

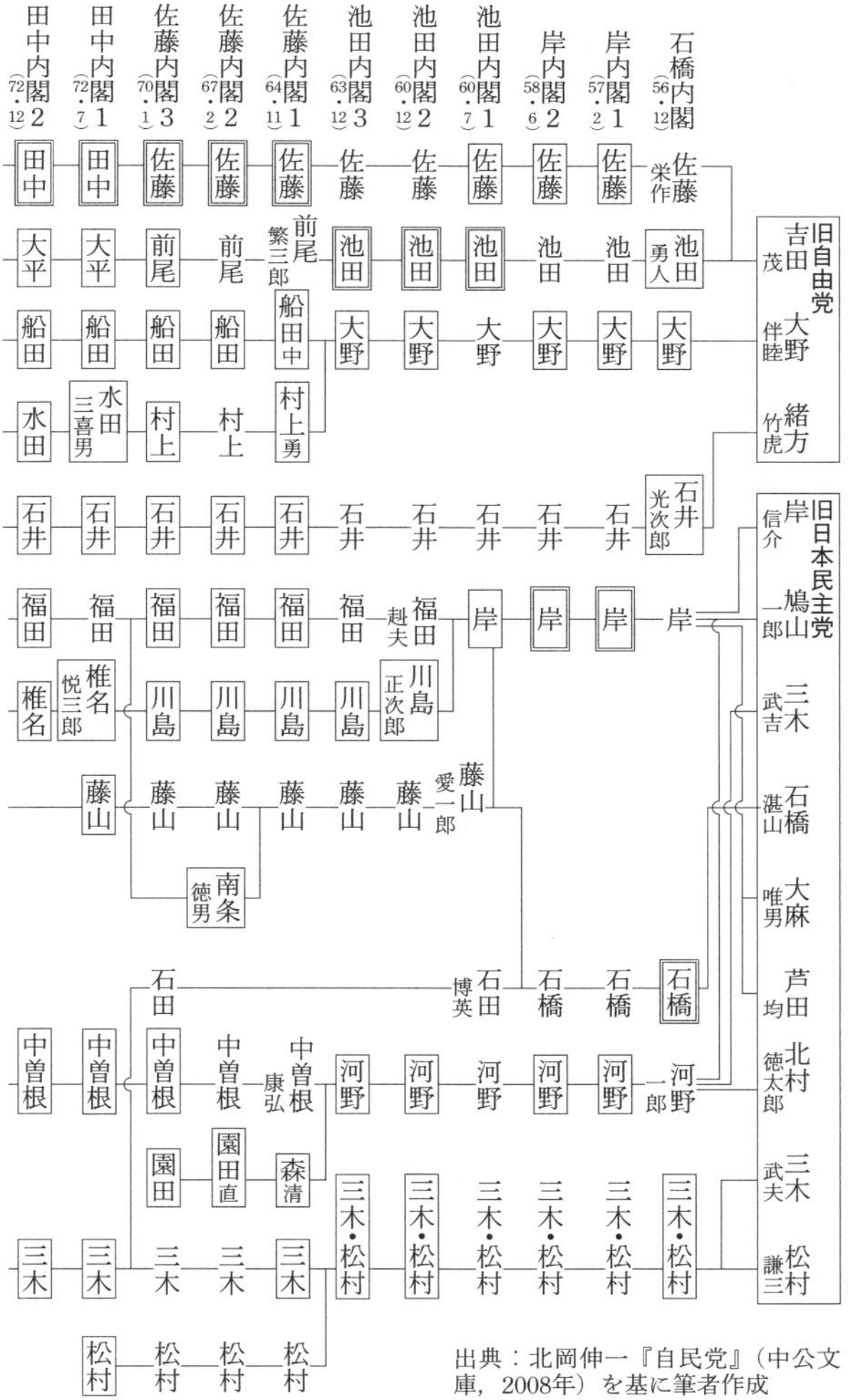

出典：北岡伸一『自民党』（中公文庫，2008年）を基に筆者作成

政党変遷略図（1945～74年）

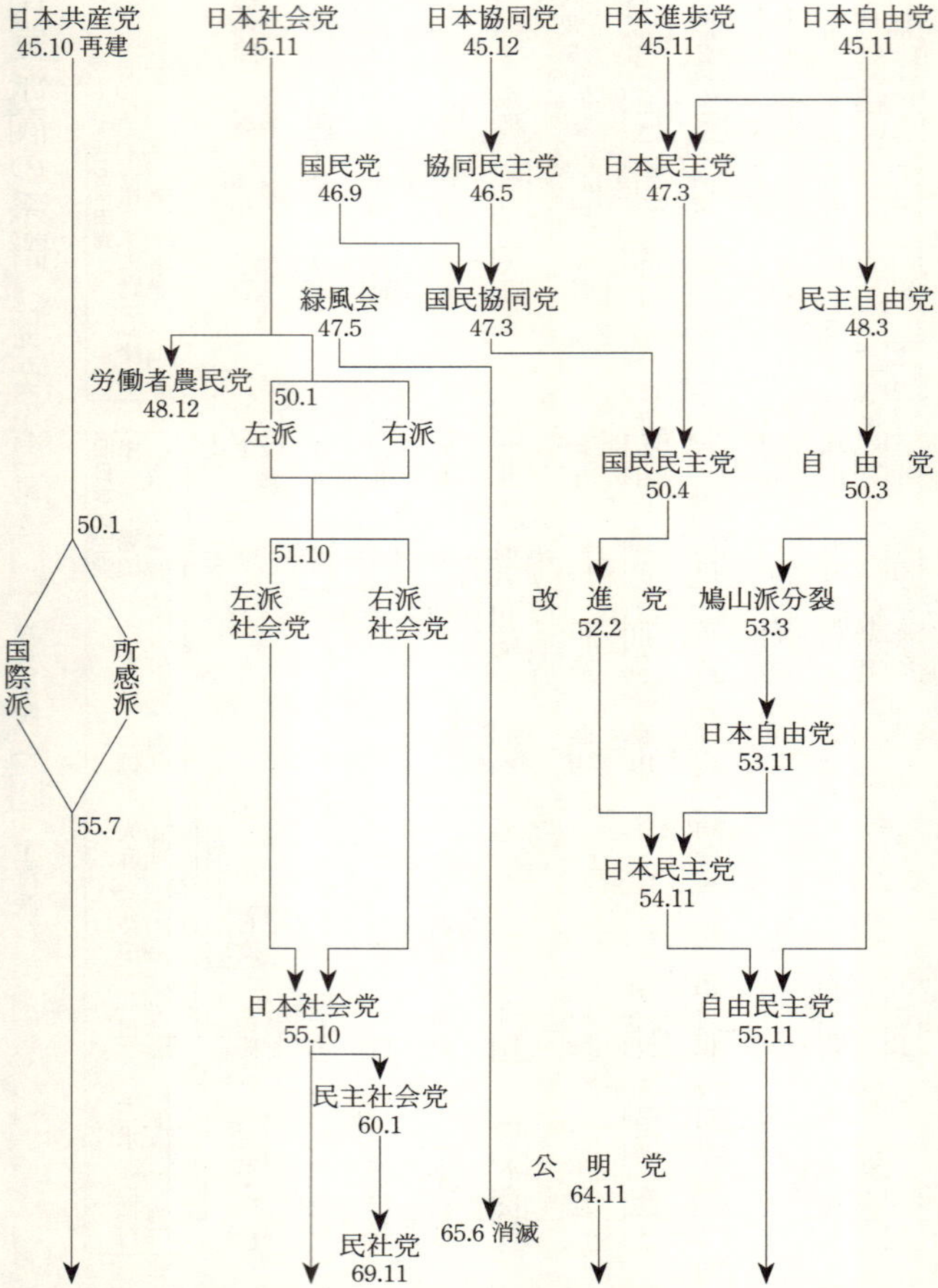

出典：高柳光寿・竹内理三編集『角川日本史辞典 第二版』（角川書店，1974年）を基に筆者作成

主要政党の帝国議会・国会での議席数
（1946〜74年　選挙直後）

	回数	衆議院・参議院　各党の獲得議席数	定数
46年4月	第22回	日本自由党143，日本進歩党97，日本社会党95，協同民主倶楽部33，民主党準備会33，日本共産党5	466
47年4月	第1回	緑風会92，日本社会党47，日本自由党44，民主党42，日本共産党4	250
47年4月	第23回	社会144，民主132，自由129，国民協同党31，共産党4	466
49年1月	第24回	民主自由党269，民主70，社会48，共産35，国協14	466
50年6月	第2回	自由77，社会62，緑風57，国民民主党30，共産4	250
52年1月	第25回	自由242，改進党89，右社60，左社56	466
53年4月	第26回	自由202，鳩山自由35，改進77，左社72，右社66	466
53年4月	第3回	自由95，緑風48，左社43，右社26，改進16	250
55年2月	第27回	民主185，自由114，左社89，右社67	467*1
56年7月	第4回	自由民主党124，社会81，緑風29，共産2	248
58年5月	第28回	自民298，社会167	467
59年6月	第5回	自民135，社会84，緑風11，共産3	249
60年11月	第29回	自民300，社会145，民主社会党17，共産3	467
62年7月	第6回	自民143，社会66，公明政治連盟15，民社11，共産4	250
63年11月	第30回	自民294，社会144，民社23，共産5	467
65年7月	第7回	自民141，社会73，公明党20，民社7，共産4	250
67年1月	第31回	自民280，社会141，民社30，公明25，共産5	486*2

68年7月	第8回	自民137，社会65，公明24，民社10，共産7	250
69年12月	第32回	自民300，社会90，公明47，民社32，共産14	486
71年6月	第9回	自民137，社会65，公明23，民社13，共産10	252*3
72年12月	第33回	自民284，社会118，共産39，公明29，民社20	491*4
74年7月	第10回	自民127，社会62，公明24，共産20，民社10	252

註記：無地が第22～33回の衆議院議員選挙，グレーの段が第1～10回の参議院議員選挙．各党右端の数字は議席数．*1奄美諸島返還による1増．*219増．*3沖縄返還による2増．*4沖縄返還による5増
出典：北岡伸一『自民党』（中公文庫，2008年）を基に筆者作成

佐藤栄作　関連年表

年齢は数え年である

西暦（年号）	年齢	事歴
一九〇一　明治三四	1歳	三月二七日山口県熊毛郡田布施村に生まれる
一九〇四　明治三七		二月（～一九〇五年九月）日露戦争
一九〇七　明治四〇		四月国木尋常小学校入学
一九一三　大正二		四月山口県立山口中学校入学
一九一四　大正三		七月（～一九一八年一一月）第一次世界大戦
一九一七　大正六		三月ロシア二月革命。四月アメリカの第一次世界大戦への参戦。一一月ロシア十月革命
一九一八　大正七	18	三月山口中学校卒業。九月第五高等学校入学
一九一九　大正八		一月（～六月）パリ講和会議
一九二一　大正一〇	21	四月東京帝国大学法学部法律学科入学
一九二三　大正一二		九月関東大震災
一九二四　大正一三	24	一月第二次憲政擁護運動起こる。五月鉄道省に入省
一九二六　大正一五／昭和元		二月二三日寛子と結婚
一九二八　昭和三		四月長男龍太郎誕生
一九二九　昭和四		一〇月世界大恐慌始まる

一九三一	昭和　六		九月満州事変
一九三二	昭和　七		二月母モヨ死去、次男信二誕生。五月五・一五事件
一九三三	昭和　八		二月国際連盟総会から日本代表松岡洋右退場（三月脱退通告）
一九三四	昭和　九	34	六月（～三六年四月）米欧在外研究
一九三六	昭和一一		二月二・二六事件
一九三七	昭和一二		七月盧溝橋事件（事実上の日中全面戦争始まる）
一九三八	昭和一三		二月父秀助死去
一九四一	昭和一六		一二月真珠湾攻撃（アジア・太平洋戦争始まる）
一九四四	昭和一九		四月大阪鉄道局長
一九四五	昭和二〇	45	六月沖縄戦で組織的戦闘終わる。八月ポツダム宣言受諾（九月降伏文書調印）
一九四七	昭和二二		二月運輸事務次官就任。三月トルーマン・ドクトリンが発せられる（冷戦の本格化）。 五月日本国憲法施行
一九四八	昭和二三	48	三月運輸事務次官辞任、民主自由党入党。一〇月内閣官房長官就任（第二次吉田内閣）
一九四九	昭和二四		一月二三日第二四回衆議院議員総選挙（初当選）
一九五〇	昭和二五		三月自由党結成（四月幹事長就任）。六月（～一九五三年七月休戦）朝鮮戦争
一九五一	昭和二六		九月サンフランシスコ講和条約、日米安全保障条約締結
一九五二	昭和二七		一〇月第二五回衆議院議員総選挙（二回目当選）
一九五三	昭和二八		四月第二六回衆議院議員総選挙（三回目当選）
一九五四	昭和二九		四月佐藤自由党幹事長の逮捕許諾請求（造船疑獄）に犬養健法相指揮権発動。九月（～一一月）吉田首相と長期外遊
一九五五	昭和三〇		二月第二七回衆議院議員総選挙（四回目当選）。一一月自由民主党結成（佐藤は吉田とともに無所属）
一九五七	昭和三二	57	二月自由民主党に入党
一九五八	昭和三三		五月第二八回衆議院議員総選挙（五回目当選）。六月第二次岸内閣で蔵相として入閣

一九六〇	昭和 三五		六月日米新安保条約発効、安保騒動、岸信介内閣退陣、池田勇人内閣成立。一一月第二九回衆議院議員総選挙（六回目当選）
一九六二	昭和 三七	62	七月自民党総裁選不出馬（池田再選）。九月（〜一〇月）欧米長期外遊
一九六三	昭和 三八		一一月第三〇回衆議院議員総選挙（七回目当選）。一二月二四日楠田實がSオペを提案
一九六四	昭和 三九	64	七月自民党総裁選挙出馬（池田三選）。一一月九日佐藤栄作内閣成立。一二月一日臨時党大会で自民党総裁になる。一二月二九日佐藤＝ライシャワー会談
一九六五	昭和 四〇		一月佐藤＝ジョンソン会談（第一次）。二月ベトナム戦争北爆開始。六月党・内閣人事（佐藤一改造一）。七月第七回参議院議員選挙。八月終戦二〇周年。八月一九日（〜二一日）沖縄訪問。一〇月日韓国会
一九六六	昭和 四一		四月東南アジア開発閣僚会議。八月内閣改造（佐藤一改造二）。一一月アジア開発銀行設立。一二月自民党総裁選（佐藤再選）。一二月二七日「黒い霧」解散
一九六七	昭和 四二	67	一月一九日大津談話。一月二九日第三一回衆議院議員総選挙（八回目当選）。二月一七日第二次佐藤内閣成立。三月一日楠田實を首相秘書官にする。四月統一地方選挙で美濃部都政誕生、武器輸出三原則。八月沖縄問題等懇談会再発足、和歌山での「一日内閣」。九月東南アジア歴訪。一〇月第二次東南アジア歴訪、羽田事件（以後、反対運動の暴力性が高まる）。吉田茂死去と国葬。若泉敬を米国に派遣。一一月佐藤＝ジョンソン会談（第二次。沖縄返還両三年目処、小笠原諸島早期返還に合意）。一一月二五日第二次佐藤第一次改造
一九六八	昭和 四三		一月施政方針演説で非核三原則声明。テト攻勢。六月小笠原諸島返還。七月第八回参議院議員選挙。米・英・ソなど核兵器不拡散条約署名。八月プラハの春を受けてチェコ事件。一〇月明治一〇〇年記念式典。一一月琉球政府行政主席選挙、自民党総裁選（佐藤三選）、第二次佐藤第二次改造。米大統領選挙（ニクソン当選）
一九六九	昭和 四四		一月下田大使に核抜き本土並みを指示。ニクソン政権発足。三月国会で核抜き本土並み方針を明言。一一月佐藤＝ニクソン会談（第一次）。一二月第三二回衆議院議員総選挙

			（九回目当選）
一九七〇	昭和 四五	70	一月第三次佐藤内閣成立。二月核兵器不拡散条約に調印。三月（〜九月）大阪万博。六月日米安保自動延長。一〇月佐藤＝ニクソン非公式会談、国連演説、防衛白書。自民党総裁選（佐藤四選）。一一月（〜一二月）公害国会、沖縄国政参加選挙。一二月コザ騒動
一九七一	昭和 四六		三月二七日佐藤満七〇歳。四月統一地方選挙（美濃部再選など）。六月沖縄返還協定調印。第九回参議院議員選挙。七月第三次佐藤第一次改造。参議院で河野議長誕生。ニクソン・ショック。八月広島での原爆慰霊祭に参加。ドル・ショック。一〇月繊維紛争妥結。国連での中国代表交代。（〜一二月）沖縄国会（沖縄返還協定承認、非核三原則決議）
一九七二	昭和 四七	72	一月佐藤＝ニクソン会談（沖縄返還期日の確定）。二月ニクソン訪中。三月外務省秘密公電漏洩事件。五月一五日沖縄復帰。六月一七日引退記者会見。七月佐藤内閣総辞職（在職日数二七九七日）、田中角栄内閣発足。九月日中国交回復。一一月大勲位菊花大綬章を受章。一二月第三三回衆議院議員総選挙（一〇回目当選）
一九七三	昭和 四八		一月訪米。五月沖縄復帰一年。一二月永年議員表彰
一九七四	昭和 四九		七月第一〇回参議院議員選挙（信二が初当選）。一二月三木新総裁・内閣誕生。ノーベル平和賞授賞式
一九七五	昭和 五〇	75	五月一九日新喜楽で倒れる。六月三日現職代議士のまま東京に没する

村井良太（むらい・りょうた）

1972（昭和47）年香川県生まれ．神戸大学大学院法学研究科博士課程修了．博士（政治学）．日本学術振興会特別研究員を経て，2003年に駒澤大学法学部講師，同准教授などを経て，13年より駒澤大学法学部政治学科教授．
専攻・日本政治外交史．
著書『政党内閣制の成立 1918～27年』（有斐閣，2005年．第27回サントリー学芸賞受賞）
『政党内閣制の展開と崩壊 1927～36年』（有斐閣，2014年）
共著 五百旗頭真編『日米関係史』（有斐閣，2008年）
サントリー文化財団「震災後の日本に関する研究会」編（御厨貴・飯尾潤責任編集）『「災後」の文明』（阪急コミュニケーションズ，2014年）
福永文夫編『第二の「戦後」の形成過程』（有斐閣，2015年）など他多数

佐《さ》藤《とう》栄《えい》作《さく》
中公新書 *2570*

2019年12月25日発行

著　者　村井良太
発行者　松田陽三

本文印刷　三晃印刷
カバー印刷　大熊整美堂
製　本　小泉製本

発行所　中央公論新社
〒100-8152
東京都千代田区大手町 1-7-1
電話　販売 03-5299-1730
　　　編集 03-5299-1830
URL http://www.chuko.co.jp/

Published by CHUOKORON-SHINSHA, INC.
Printed in Japan　ISBN978-4-12-102570-8 C1221

中公新書

現代史

f2